高职公共基础课“十三五”创新教材

军事理论

主　审◎李育全
主　编◎张国旺　李世春　王双杰
副主编◎尹艺璇　章宗阳　王忠敏
　　　　刘　琼　朱　涛

大连海事大学出版社

图书在版编目(CIP)数据

军事理论 / 张国旺, 李世春, 王双杰主编. — 大连:
大连海事大学出版社, 2020. 8(2025. 8 重印)
ISBN 978-7-5632-3993-1

Ⅰ. ①军… Ⅱ. ①张… ②李… ③王… Ⅲ. ①军事理论—高等学校—教材 Ⅳ. ①E0

中国版本图书馆 CIP 数据核字(2020)第 145311 号

大连海事大学出版社出版

地址:大连市黄浦路523号 邮编:116026 电话:0411-84729665(营销部) 84729480(总编室)

http://press. dlmu. edu. cn　E-mail:dmupress@ dlmu. edu. cn

大连金华光彩色印刷有限公司印装　大连海事大学出版社发行

2020 年 8 月第 1 版　2025 年 8 月第 8 次印刷

幅面尺寸:184 mm×260 mm　字数:285 千　印张:11. 75

出版人:余锡荣

责任编辑:张来胜　责任校对:高　颖

封面设计:张爱妮　版式设计:张爱妮

ISBN 978-7-5632-3993-1　定价:32. 00 元

前　言

习近平总书记指出,“当今世界正面临百年未有之大变局”,国际战略格局正在朝着“一超多强”的方向发展。世界仍不太平,霸权主义、强权政治和新干涉主义依然横行,导致世界动荡、地区冲突、局部战争、恐怖主义此起彼伏,战争威胁长期存在。我们虽然热爱和平,但绝不能忽视战争,必须居安思危,时刻做好战争准备,能战方能止战。

2019 年 1 月,教育部、中央军委国防动员部联合制订了新的《普通高等学校军事课教学大纲》,对军事课教学提出了具体要求。军事课是普通高等学校学生的必修课程。军事课要以习近平强军思想和习近平总书记关于教育的重要论述为指导,全面贯彻党的教育方针、新时代军事战略方针和总体国家安全观,围绕“立德树人”根本任务和“强军目标”根本要求,着眼培育和践行社会主义核心价值观,以提升学生国防意识和军事素养为重点,为实施军民融合发展战略和建设国防后备力量服务。

本书以新大纲为依据,在教学实践的基础上,结合高职院校学生的特点,从素质教育的角度出发,紧跟军事领域最新动向,突出内容的前沿性、实用性和可读性,难易适中,有助于学生认清国家安危、民族存亡与人民幸福的密切关系,培养学生爱国主义情操和民族忧患意识,增强其关心国防、热爱国防、献身国防的使命感。本书可以作为高职院校军事理论课程的教材,也可以作为军事理论爱好者的参考用书。

本书由张国旺、李世春、王双杰任主编,尹艺璇、章宗阳、王忠敏、刘琼、朱涛任副主编,李育全任主审。在编写过程中吸收了许多专家学者的研究成果,借鉴了其他军事理论教材的有益观点,在此向相关作者表示诚挚的感谢!由于编者水平有限,加之军事领域发展日新月异,时代感、前沿性很强,书中难免存在不足之处,敬请广大读者提出宝贵意见,以便下次修订时改进。

编　者

2020 年 5 月

扫码学习《深入学习贯彻党的二十大精神　加快建设交通强国　当好中国式现代化开路先锋》

出版说明

新科技革命的蓬勃发展正加速带动产业转型升级，催生新的经济发展方式。这使得经济社会发展对劳动力市场中的人的知识和技能提出了更高要求，未来工作和生活所需要的人才不仅应具有高技能，还应该具有良好的职业素质和职业精神。

公共基础课是高职教育课程体系的重要组成部分，既承担着对学生基础能力和综合素质的培养任务，又可为学生的专业学习奠定基础，在促进人的全面发展、培养职业道德、提升综合素质和可持续发展能力等方面，均具有不可替代的地位和作用。切实发挥好公共基础课在人才培养过程中的基础性作用，是当前高职院校落实立德树人根本任务、创新教育教学育人模式和深化产教融合、提高人才培养质量的前提和基础。

教材建设对教育事业的改革发展和人才培养至关重要，为使高职公共基础课教材适应新技术、新形势的发展，与现行教学相匹配，中国交通教育研究会职业教育分会学术委员会主办，大连海事大学出版社承办，召开了高职院校公共基础课教材编写研讨会。此次编写研讨会得到了江苏航运职业技术学院、江苏海事职业技术学院、天津海运职业学院、浙江国际海运职业技术学院、浙江交通职业技术学院、上海交通职业技术学院、云南交通运输职业学院、大连航运职业技术学院等众多职业院校的积极响应和大力支持，在此对这些院校的领导及老师表示衷心的感谢。

在大连海事大学出版社前期对公共课教学、教材现状的充分调研和深入调查的基础上，在各职业院校近百位一线教学专家的精心打磨下，高职公共基础课"十三五"创新教材顺利出版。本系列教材具有如下特色：

(1)目标明确、针对性强。本系列教材围绕高职院校教学要求和课程标准进行编写，结合学科特点进行设计，既注重了公共基础课的基础性，又体现了职业教育公共基础课程的职业性。

(2)内容创新、与时俱进。从新时期高职公共基础课面临的新要求出发，在内容选择上注重素质、知识、能力、技能的创新结合，在掌握知识的基础上，又突出技能的培养。

(3)框架合理、适应性强。部分教材采用模块式编写体例，融入现代教育新理念，各模块间既各自独立又相互联系，主次分明又有机结合，具有较强的适应性。

(4)图文并茂、难度适中。文字语言通俗易懂，部分教材配有图片，知识性与趣味性并存，符合高职院校学生的心理特点。

(5)资源丰富、立体教学。部分教材有配套电子资源，扫描二维码即可下载资源，方便教师教学。

作为出版高校教材的大学出版社，我们继续精益求精、殚精竭虑，充分发挥出版人在知识传播中的桥梁和纽带作用，也欢迎广大师生能与出版社密切互动，有任何问题与建议及时反馈给我们，以使教材日后的修订臻于至善、创新不止，确保本系列教材的高水平使用。

目　录

第一章
中国国防

学习目标

◆知识目标

1. 定义国防内涵、国防历史，中国国防体制、国防战略、国防政策以及国防成就；
2. 列举国防法规、武装力量、国防动员的主要内容。

◆能力目标

1. 能解释中国国防的类型；
2. 能讲述中国国防体制、国防战略、国防政策；
3. 能说明基本的国防法规名称以及用途；
4. 能叙述国防动员的内容及实施程序。

◆情感目标

培养大学生国防意识，树立国防观念，热爱和献身中国国防。

导读

有国必有防，国无防不立。中华五千年文明自形成国家便建立了国防，经历过国家统一、民族兴旺、国防强大的历史，也有过有国无防、落后挨打的惨痛记忆，留下了许多值得借鉴和深思的经验教训。当前，中国正处于全面建成小康社会，夺取新时代中国特色社会主义伟大胜利的关键阶段，面对错综复杂的国际国内形势，国防的地位和作用越来越凸显。新时代的大学生更应责无旁贷地关心国防、研究国防、热爱国防，对于增强国防观念、加强国防建设具有十分重要的意义。

第一节　国防概述

国防是国家生存与发展的重要保证。国防随着国家而产生,并随着国家的发展而发展,是始终为国家利益服务的。捍卫国家主权、领土完整和安全,维护民族尊严,是国防的基本职能。

一、国防的基本要素

《中华人民共和国国防法》第二条规定,国家为防备和抵抗侵略,制止武装颠覆和分裂,保卫国家主权、统一、领土完整、安全和发展利益所进行的军事活动,以及与军事有关的政治、经济、外交、科技、教育等方面的活动,适用本法。从中可以看出,国防包括四个基本要素:国防的主体、国防的目的、国防的手段和国防的对象。

(一)国防的主体

国防的主体,即国防活动的实行者,通常为国家。任何国家从诞生之日起,都要巩固边防、守卫边疆,防备和抵御各种外来侵略,以保障国家安全、维系国家生存。

(二)国防的目的

国防的目的是保卫国家主权、统一、领土完整、安全和发展利益。它包括四个方面的内容。

国家主权是一个国家存在的根本标志。主权是一国不受外来控制的自由,可以独立自主地处理其国内事务和国际事务而不受他国干预或限制的最高权力和尊严。主权是完整无缺、不可分割而独立行使的。如果一个国家的主权被剥夺,其他一切,包括国家的独立、领土完整、传统生活方式、基本政治制度、社会准则和国家荣誉都无从谈起。因此,捍卫国家主权,是国防的首要目的和任务。

国家统一,是指国家由一个中央政府对领土内一切居民和事务行使完整的管辖权,不允许另立政府或其他任何分割国家管辖权力的行为的产生。保卫国家统一历来是国家内部事务,决不允许别国干涉,这是国防的重要任务。

国家领土完整,是指一个国家的主权的空间(领土)须完全或完美无缺,不得缺失、少有、断离或被他国侵犯、分割、占有,这是一个国家主权的象征与国格和民族精神的体现。当他国敌对势力和分裂势力危及国家领土完整时,国防力量必须予以坚决打击,以保卫国家领土完整。

国家安全和发展利益,是指国家要生存,社会要发展,民族要团结,人民要过上美好生活,必须有和平、安全、稳定的内部环境与外部环境。一个国家如果没有和平、稳定、安全的环境,那么不仅难以建设和发展,甚至连生存都会受到威胁。因此,保卫国家的安全与发展利益是国防的主要目的之一。

(三)国防的手段

国防的手段是为达到国防目的而采取的方法和措施,包括军事及与军事有关的政治、经济、外交、科技、文化、教育等手段。应对武装入侵和武装暴乱,最根本、最有效的手段莫过于采取军事手段。因此,在实现国防目的的各种手段中,军事手段始终是国防的最主要手段,但并不是唯一手段。随着社会的进步与世界和平的发展,捍卫国防的目的已不仅仅局限于军事的建设和斗争。军事方面的建设和斗争更多的是配合国家的政治、经济、外交和文化等方面的斗争,要灵活运用以军事手段为主、多种手段有效结合的方式,坚决维护好国家的主权、领土完整和安全。

(四)国防的对象

国防的对象是指国防所要防备、抵抗和制止的行为。《中华人民共和国国防法》规定,国防的对象一是侵略,二是武装颠覆和分裂。联合国 1974 年专门通过了《关于侵略定义的决议》,对"侵略"做了非常详尽的定义。凡属于决议所指的侵略,均属于运用国防力量防备和抵抗的对象。当今世界,武装侵略与非武装侵略并存,因此,国防所要防备和抵抗的是"侵略",两者都包括。武装颠覆是指推翻现政府的一种反叛行为,制止武装颠覆是国防的一项重要职能;分裂是指组织、策划、实施分裂国家,破坏国家统一的行为,因此,制止分裂是国防的又一项重要职能。

二、国防的类型

不同性质、不同社会制度、不同政策的国家,有着不同目标和不同特征的国防,因而,国防的类型也各不相同。按军事战略和国防建设目标,国防可以分为扩张型、自卫型、联盟型和中立型四种类型。下面主要介绍这四种国防类型。

(一)扩张型

扩张型也就是奉行侵略扩张政策的国家,为了维护和扩大本国在世界许多地区的利益,对外推行强权政治和霸权主义,对别国进行侵略、颠覆和渗透,将本国的安全建立在别国不安全的基础之上。如美国推行霸权主义政策,在世界各地建立了 300 多个军事基地,在海外部署了占其兵力近 1/4 的军事力量,把本国的国防延伸到其他国家和地区。

(二)自卫型

自卫型国防是以防止外敌侵略为目的,在国防建设上主要依靠本国的力量,在国际上实行和平共处,广泛争取各国的同情和支持,维护本国的安全、周边地区和世界的和平与稳定。其宗旨是不主动侵犯别国,也绝不容许别国侵犯。如我国是社会主义国家,执行防御性国防政策,在对外关系方面一贯奉行和平共处五项原则,在处理国际事务中坚持平等互利、友好协商的政策。我国的国防是为了反对侵略,保卫国家主权、领土完整,维护世界和平,坚持自卫立场,因而属于自卫型国防。

(三)联盟型

联盟型是以结盟的形式,借助其他国家的力量来弥补自身防卫力量的不足,实现国家的安全与稳定。根据联盟各成员国之间的关系,联盟型国防又可分为一元体联盟和多元体联盟。一元体联盟,是以一个大国为主导地位,其余国家处于从属地位,目前日本、韩国的国防属于此种类型。多元体联盟,则是各联盟国之间处于平等地位,是伙伴关系,通过共同协商确定防卫政策,如北大西洋公约组织(简称北约)。

(四)中立型

中立型是在国际冲突或战争面前,奉行和平、中立的国防政策,大部分中小发达国家属于此种类型。奉行中立型国防政策的国家,有的采取全民防卫型,有的完全不设防。采取全民防卫的国家,比如永久中立国。在世界近200个国家中,已有7个宣布为永久中立,并得到国际上的普遍承认,它们分别是瑞士、奥地利、瑞典、芬兰、爱尔兰、哥斯达黎加、土库曼斯坦,这些国家并非放弃国防力量建设,而是属于全民皆兵的国防。圣马力诺是一个无军队的国家,完全不设国防,只有少数警察维护秩序。

三、中国国防的历史和启示

中国国防历史源远流长,早在公元前21世纪,我国建立了第一个奴隶制王朝——夏朝,就开始了国防建设。纵观五千多年的历史,中国社会先后经历了不同的发展阶段,国防也经历了荣耀与屈辱、繁盛与衰败的历程。在奴隶社会和封建社会发展的数千年时间里,绘就了一幅金戈铁马、波澜壮阔的长幅画卷,它给我们留下了丰富的国防遗产,积累了极其宝贵的历史经验。

(一)中国古代国防

中国古代国防始于公元前21世纪,止于1840年鸦片战争。历经五千多年20多个朝代的更迭,呈现出兴衰交替、曲折发展的历程。我国虽然在夏王朝的时候就已经建立了国防,但这个时期,国防没有发挥保障国家安全的作用,直至秦朝,才真正担负起了巩固国家政权、抵御入侵的使命。

1 中国古代国防的兴衰

(1)古代国防的兴盛

从古代国防历史看,兴盛经历了四个阶段:春秋末期,这个时期重军尚武、图强称霸;秦始皇时期,高度集权、固国强边;唐朝时期,文治武功、威加海内;元朝时期,疆域扩大、威震欧亚。唐朝时期,我国疆域辽阔,北到贝加尔湖,西到咸海西岸,东到朝鲜半岛。元朝时期,我国的疆域更加辽阔,向外扩展,第一次将蒙古高原和西藏纳入了自己的版图,为我国近代国家疆域确立了明确的界线。

(2)古代国防的衰落

中国古代国防的衰落也大致经历了四个阶段:两晋南北朝时期,战乱四起、山河破碎;宋朝时期,军事实力弱、内忧外患;明朝后期,矛盾激化、兵患四起;清朝后期,政治腐朽、国防虚弱。明朝时期,我国疆域缩小。清朝中期,我国仍然有1 216万平方千米的陆地国土面积,当时中国在东亚地区形成了以清朝为中心的王朝,与周边国家形成朝贡关系,这些国家的国王由清皇帝册封,定期来华朝贡。但这个时期并不长。19世纪中期,腐败的清朝衰落到任人宰割的地步,不仅朝贡体系崩溃,国土也多次被瓜分,累计丧失了200多万平方千米的国土。

2. 中国古代国防的军制

军制就是军事制度,是指国家、政治集团或军事集团为组织、指挥、管理、维持、储备和发展军事力量所制定的制度，通常以法律、法规、规章等规范性文件形式予以规定和颁行。军制旧时也称兵制，主要包括军事领导体制、武装力量体制、兵役制度等。

（1）军事领导体制

夏商周时期，君王控制军事大权，一般由君王亲自掌握和指挥军队。地方军事领导由贵族大臣和地方首领担任，没有专门的军事领导机构。战国时期，封建制度开始确立，诸侯国之间不断发生大规模兼并战争，加速了军事领导体制变革，战争指挥复杂、要求高，将帅专职化，将军开始独立统兵作战。秦一统天下后，设立了三公九卿制，太尉为最高军事长官。隋唐设立三省六部制，以兵部主管军事。宋朝设立枢密院为最高军事领导机构。之后各个朝代多以兵部主管军事，但军队的控制权始终在皇帝手中。

（2）武装力量体制

在武装力量体制上，中国古代一般区分为中央军、地方军和边防军，以步兵和骑兵为主要兵种。战国时期，步兵、骑兵、水师分离为独立兵种；明初火炮大批生产，并且有了专门装备和使用火炮的部队。中央军一般由皇帝直接统帅，比如御林军；地方军由地方军政长官控制，负责地方卫戍和配合中央军作战；边防军战时戍疆守边，平时耕种屯田。部分朝代统治者根据当时情况，允许地主成立私人武装维护自己利益。

（3）兵役制度

在兵役制度上，主要有族兵制、民军制、征兵制、府兵制、募兵制等多种形式。夏商周时期主要实行民军制，也就是兵民合一制，平时只保持少量负责护卫的军队，战时临时召集贵族和农民出征。战国、秦、汉实行征兵制，由郡、县、乡、里等行政体系征集适龄农民入伍。三国、南北朝实行世兵制，即父子世代为兵，这种兵家户籍由军府管理，如花木兰替父从军就是世兵制的具体体现。隋唐实行府兵制，即军府之兵，男子 18 岁至 60 岁为丁，均可随时被征召服兵役。宋以后实行募兵制，朝廷直接统辖的中央军从全国各地招募，守卫各州的地方军在本州范围内招募，守卫边境的番兵从当地少数民族中招募。

3. 中国古代国防工程建设

中国古代各朝政权为了抵御外敌入侵，巩固边海防，修筑了许多规模庞大的国防工程，如长城和海防要塞等。

（1）长城

长城是我国古代规模最大的防御性军事工程。长城是在漫长的岁月中逐步修筑完成的，从修筑伊始到最后完成，历时 2 000 多年，长城以其磅礴气势而成为世界上最伟大的国防工程之一。长城经各朝代多次修建，到明代东起山海关，穿过高山，越过深谷，伸延于沙漠和草原，一直到达终点甘肃嘉峪关，全长 5 000 多千米。

知识链接

长城

根据历史文献记载，修建长城超过 5 000 千米的有三个朝代：一是秦始皇时修筑的西起临洮，东至辽东的万里长城；二是汉朝修筑的西起河西走廊，东至辽东的内外长城和烽燧亭障，全长 13 000 千米；三是明朝修筑的西起嘉峪关，东到鸭绿江畔的长城，全长 8 851.841 千米。若把各个朝代修筑的长城总计起来，在5万千米以上。这些长城的遗址分布在我国今天的北京、甘肃、宁夏、陕西、山西、内蒙古、河北、新疆、天津、辽宁、黑龙江、湖北、湖南和山东等10多个省、市、自治区，其中仅内蒙古自治区境内就有遗址1.5万多千米，其次是甘肃。由于年代久远，早期各个朝代的长城大多数残缺不全，保存得比较完整的是明朝修建的长城，所以人们一般说的长城主要指的是明长城，所称长城的长度，也指的是明长城的长度。

“因地形，用险制塞”是修筑长城的一条重要经验，在秦始皇的时候已经肯定了它，接着司马迁又把它写入《史记》之中，之后的每一个朝代修筑长城都是按照这一原则进行的。凡是修筑关城隘口都是选择在两山峡谷之间，或是河流转折之处，或是平川往来必经之地，这样既能控制险要，又可节约人力和材料，以达“一夫当关，万夫莫开”的效果。修筑城墙，要充分地利用地形，如像居庸关、八达岭的长城都是沿着山脊修筑，有的地段从城墙外侧看上去非常险峻，内侧则甚是平缓，有易守难攻的效果。在辽宁境内，明朝辽东镇的长城有一种叫“山险墙”“劈山墙”的，就是利用悬崖陡壁，把崖壁劈削一下就成为长城了。还有一些地方完全利用危崖绝壁、江河湖泊作为天然屏障。

长城，作为一项伟大的工程，成为中华民族的一份宝贵遗产。2001年6月25日，长城作为春秋至明时期的古建筑，被国务院批准列入第五批全国重点文物保护单位名单，并为国家5A级建筑。

(2)边海防建设

边防建设，实边固边。西汉文景时期，为了防御匈奴，积极推行实边固边政策：一是在边关要地配置边防军，包括边境上的郡国兵和屯田兵。二是输粟实边。文帝时，晁错曾提出奖励百姓输粟实边，依输粟多少，赐予一定爵位或赦免罪过，并令入粟者将粟运至长城沿线，待边境粮食充足后，再运至内地郡县收藏。三是徙民治边。在边境要害之处组织徙民建立城邑。每一个城邑都成为坚固的军事要塞，有效地加强了边境地区的防御。

海防建设，始于明朝。为防止倭寇袭扰，明朝在江、浙、闽等沿海重要地段陆续修建以卫城、新城为骨干，水陆寨、营堡、墩台、烽堠等相结合的海防工程体系。

(二)中国近代国防

中国近代国防始于1840年鸦片战争，止于1949年中华人民共和国成立。这一阶段可以说国防孱弱，充满屈辱。鸦片战争之后，清王朝防务日渐废弛，西方列强大举入侵，中国从此一蹶不振，沦为半殖民地半封建社会。

从1840年鸦片战争到1911年辛亥革命的70多年间，清王朝为抵御西方列强军事入侵，在国防方面进行了多项改革：一是在军事领导体制方面实施“洋务新政”，撤销原有的兵部，成立陆军部。二是在武装力量方面，湘军、淮军等地方武装建设取得不错的成绩，在国防方面发挥重要作用；甲午战争战败后，开始“仿用西法，编练新军”，袁世凯在天津小站编练的六镇新军，具有现代军队的基本雏形。三是大力创办军事工业，到19世纪90年代全国军工厂已达24个，其中江南制造局、福州船政局、金陵和天津机器局、湖北枪炮厂等已成为当时规模较大的军工企业。四是努力加强海防措施，加大海防经费投入，先后创建北洋、南洋、粤洋水师，加筑岸防炮台，从国外购置大量先进火炮，在要塞设置水上阻拦铁链等。与此同时，许多有识之士积极探求民族振兴、国家富强之路，其中魏源提出的“师夷长技以制夷”主张，促进了中国近代国防的发展和建设。

1912 年到 1949 年的 37 年,历经南京临时政府、北洋政府、国民政府三个时期,西方列强纷纷在华扶植各派军阀作为代理人,加紧对华侵略。这期间,中国依然有国无防、有海无防、有边不固, 外敌肆虐,祖国的大好河山被列强瓜分,彻底沦为半殖民地半封建社会。1912 年中华民国成立,孙中山担任临时大总统,但后来被袁世凯窃取了辛亥革命胜利果实。袁世凯称帝,张勋复辟,各派军阀以列强为靠山,混战不止。"二十一条"的秘密条款和巴黎和会上的外交失败证明了北洋政府和清政府的无能,深重的民族危机激发了中华民族共御外敌的决心。1919 年五四运动之后,中国反帝反封建的资产阶级民主革命进入了新阶段。1921 年 7 月中国共产党成立,无产阶级领导的中国革命给中华民族带来希望,中国革命由此进入新的发展时期。1931 年,日本制造了九一八事变,开始了侵华战争。当时国民党政府奉行"攘外必先安内"政策,对日采取"不抵抗"政策,使东北大片领土快速沦丧。1937 年日本发动卢沟桥事变,全面侵华战争开始爆发。同时,中国军民奋起反抗,拉开了抗日战争的序幕。1945 年 8 月 15 日,日本宣布无条件投降,并于 9 月 2 日在投降书上签字。抗日战争是近代以来中国抗击外敌入侵的第一次完全胜利。之后经过解放战争,中国共产党领导的中国革命取得了胜利,结束了中华民族有国无防的屈辱史,开始了中国国防的新篇章。

(三)中华人民共和国国防

1949 年 10 月 1 日,中华人民共和国诞生,中国国防从此步入了一个新的发展征程,取得了举世瞩目的巨大成就,真正担负起了捍卫国家主权的历史使命。中华人民共和国国防是一个振兴的过程,大体经历了以下四个阶段。

初创时期(1949 年年底至 1953 年)。这一时期内有匪患未平,外有敌对势力威胁。这个阶段取得了三大成就:一是解放祖国大陆和大部分岛屿,肃清了大陆上国民党的残余武装,平息了匪患,建立起边海防部队,加强了边海防的守卫。二是取得抗美援朝战争胜利。1950 年 10 月 25 日至 1953 年 7 月 27 日,经过两年九个月艰苦作战,我们把以美国为首的 16 个国家组成的"联合国军"赶至朝鲜半岛三八线以南,取得了举世瞩目的伟大胜利。三是建立完善了全军军事领导机构,统一了军队编制体制,健全了军事规章制度。建立了 100 余所军事院校,培养了大批军事人才。

全面建设时期(1953 年年底至 1966 年)。这一时期我国国防现代化建设突飞猛进,初步形成了具有中国特色的现代国防体系。1953 年 12 月召开全国军事系统党的高级干部会议,确定了我国国防的主要任务是防御帝国主义侵略、保卫社会主义建设。制定了"积极防御"的军事战略方针,提出了实现国防现代化的重大战略举措,有力促进了我国国防现代化建设的全面发展。全军加强战备,保卫边海防,捍卫了祖国领土完整。1962 年 10 月至 11 月,面对印度对我国西藏边境地区的不断侵犯和蚕食,中国边防部队奋起反击,取得了中印边境自卫反击作战的重大胜利。经过不懈努力与艰苦奋斗,我国国防工业体系初步形成,常规武器基本实现国产化。1964 年 10 月 16 日 15 时,我国第一颗原子弹爆炸成功。

曲折中发展时期(1966 年至 1978 年)。"文化大革命"使我国国防和军队建设遭到严重的干扰和破坏,但军队基本保持稳定,国防尖端技术在困难中取得长足发展。1967 年 6 月 17 日,第一颗氢弹爆炸成功。1970 年 4 月 24 日,我国第一颗人造卫星"东方红一号"发射成功,极大地增强了国防实力和战略威慑能力。1969 年 3 月,苏联军队在中国东北边境地区频繁挑畔，中国边防部队被迫进行还击，取得了珍宝岛自卫反击战的胜利。1974 年 1 月，针对南越海军对我西沙岛屿的侵略行径，中国南海舰队发起自卫反击作战，一举将南越海军驱逐出西沙岛屿，取得捍卫西沙群岛及其领海主权的重大胜利。

现代化建设新时期(1978 年 12 月至今)。1978 年党的十一届三中全会以后，随着国家工作重点的转移，国防建设进入了一个新的历史时期。邓小平依据国际形势，提出“和平与发展是当今时代主题”的论断。1979 年 2 月至 3 月的对越自卫反击战，有力地维护了国家领土和安全利益。1985 年，我国国防建设指导思想实行战略性转变，从立足于“早打、大打、打核战争”的临战状态转变到和平时期正常建设的轨道上来。在服从国家经济建设大局的前提下，国防建设取得新进展，中国人民解放军的现代化、正规化、革命化建设提升到一个新高度。这期间我军历经多次的精简整编，部队编制、体制更加合理高效，武器装备建设取得长足发展，军队战斗力取得质的飞跃。国家的国防建设、军队建设，从硬件到软件，都取得了辉煌成果。百舸争流，奋楫者先，进入 21 世纪，中国国防发展进入全新时代。

(四)中国国防历史的启示

纵观中华五千多年国防历史，从夏朝至清末国防历史的演变，再到新中国建立现代化国防体系，荣辱交替、兴衰沉浮。“以史为镜，可以知兴替”，历史的车轮翻滚、长河涌动，从中汲取经验教训并不断践行，是新时代中华民族维护祖国领土与主权完整需要肩负的伟大使命。

1. 经济强盛是国防强大的基础

经济是国防的物质基础，国防强大依赖于经济发展。春秋时期齐国政治家管仲就提出“富国强兵”的思想。他认为“粟多者国富，国富者兵强，兵强者战胜，战胜者地广”，安民、强军，必先富国，富国是强兵之本、强兵之急。秦推行“废井田”“开阡陌”等措施，极大解放生产力，促进经济发展，对统一六国起重要作用。秦以后的汉、唐、宋、元、明、清各代前期国防的强盛，都是人民休养生息、发展生产的结果。相反的是，以上各朝代的衰败，都是由于经济衰弱动摇国防根基，导致国家飘摇，甚至朝代更替。可见，只有经济强盛，才能有强大的国防，才能有政权的稳固和国家的安全。

2. 政治昌明是国防巩固的根本

政治与国防密切相关，国家的政治是否开明，国家政策是否合理，制度是否进步，直接关系到国防的兴衰。春秋战国时期，各诸侯国十分注重修明政治，变法图强，把举贤任能、选拔优秀人才作为强国的根本大计。如：齐国得管仲、孙膑、邹忌而崛起争霸，越国得范蠡、文种而复国称雄。汉朝实行“文武”政策，建立法制，实行比较开明的治国方略，使得国家昌盛，为西汉长达 200 多年的安定奠定了基础。唐朝建立之初，百废待兴，唐太宗广泛纳谏，制定了一系列开明政策，使国家很快从隋末战争中恢复过来，开创了“贞观之治”。凡衰落的时期和朝代，无不因为政治腐败导致国防虚弱，例如：秦朝后期、唐朝中后期、两宋、晚清。

3. 国家统一和民族团结是国防强大的关键

纵观我国几千年的国防史，凡是国家统一、民族团结的时期，国防就强大；凡是国家分裂、民族矛盾尖锐的时期，国防就虚弱。晚清政府面临西方列强的入侵，国家危难的关头，认为“患不在外而在内”“防民胜于防寇”，对人民群众自发组织的反侵略斗争实行镇压，最终造成屡战屡败，乞降求和，割地赔款，使国家遭受空前的屈辱。在抗日战争时期，在中国共产党的领导下，建立了广泛的抗日民族统一战线，充分动员人民群众，团结一切抗日力量，共同抗击侵略，最终取得抗日战争的全面胜利。历史证明，国家的统一、民族的团结、军民的一致，才是国防强大的所在、民族自强的根本。

四、现代国防观

国防观是人们对国防所持有的根本观点和看法，是保卫国家安全、履行国防义务的思想意识，一般表现为国民对国防问题的关注程度，对国防政策和措施的认同，以及对国防的义务感和责任心。现代国防观以爱国主义为核心，是建立在现代国防基础上，以维护国家利益为目标的一种理性思维。

现代国防观是建立在深刻理解现代国防内涵基础上的一种理性思维，不仅包括现代军事意识、战争意识，还包括现代竞争意识、科学意识、自强意识，以及面向世界、面向未来、面向现代化的意识。现代国防观不只是保证主权、领土完整，而是要放眼海洋大陆架、公海、极地和电磁空间、外层空间，以维护国家权益；现代国防不仅有战时打赢战争的功能，还有平时遏制战争的威慑功能；现代国防不只是对人力、物力、财力的消耗，还具有对经济促进的功能；现代国防不只是为了应对、抵御外敌入侵的局部、短期的行为，还是实现国家利益全局、长期发展的神圣事业。

第二节 国防法规

国防法规是由国家立法机关制定的并以国家强制力保证实施的，用于调整国防体制、武装力量建设、国防科技建设、战争动员体制、国防生产、全民防御和国防教育等方面社会关系的法律规范的总称。国防法规是否完善也是衡量一个国家国防现代化水平的重要标志。

一、国防法规的特性

国防法规是国家国防政策的法律体现，是指导国防活动的行为准则，也是国家法律体系的重要组成部分。国防法规除了具有法律的一般特性，即鲜明的阶级性、高度的权威性、严格的强制性、普遍的适用性和相对的稳定性外，它还具有区别于其他法规的特有属性。

(一) 调整对象的军事性

国防法规所调整的是国防和武装力量建设领域的各种社会关系，包括军队内部的社会关系、武装力量内部的社会关系、武装力量与外部的社会关系等。这些带有军事性的社会关系是国防法规特有的调整对象，是其他任何法律规范所不能代替的。这是国防法规特性的一个基本表现。国防法规调整对象的军事性绝不意味着国防法规只适用于军队而不适用于地方。国防是国家行为，国防和武装力量建设领域的社会关系是军事性的，但这些社会关系所涉及的行为主体并不都是军队或军人，政治、经济、外交、文化、科技和教育等各个部门和社会各阶层人士都与国防有关。一切社会团体和个人都必须按照国防法规的要求，履行自己的国防义务。

（二）司法适用的优先性

国防法规属于特别法。“特别法优先于普通法”是国际公认的法律适用原则。国防法规优先适用，是指在解决与国防利益、军事利益有关的法律问题时，如果国防法规和普通法都有相关的规定，要以国防法规的规定作为评判是非的标准和采取行动的准则。“优先”指的不是先后顺序，而是一种排他性的单项选择。

（三）处罚措施的严厉性

国防法规所保护的国防利益，是最根本的国家利益，因而对危害国防利益的犯罪行为处罚较为严厉。例如，《中华人民共和国刑法》（以下简称《刑法》）规定，抢劫罪通常处三年以上十年以下有期徒刑；而冒充军警人员抢劫的，抢劫军用物资的，则处十年以上有期徒刑、无期徒刑或者死刑。《中华人民共和国兵役法》（以下简称《兵役法》）、《刑法》的许多条款都申明战时从重处罚。例如，《兵役法》规定，平时应征公民拒绝、逃避征集拒不改正的，不得录用为公务员或者参照《公务员法》管理的工作人员，两年内不得出国（境）或者升学，还可同时处以罚款。战时，应征公民拒绝、逃避征集的，预备役人员拒绝、逃避参加军事训练、执行军事勤务和征召的，国防生毕业后拒绝服现役的，要依法追究刑事责任。逃兵在平时处以三年以下有期徒刑并处罚金，战时则将刑期延长至七年，甚至可以处以死刑。《刑法》对军人违反职责的犯罪从重处罚。例如，《刑法》规定的军人违反职责罪有 30 项罪名，其中 12 项罪名最高刑事处罚为死刑。

二、国防法规体系

国防法规体系是指由不同层次、不同门类的国防法律规范构成的相互联系、相互制约和协调的有机整体。我国高度重视国防法规建设，制定了一系列国防法规，形成了具有中国特色的国防法规体系。

（一）国防法规体系的层次

国防法规按照立法的权限和法律规范的效力等级，可以划分为五个层次。

第一个层次是《中华人民共和国宪法》中的国防条款，这些条款在国防法规体系中居于最高地位。主要包括：武装力量的领导体制、性质、任务、建设方针和活动的根本准则，军队在国家政治制度中的地位，公民在国防方面的基本权利和义务，国防建设的领导和管理体制，全国总动员、局部动员和宣布战争状态的制度，国家和社会对伤残军人及军人家属的优抚政策，军事审判机关和军事检察机关的设置等。

第二个层次是基本国防法律，由全国人民代表大会制定。如《中华人民共和国国防法》（以下简称《国防法》）、《兵役法》，以及《刑法》分则中的第七章和第十章等。

第三个层次是国防法律，由全国人民代表大会常务委员会制定。如《中华人民共和国国防教育法》《中华人民共和国人民防空法》《中华人民共和国国防动员法》《中华人民共和国军事设施保护法》等。

第四个层次是国防法规，由国务院、中央军委制定。如：《内务条令》《纪律条令》《队列条令》等，由中央军委制定；《退伍义务兵安置条例》《军人抚恤优待条例》等，由国务院制定；《士兵服役条例》《国防交通条例》等,由国务院和中央军委联合制定。

第五个层次是国防规章制度。例如,由中央军委各部、各军兵种、各战区制定的军事规章,由国务院有关部委单独制定或与军委有关部委联合制定的国防行政规章,以及由省、自治区、直辖市等有立法权的地方权力机构和行政机关制定的实施办法、实施细则、补充规定。

(二)国防法规体系的内容

中国国防法规体系,依据国防活动的领域及内容,在横向关系上,大致可以划分为以下四个方面:国防领导、国防建设、武装力量建设、军事刑事。国防领导法规体系主要内容是我国国防领导体制、国家机构在国防活动中的领导职权等方面的规范,这是国防法律制度中最重要的组织制度。国防建设法规体系的主要内容是国家在调整国防建设活动中的各种社会关系。武装力量建设法规体系的主要内容是武装力量的性质、任务、建设目标、建设原则、体制规模以及兵役制度。军事刑事法律规范是规定军人违反职责犯罪和其他公民危害国防利益犯罪及其刑罚处罚。

(三)主要国防法规介绍

1.《中华人民共和国国防法》(以下简称《国防法》)

《国防法》是为了建设和巩固国防,保障改革开放和社会主义现代化建设的顺利进行,实现中华民族伟大复兴,根据宪法制定的法律。该法于 1997 年 3 月 14 日由第八届全国人民代表大会第五次会议审议通过并公布施行。2020 年 12 月 26 日,中华人民共和国第十三届全国人民代表大会常务委员会第二十四次会议修订通过《国防法》,自 2021 年 1 月 1 日起施行。新修订的《国防法》共有十二章七十三条,是我国在国防方面的基本法律,是指导、规范国防和军队建设的基本依据。它规定了中国国防的基本原则、基本制度和防务政策等。

2.《中华人民共和国兵役法》(以下简称《兵役法》)

《兵役法》是规定国家兵役制度的法律规范,是公民依法服兵役的法律依据。它是中国国防建设的基本法之一。该法于 2011 年 10 月 29 日由第十一届全国人民代表大会常务委员会第二十三次会议进行了第三次修正。修改后的《兵役法》共有 12 章 74 条,主要规定了国家的基本兵役制度,武装力量的组成,公民服兵役的条件、形式、期限,兵员征集、招收和动员,公民服兵役的权利和义务以及奖惩等。《兵役法》规定:"中华人民共和国实行义务兵与志愿兵相结合、民兵与预备役相结合的兵役制度。"按照《兵役法》规定,义务兵服现役的期限为两年,士兵退役时间对应其批准服现役时间。经国务院、中央军委批准,自 2020 年起,将义务兵征集由一年一次征兵一次退役,调整为一年两次征兵两次退役。征兵时间分为上半年和下半年两次,上半年征兵从 2 月中旬开始,到 3 月底结束,新兵批准入伍时间为 3 月 1 日;下半年征兵从 8 月中旬开始,到 9 月底结束,新兵批准入伍时间为 9 月 1 日。

3.《中华人民共和国国防教育法》(以下简称《国防教育法》)

《国防教育法》是对全民进行国防教育的法律规范。该法于 2001 年 4 月 28 日由第九届全国人民代表大会常务委员会第二十一次会议通过。该法专门设置"学校国防教育"一章,规定:高等学校应设置适当的国防教育课程,将课堂教学与军事训练相结合,对学生进行国防教育。《国防教育法》第十三条规定:"学校的国防教育是全民国防教育的基础,是实施素质教育的重要内容。”第十七条规定：“学校应当将国防教育列入学校的工作和教学计划，采取有效措施，保证国防教育的质量和效果。”《国防教育法》规定，国家设立“全民国防教育日”，但没有规定具体日期。2001 年 8 月 31 日，第九届全国人民代表大会常务委员会第二十三次会议通过《关于设立全民国防教育日的决定》，规定每年 9 月第三个星期六为全民国防教育日。

4.《中华人民共和国国防动员法》（以下简称《国防动员法》）

2010 年 2 月 26 日，第十一届全国人民代表大会常务委员会第十三次会议表决通过《国防动员法》，自 2010 年 7 月 1 日起施行。该法的颁布施行，为完善国防动员体系、促进军民融合式发展、提高国防动员能力提供了基本的法律依据，标志着我国国防动员建设进入了一个法制化、规范化发展的历史新阶段。该法规定：“国家机关、社会团体、企事业单位和基层群众性自治组织，应当组织所属人员学习和掌握必要的国防知识与技能。”

5.《中华人民共和国国家安全法》（以下简称《国家安全法》）

《国家安全法》是为了维护国家安全，保卫人民民主专政的政权和中国特色社会主义制度，保护人民的根本利益，保障改革开放和社会主义现代化建设的顺利进行，实现中华民族伟大复兴，根据《中华人民共和国宪法》制定的法规。《国家安全法》对维护国家安全的任务与职责，国家安全制度，国家安全保障，公民、组织的义务和权利等方面进行了规定，并将每年 4 月 15 日定为“全民国家安全教育日”。

6.《反分裂国家法》

《反分裂国家法》是一部促进两岸关系发展、推进祖国和平统一的法律，是一部符合中华民族根本利益的法律。该法于 2005 年 3 月 14 日由第十届全国人民代表大会常务委员会第三次会议表决通过。其立法目的是反对和遏制“台独”势力分裂国家，促进祖国和平统一，维护台湾海峡地区和平稳定，维护国家主权和领土完整，维护中华民族的根本利益。

三、公民的国防权利与义务

公民的国防权利，是指宪法、法律赋予公民在国防活动中享有的权益。国家从法律和物质上保障公民享有这种权利的可能性。公民的国防义务，是指公民依据宪法、法律规定在国防活动中必须履行的责任。这种责任是法定义务、法律义务，并由国家运用法律的强制力保证其实现。

（一）公民的国防权利

《国防法》第五十七条规定：“公民和组织有对国防建设提出建议的权利，有对危害国防利益的行为进行制止或者检举的权利。”第五十八条第二款规定：“公民和组织因国防建设和军事活动在经济上受到直接损失的，可以依照国家有关规定获得补偿。”

1. 对国防建设提出建议的权利

公民依法对国防建设的指导思想、方针、原则、规章制度、实施方法等提出建议。公民的批评建议权，是国家和社会监督权的形式之一，充分体现了我国人民当家作主的社会主义性质。公民有权关心国防建设，有权对国防建设提出建议。

2. 制止、检举危害国防行为的权利

制止权就是公民有权采取一定的方式方法使危害国防的行为停止下来，从而维护国防利益。检举权就是在危害国防的行为发生以后,公民有权进行揭发。《国防法》规定公民享有制止权和检举权,对及时发现和有效制止、打击侵害国防利益的违法犯罪行为,维护国防利益,加强国防建设有着重要作用。

3. 在国防活动中因经济损失得到补偿的权利

国家进行国防建设,武装力量开展军事活动,在某些情况下可能对公民的合法权益产生一定的影响甚至造成经济损失,公民可以按照国家有关规定请求政府或军事机关予以补偿。这一权利体现了我国一切为了人民利益的社会主义本质,既保护了公民的经济权利,又有利于调动公民依法积极参加国防建设和军事活动。这种补偿是国家对公民因国防活动受到损失所采取的补救措施。

(二)公民的国防义务

1. 服兵役的义务

《宪法》第五十五条规定:“保卫祖国,抵抗侵略,是中华人民共和国每一个公民的神圣职责。依照法律服兵役和参加民兵组织是中华人民共和国公民的光荣义务。”《兵役法》第三条规定:“中华人民共和国公民,不分民族、种族、职业、家庭出身、宗教信仰和教育程度,都有义务依照本法的规定服兵役。”公民履行兵役义务主要有三种形式。

(1)服现役

现役是公民在军队中所服的兵役,参加中国人民解放军和中国人民武装警察部队,都是服现役。按照新修订的《兵役法》规定,每年12月31日以前,年满18周岁的男性公民,应当被征集服现役。当年未被征集的,在22周岁以前,仍可以被征集服现役,普通高等学校毕业生的征集年龄可以放宽至24周岁。根据需要可以按照前款规定征集女性公民服现役。根据需要和本人自愿,可以征集当年12月31日以前年满17周岁未满18周岁的公民服现役。兵役登记时间由每年9月30日提前到6月30日,以便与各级各类学校学生毕业时间衔接起来。战时,预备役人员应随时准备应召服现役,在接到通知后,必须准时到指定的地点报到,遇有特殊情况,国务院和中央军委可以决定征召36~45周岁的男性公民服现役。

(2)服预备役

预备役是国家储备后备兵员的形式。预备役分为军官预备役和士兵预备役,并区分为第一类预备役和第二类预备役,公民服士兵预备役的年龄为18~35周岁,其中18~28周岁为第一类士兵预备役,29~35周岁为第二类士兵预备役。

(3)参加学生军事训练

新修订的《兵役法》规定“普通高等院校的学生在就学期间,必须接受基本军事训练”,并规定“普通高中和中等职业学校,配备军事教员,对学生实施军事训练”。这些规定表明,接受军事训练是学生必须履行的兵役义务。学生军事训练依据教育部和解放军原总参谋部、原总政治部联合制定的《普通高等学校军事课教学大纲》《高级中学和相当于高级中学军事课教程大纲》组织实施。2019年1月发布的教学大纲规定高等院校将军事课(含军事理论教学和军事技能训练)作为必修课,纳入教学计划。军事理论教学时间为36学时,军事技能训练时间为2~3周,实际训练时间不得少于14天。各项教学和训练都规定有明确内容和目标,必须严格执行。在高等院校就读的学生应自觉服从学校的军事训练安排,认真履行应承担的军训义务，完成军事训练科目，达到训练目标。

2. 接受国防教育的义务

我国的《宪法》《国防法》《教育法》《国防教育法》等都对国防教育做出了明确规定。依照法律规定，全体公民都是国防教育的对象，都有接受国防教育的权利和义务。《国防教育法》第四条规定："国防教育贯彻全民参与、长期坚持、讲求实效的方针，实行经常教育与集中教育相结合、普及教育与重点教育相结合、理论教育与行为教育相结合的原则，针对不同对象确定相应的教育内容分类组织实施。"第五条规定："中华人民共和国公民都有接受国防教育的权利和义务。普及和加强国防教育是全社会的共同责任。"国防教育是建设和巩固国防的基础，自觉接受国防教育是公民应尽的义务。每一个公民都要按照国家的规定，通过一定的形式，接受国防教育，增强国防观念，并把它当作自己的职责。

3. 保守国防秘密的义务

国防秘密是指关系国家安全利益，在一定时间内只限一定范围人员知悉的军事或与军事有关的政治、经济、外交、科技、教育等方面事项。《宪法》第五十三条规定："中华人民共和国公民必须遵守宪法和法律，保守国家秘密。"《中华人民共和国保守国家秘密法》规定："一切国家机关、武装力量、政党、社会团体、企事业单位和公民都有保守国家秘密的义务。"《国防法》第五十五条规定："公民和组织应当遵守保密规定，不得泄露国防方面的国家秘密，不得非法持有国防方面的秘密文件、资料和其他秘密物品。"保守国防秘密事关国家的安危。公民应当遵守有关的保密法律法规，严格保守国防方面的国家秘密。发现国防方面的国家秘密已经泄露或者可能泄露时，立即采取补救措施并及时报告。

4. 维护国家统一和安全的义务

维护国家统一，主要是指维护国家领土的完整，任何公民都不得破坏、变更或以其他各种形式肢解国家领土；维护国家政权的统一，不允许任何公民以各种方式分裂、颠覆国家政权，破坏国家的统一，不允许任何人以任何方式把国家主权割让给外国。维护国家安全，主要是指维护国家的领土、主权不受侵犯，国家各项机密得以保守，社会秩序不被破坏等。《宪法》规定："中华人民共和国公民有维护祖国的安全、荣誉和利益的义务，不得有危害祖国的安全、荣誉和利益的行为"，"中华人民共和国公民有维护国家统一和全国各民族团结的义务"，要求每个公民都要以国家利益为最高利益，自觉维护祖国统一、安全，绝不做危害国家安全和祖国利益的事。

第三节　国防建设

国防建设，是国家为构建和完善国防体系、提高国防能力而进行的一系列活动的统称。有效的国防建设对于维护国家安全与发展，确保国防斗争的胜利，具有基础性和决定性的意义。主要内容包括：武装力量建设，边海防、空防、人防及战场建设，国防科技与国防工业建设，国防动员建设，国防法规建设，国防教育建设，以及与国防相关的交通运输、信息通信、医疗卫生、能源、水利、气象、航天等方面的建设等。

一、国防领导体制

国防领导体制,是国家为领导国防活动而确立的组织体系及相应制度,包括国防领导机构的设置、职权划分、相互关系及相关制度等,是国防体制和国家体制的重要组成部分。一般设有最高国防决策机构、国家行政机关中管理国防事务的部门、武装力量领导指挥系统等。根据我国《宪法》《国防法》及其他相关法律,中华人民共和国的国防领导权由中共中央、全国人民代表大会及其常务委员会、国家主席、国务院、中央军事委员会来行使。

(一)中国共产党中央委员会的国防领导职权

《国防法》第二十一条规定:“中华人民共和国的武装力量受中国共产党领导。武装力量中的中国共产党组织依照中国共产党章程进行活动。”中国共产党是中国特色社会主义事业的领导核心。有关国防、战争和军队建设的重大问题,都是由中共中央和中央军委做出统一决策,贯彻执行。

(二)全国人民代表大会及其常务委员会的国防领导职权

全国人民代表大会是最高国家权力机关,它在国防方面主要行使以下职权:选举国家中央军委主席,根据中央军委主席的提名,决定中央军委其他组成人员的人选及其罢免;决定战争与和平的问题;决定战争状态的宣布,决定全国总动员或局部动员;制定有关国防方面的基本法律;审查和批准包括国防建设计划在内的国民经济和社会发展计划及计划执行情况;审查和批准包括国防经费预算在内的国家预算和预算执行情况的报告;改变或者撤销全国人大常委会在国防方面的不适当决定。

全国人大常委会是全国人大的常设机构,它在国防方面主要行使以下职权:在全国人大闭会期间,如果遇到国家遭受武装侵略或者必须履行国际间共同防止侵略的条约的情况,决定战争状态的宣布和决定全国总动员或者局部动员;制定有关国防方面的法律;审查和批准包括国防经费预算在内的国民经济和社会发展计划及其执行情况;监督中央军事委员会的工作;根据中央军事委员会主席的提名,决定中央军事委员会其他组成人员的任免;根据最高人民法院院长和最高人民检察院检察长的提请,任免军事法院院长和军事检察院检察长;决定同外国缔结的有关国防方面的条约和协定的批准和废除。

(三)国家主席的国防领导职权

国家主席作为国家机构的重要组成部分,其国防领导职权主要包括以下几个方面:根据全国人大的决定和全国人大常委会的决定,宣布战争状态,发布动员令,公布国防方面的法律;根据全国人大及其常委会的决定,对具有国防领导职责的国务院组成人员行使任免权;对在国防和军队建设中取得重大成绩的单位个人有权授予勋章和荣誉称号;根据全国人大的决定和全国人大常委会的决定,批准和废除同外国缔结的军事条约和协定。

(四)国务院的国防领导职权

国务院是最高权力机关的执行机关和国家的最高行政机关。国务院在国防方面的职权主要是领导和管理国防建设事业。其国防领导职权主要包括:编制国防建设发展规划和计划,制定国防建设方面的方针、政策；领导和管理国防科研生产；领导和管理国民经济动员工作和人民武装动员、人民防空动员、国防交通动员等方面的工作；领导和管理拥军优属工作，退役军人的安置、维权和优抚工作，离退休军人和退役军人的服务保障工作；领导国防教育工作；与中央军委共同领导民兵工作，以及征兵、预备役、边海防和空防工作等；单独或与中央军委联合制定国防行政法规；规定各部委在国防方面的任务和职责；规定中央和省、市、自治区的国家行政机关国防职权的具体区分；对本级或下级行政机关是否严格执行国家的国防政策、法规和有关决定、命令、行动措施等实施监督的权利。

(五)中央军事委员会的国防领导职权

中央军事委员会是国家的最高军事机关，统领全国武装力量，负责党和国家的最高军事决策和军事指挥，根据党的路线方针政策和国家的安全与发展的需要，确定军事战略，领导军事建设，其国防领导职权主要包括：领导和统一指挥全国武装力量；决定军事战略和武装力量的作战方针；领导和管理中国人民解放军和中国人民武装警察部队的建设，制定规划、计划并组织实施；向全国人民代表大会或者全国人民代表大会常务委员会提出议案，制定军事法规，发布决定和命令；决定中国人民解放军和中国人民武装警察部队的体制编制，规定中央军委各职能部门以及战区、军兵种、中国人民武装警察的任务和职责；任免、培训、考核和奖惩武装力量成员；批准武装力量的武器装备体制和武器装备发展规划、计划，协同国务院领导和管理国防科研生产；会同国务院管理国防经费和国防资产。

二、国防建设的目标和任务

国防建设目标是指在一个固定的时期内，根据国际形势、周边环境以及国内条件的发展趋势，在已有的国防建设的基础上，运用国家的各种条件和力量，使国防建设达到预期的目的和结果。新时代中国国防建设的目标和任务主要有以下内容：维护国家主权安全发展利益，维护社会和谐稳定，推进国防和军队现代化，维护世界和平稳定。

(一)维护国家主权、安全和发展利益

新时代，中国国防的首要目标和任务：一是服从服务于国家发展战略和安全战略，维护国家发展的重要战略机遇期；二是防备和抵御外来侵略，保卫领土、领海、领空的安全，维护国家海洋权益，维护国家在太空、电磁、网络空间的安全利益；三是遏制“台独”，打击“东突”“藏独”等分裂势力，捍卫国家主权和领土完整；四是贯彻新时期积极防御的军事战略方针，坚持独立自主和全民自卫原则，加强武装力量建设和边海防、空防建设，加强国家战略能力建设；五是始终奉行不首先使用核武器的政策，坚持自卫防御核战略，不与任何国家进行核军备竞赛。

(二)维护社会和谐稳定

主要体现在以下六个方面：一是中国武装力量忠实践行全心全意为人民服务的宗旨，积极参加和支援国家经济社会建设，依法维护国家安定和社会稳定；二是发挥人才、装备、技术、基础设施等方面的有利条件，为地方基础设施和重点工程建设、扶贫帮困和改善民生、生态环境建设贡献力量；三是科学组织非战争军事行动准备，针对面临的非传统安全威胁搞好战略预置，加强应急专业力量建设，提高遂行反恐维稳、应急救援、安全警戒任务的能力；四是坚决完

成抢险救灾等急难险重任务,保护人民群众生命财产安全;五是把维护社会大局稳定作为重要任务,坚决打击敌对势力颠覆破坏活动,打击各种暴力恐怖活动;六是发扬拥政爱民光荣传统,严格遵守国家政策法规,巩固军政军民团结。

(三)推进国防和军队现代化

这是新时代中国国防的基础工程,主要体现在以下六个方面:一是2020年基本实现机械化并使信息化建设取得重大进展,坚持以机械化为基础,以信息化为主导,广泛运用信息技术成果,推进机械化、信息化复合发展和有机融合;二是拓展和深化军事斗争准备,牵引和带动国防现代化建设整体发展;三是深化信息化条件下联合作战理论研究,推进高新技术装备建设,发展新型作战力量,着力构建信息化条件下联合作战体系;四是深入推进军事训练由机械化向信息化转变,提高打赢信息化条件下局部战争的能力,履行新时代军队使命任务;五是统筹经济建设和国防建设,实行军民融合式发展,建立完善军民结合、寓军于民的武器装备科研生产体系,军队人才培养体系和军队保障体系;六是积极稳妥地深化国防和军队改革,推进国防和军队建设科学发展。

(四)维护世界和平稳定

这是新时代中国国防的新内容,具体体现为:第一,坚持互信、互利、平等协作的新安全观,主张用和平方式解决地区热点问题和国际争端,反对使用武力或以武力相威胁,反对侵略扩张,反对霸权主义和强权政治。第二,按照和平共处五项原则开展对外军事交往,发展不结盟、不对抗、不针对的第三方军事合作关系,推动建立公平有效的集体安全机制和军事互信机制。第三,坚持开放、务实、合作的理念,深化国际安全合作,加强与主要国家和周边国家的战略协作和磋商,加强与发展中国家的军事交流与合作,参加联合国维和行动、海上护航、国际反恐合作和救灾行动。第四,支持按照公正、合理、全面、均衡的原则,实现有效裁军和军备控制,维护全球战略稳定。

三、中国国防政策

国防政策,是国家制定的在一定时期内指导国家防务的基本行动准则,是国家政策的重要组成部分。一个国家的国防政策主要是由该国的国家性质和对外政策的目标决定的。中国的国防政策以国家的根本利益为出发点,服从和服务于国家的发展战略和安全战略。中国奉行防御性国防政策,坚定不移地走和平发展的道路,进行独立自主、自力更生的建设和巩固国防。

(一)维护国家安全和统一

我国的国防现代化建设完全是为了自卫,是保障国家现代化建设和安全的需要,这是中国国防政策的基本目标,也是我国宪法赋予中国武装力量的主要职责。我国始终奉行用和平的方式解决国际争端和历史遗留问题。当前,在台湾尚未统一、南海诸岛礁被侵占、国内外敌对势力和分裂主义势力活动猖獗、恐怖主义袭击时有发生的严峻形势下,必须努力构建中国特色安全维稳体系和现代作战体系,不断提高应对多种安全威胁、完成多样化军事任务的能力,确保能够在各种复杂形势下有效应对危机、维护和平、遏制战争、打赢战争,确保国家领海、领空和领土不受侵犯,确保任何一块中国领土都不会被分裂出去。我国武装力量的规模是与保卫国家安全和利益的需要相适应的。

(二)贯彻积极防御的军事战略方针

中国奉行防御性的国防政策,依据积极防御的军事战略方针,着眼维护国家主权、安全和发展利益的需要,做好军事斗争准备,立足于打赢信息化条件下的局部战争。我国在战略上实行防御、自卫和后发制人的原则,坚持“人不犯我,我不犯人,人若犯我,我必犯人”。坚持全民自卫原则和人民战争的战略思想,增强全民国防观念,加强国防后备力量建设,完善国防动员体制;立足现有武器装备,继承和发扬优良传统;适应世界军事领域的深刻变革,做好现代技术特别是高技术条件下的防卫作战准备。

(三)全面协调国防建设和经济建设可持续发展

经济建设与国防建设的关系也是国家发展与安全的关系,是中国现代化建设全局性问题的两个重要方面。经济建设解决国家发展问题,为国家安全提供物质保障;国防建设为国家发展提供安全保障。两者统一于国家根本利益。经济建设是国防建设的基本依托,只有国家经济实力增强,国防建设才能有更大发展;国防建设是我国现代化建设的战略任务,只有把国防建设搞上去,经济建设才能有更加坚强的安全保障。国防现代化需要国家的经济力量和技术支持,国防现代化水平随着国家经济实力的增强而逐步提高。为此必须坚持国防建设与经济建设融合发展的国家战略,把国防和军队现代化建设融入经济社会发展体系之中,使国防和军队现代化进程与国家现代化进程相一致。

(四)走中国特色的强军之路

习近平主席在中央军委改革工作会议上强调,全面实施改革强军战略,坚定不移走中国特色强军之路。国防现代化要以信息化建设为核心,实施科技强军战略,提高武器装备和国防科技的自主创新能力,力争在一些基础性、前沿性、战略性的技术领域取得重大突破,依靠科技进步,加快战斗力生成模式的转变。面对国家安全环境的深刻变化以及强国强军的时代要求,全面贯彻新时代习近平强军思想,贯彻新形势下军事战略方针,建设强大的现代化陆军、海军、空军、火箭军和信息支援部队、军事航天部队、网络空间部队和联勤保障部队,打造坚强高效的战区联合作战指挥机构,构建中国特色现代作战体系,履行党和人民赋予的新时代使命任务。

(五)实施军民融合发展战略

习近平主席指出:把军民融合发展上升为国家战略,是我们长期探索经济建设和国防建设协调发展规律的重大成果,是从国家发展和安全全局出发做出的重大决策。坚持军民融合发展,要凝聚推动军民融合深度发展新理念、健全军民融合体制机制和政策制度、增强战略规划的刚性约束和执行力、不断提高军民融合发展法制化水平,加快形成全要素、多领域、高效益的军民融合深度发展格局。中国军民融合产业模式有两种:一是“军转民”,二是“民参军”。近年来,我国政府对军工企业的产业结构布局和调整进行长远规划,对“军转民”实施政策引导,使军工企业能更好地适应市场经济环境。在法律制度方面,制定了“军转民”法规,保障“军转民”的顺利实施。中国的“民参军”尚处于起步阶段,兼具机制灵活、效费比高等诸多优点,未来拥有更为广阔的发展前景。如3D打印技术,在航空航天、武器装备制造等领域有着广泛的应用。中国的军民融合才刚刚起步，需要多借鉴先进国家的经验，探索出一条适合自己发展的道路。

（六）营造国家发展的安全环境

维护世界和平，促进共同发展是中国外交政策的宗旨，也是中国国防政策的目标之一。中国一直致力于安全上相互信任，加强合作。我国坚持和平共处五项原则，独立自主地处理对外军事关系，开展军事交流与合作，不搞霸权主义，不搞军事集团，不进行军事扩张，不在国外驻军或建立军事基地。我国参与国际安全合作，加强与主要大国和周边国家的战略协作和磋商，开展双边或多边联合军事演习，推动建立公平、有效的集体安全机制和军事互信机制，共同防止冲突和战争。我国支持国际社会公正、合理地解决国际争端、军备控制和裁军问题。我国遵守联合国宪章的宗旨和原则，履行国际义务，参加联合国维和行动、国际反恐合作和救灾行动，为维护世界和平稳定发挥积极作用。

四、国防现代化建设成就

中华人民共和国成立后，特别是改革开放以来，我国国防建设无论在政治上还是国防力量上都不断加强，取得了令世人瞩目的巨大成就，主要体现在以下五个方面：

（一）我军实现指挥领导体制重塑

在 2015 年的历史性改革中，我军形成了军委管总、战区主战、军种主建的指挥领导体制。将实行 60 多年的总部制改为多部门制，由原来的 4 个总部改为军委直接领导下的 15 个职能部门。2016 年 2 月，将原沈阳、北京、兰州、济南、南京、广州、成都七个军区调整为东部、南部、西部、北部、中部 5 个战区，组建陆军、火箭军、战略支持部队和联勤保障部队。2024 年 4 月 19 日根据中央军委决定，新组建的信息支援部队由中央军委直接领导指挥，同时撤销战略支援部队番号，相应调整军事航天部队、网络空间部队领导管理关系。将部队建设、训练管理交由各军种负责，由战区行使联合作战指挥机构职能。战时，战区将陆军、海军、空军和火箭军力量整合在一起，并可领导辖区内的武装警察部队，实现战区内垂直和多向的指挥和联合协同作战。在中央军委领导下，军委各职能部门、各战区、各军种各司其职，使我军作战指挥效率和训练管理水平得到大幅提高。

知识链接

中央军事委员会现行机构设置与职能

中央军事委员会下设军委办公厅、军委联合参谋部、军委政治工作部、军委后勤保障部、军委装备发展部、军委训练管理部、军委国防动员部、军委纪律检查委员会、军委政法委员会、军委科学技术委员会、军委战略规划办公室、军委改革和编制办公室、军委国际军事合作办公室、军委审计署、军委机关事务管理总局等 15 个职能部门。

按照军委管总、战区主战、军种主建的总原则，履行战略谋划和宏观管理等职能。各部门的主要职能具体为：

(1)军委联合参谋部,主要履行作战筹划、指挥控制和作战指挥保障,研究和拟制军事战略和军事需求,组织作战能力评估,组织指导联合训练、战备建设和日常战备工作等职能。

(2)军委政治工作部,主要履行全军党的建设、组织工作、政治教育和军事人力资源管理等职能。

(3)军委后勤保障部,主要履行全军后勤保障规划、政策研究、标准制定、检察监督等职能。

(4)军委装备发展部,主要履行全军装备发展规划计划、研发试验鉴定、采购管理、信息系统建设等职能。

(5)军委训练管理部,履行对全军军事训练的统一筹划和组织领导等职能。

(6)军委国防动员部,履行领导和管理省军区、组织指导国防动员和后备力量建设等职能。

(7)军委纪律检查委员会,履行全军全覆盖的独立的纪律监督等职能。

(8)军委政治委员会,履行全军全覆盖的法制管理和法制监督等政法职能。

(9)军委科学技术委员会,履行国防科技战略管理、推动国防科技自主创新、协调推进科技领域军民融合发展等职能。

(10)军委战略规划办公室,履行统管全军战略规划、强化军委战略管理等职能。

(11)军委改革和编制办公室,履行国防和军队改革筹划协调等职能。

(12)军委国际军事合作办公室,履行对外军事交流合作、管理和协调全军外事工作等职能。

(13)军委审计署,履行军队审计监督等职能。

(14)军委机关事务管理总局,履行对军委机关及有关直附属单位的管理保障等职能。

为了加强国防领导的协调,国务院和中央军事委员会还建立了协调会议制度。

(二)军队革命化、现代化、正规化建设不断加强

新中国在确立了建立优良的现代化革命军队的总方针、总任务后,迈开了由单一陆军向诸军兵种合成军队发展的坚实步伐,研发和拥有了种类比较齐全的常规武器装备和具有战略威慑力的原子弹、氢弹等尖端武器装备,建立了正规化军事制度和院校教育体系,加强思想政治工作,在军队指挥、编制、训练、制度等方面实现了一系列变革,使军队建设向着掌握现代军事科技的高级阶段转变。在改革开放的历史条件下,我军走上了中国特色精兵之路。军队建设指导思想从实行临战状态向和平时期建设的战略性转变,在服从和服务于国家建设大局的前提下,有计划、有步骤地推进以现代化为中心的军队建设。按照精兵、合成、高效的原则,进行多次重大调整改革,减少数量,提高质量,增强军队在现代战争条件下的防卫作战能力。进入新世纪新阶段,我军根据信息化战争的特点和要求,把军事斗争准备的立足点放在打赢信息化条件下的局部战争上,把推进中国特色军事变革作为军队现代化建设的必由之路,取得了一系列新的成就。坚持党对军队的绝对领导,筑牢军队建设的根基。进一步压缩军队规模,优化了各军种比例结构。我军大量主战装备已接近或达到世界先进水平,如:歼-20、歼-16 等新型战机,东风-26、东风-41 等新型导弹相继列装。我军遂行多样化军事任务的能力提升,出色完成了汶川地震、玉树地震抢险救灾任务,圆满完成了西藏、新疆地区维稳任务。海军先后完

成了在亚丁湾、索马里海域的护航任务，利比亚撤侨、也门撤离中外人员等任务。

（三）形成门类齐全、综合配套的国防科技工业体系

中华人民共和国成立以来，在中共中央、国务院、中央军委的领导下，经过 70 多年的建设和发展，我国逐步建立起了电子、船舶、兵器、航空、航天和核能等门类齐全、综合配套完整的武器装备科研生产体系。国防科技工业经历了从无到有、从小到大、从弱向强的历史性跨越。近年来国防科技在多方面取得了重大成就。在军用电子方面，特别是在指挥控制、情报侦察、预警探测、电子对抗和通信等方面取得了重大技术突破。海军装备方面，我国自行研制了航空母舰、两栖登陆舰、核动力潜艇、导弹驱逐舰、导弹护卫舰等大型战舰。空军装备方面，我国已研制出歼-20 第五代战斗机，新型预警机、运输机、加油机、无人机等不断服役，基本满足了我军空中和海上作战的需求。通过建立和完善军民融合的武器装备科研生产体系，推进改革发展，提高科研生产能力，努力建设先进的国防科技工业。“悟空”“墨子”“慧眼”“碳卫星”“天链”等系列科学实验卫星成功发射；载人航天和探月工程取得丰硕成果，“神舟”“天宫”“嫦娥”等任务相继成功；北斗导航已全球组网；量子通信、太赫兹、激光等前沿技术研究取得重要进展。

（四）国防后备力量建设取得长足发展

党和国家历来十分重视国防后备力量建设。经过数十年的奋斗，国防后备力量建设已经形成了相对完备的制度，成效十分明显。一是实现了指导思想战略性转变，走上和平时期相对稳步发展的轨道，并使后备力量建设工作依据新时期军事战略方针，在适应社会主义市场经济新形势中得到发展；二是实行民兵与预备役相结合的制度，初步形成具有中国特色的国防后备力量体系；三是对边海防大中城市和重点地区的民兵工作，注重宏观指导，合理布局，使之得到明显加强；四是民兵预备役部队在参战支前、保卫边疆、发展生产、扶贫帮困、抢险救灾、维护社会治安等方面发挥了重要作用，为国家的改革、发展和稳定做出了巨大贡献；五是健全了国防动员机构，保证了国家在发生战争的情况下，能迅速由平时状态转入战时状态，调动足够的人力、财力、物力应对战争的急需；六是加强了国防教育，加强了对大学、高中和中等职业学校在校学生的军训工作，将国防教育逐步纳入整个国民教育体系之中，不断强化全民国防观念。

（五）服务构建人类命运共同体

习近平主席指出：“中国发展，不对任何国家构成威胁，中国无论发展到什么程度，永远不称霸，永远不搞扩张。”中国始终是维护世界和平稳定、服务构建人类命运共同体的坚定力量。我国积极发展对外建设性军事关系，参加多边对话与合作机制，推动构建新型安全伙伴关系和地区安全合作架构。我国主张通过谈判协商和平解决领土问题和海洋划界争端，同东盟国家全面有效落实《南海各方行为宣言》，努力将南海打造成为“和平之海、友谊之海、合作之海”。我国作为安理会常任理事国和第一维和大国，已累计参加 24 项联合国维和行动，派出维和军事人员 3.9 万余人次，建成 8 000 人规模的维和待命部队。我国海军舰艇编队实施常态化护航行动，为 6 600 余艘中外船舶提供安全保护。我国军队积极参加国际灾难救援和人道主义援助，“和平方舟”号医院船航迹遍布全球，惠及 23 万余人次。我国军队积极开展国际和地区反恐合作，加强上海合作组织框架内的国际反恐合作，积极参与亚太经合组织反恐工作组、“全球反恐论坛”等多边反恐机制。

第四节 武装力量

武装力量是国家或政治集团所拥有的各种武装组织的总称,是国家政权的重要组成部分。它以军队为主体,由军队和其他正规与非正规的武装组织构成。《国防法》第二十二条第一款规定:"中华人民共和国的武装力量,由中国人民解放军、中国人民武装警察部队、民兵组成。"

一、中国人民解放军

中国人民解放军由现役部队和预备役部队组成,是中国武装力量的主体。它诞生于1927年8月1日,历经红军、八路军和新四军、解放军等发展阶段。

(一)中国人民解放军的性质

中国人民解放军是中国共产党缔造和领导的,用马克思列宁主义、毛泽东思想、邓小平理论、"三个代表"重要思想、科学发展观、习近平新时代中国特色社会主义思想武装的人民军队,是中华人民共和国的武装力量,是人民民主专政的坚强柱石。中国人民解放军必须始终不渝地保持人民军队的性质,忠于党,忠于社会主义,忠于祖国,忠于人民。首先,中国人民解放军是中国共产党绝对领导下的军队。坚持"党指挥枪"是中国人民解放军的根本原则。其次,中国人民解放军是社会主义国家的军队,是社会主义祖国的坚强柱石。保卫社会主义祖国、建设社会主义国家,是这支军队肩负的双重历史任务。再次,中国人民解放军是人民的军队。除了中国人民的根本利益,这支军队没有超越人民之上的特殊利益。中国人民解放军是党的军队,社会主义国家的军队,人民的军队,这三者是有机统一的。

(二)中国人民解放军的宗旨

中国人民解放军的宗旨是:紧紧地和人民站在一起,全心全意为人民服务。它要求中国人民解放军全体人员,都以广大人民的利益、全民族的利益为出发点和归宿,始终为人民的解放事业和根本利益而奋斗。全心全意为人民服务的宗旨,是由中国人民解放军的阶级性质和历史使命决定的。中国人民解放军来自工农大众,同人民群众同甘共苦,联系最为密切,这就决定了这支军队能做到全心全意为人民服务。

(三)中国人民解放军的任务

中国人民解放军的任务是巩固国防,抵抗侵略,保卫祖国,保卫人民的和平劳动,参加国家建设事业。中国人民解放军在新时代的使命任务是为巩固中国共产党领导和社会主义制度,为捍卫国家主权、统一、领土完整,为维护国家海外利益,为促进世界和平与发展,提供战略支撑。现役部队是国家的常备军,主要担负防卫作战任务,按照规定执行非战争军事行动任务。预备役部队按照规定进行军事训练、执行防卫作战任务和非战争军事行动任务;根据国家发布的动员令,由中央军事委员会下达命令转为现役部队。

知识链接

战　区

2016年2月1日,中国人民解放军五大战区正式成立,原七大军区撤销。中国军队由此进入“战区时代”。中共中央总书记、国家主席、中央军委主席习近平向东部战区、南部战区、西部战区、北部战区、中部战区授予军旗并发布训令。

北部战区,包含省份:黑、吉、辽、内蒙古、鲁。在我国北部,这个战区是在原沈阳军区的基础上有所扩大,不仅跨东北三省,还加上内蒙古自治区和山东省,职责是应对半岛局势,维持与俄罗斯、蒙古国的友好合作。

南部战区,包含省份:湘、粤、桂、琼、滇、黔、港、澳。这个战区在原广州军区的基础上也有扩大,职责是守护着祖国南大门,战时关闭南大门,封锁南海,保证南海领土不受侵犯,保护珠三角、港澳地区不受攻击。

西部战区,包含省份:蜀、藏、陇、宁、青、新、渝。这个战区由原来的兰州军区、成都军区合并而成,主要职责是看守祖国西大门和保卫我国陆疆边防不受侵犯,应对来自西部国家的袭扰,应对恐怖分子。

东部战区,包含省份:苏、浙、皖、闽、赣、沪。东部战区和西部战区相对,主要防御我国东部海疆领域不受侵犯,守护祖国辽阔海域,并早日完成祖国统一。

中部战区,包含省份:京、津、冀、豫、晋、秦、鄂。中部战区是在原北京军区(不包括内蒙古自治区)的基础上,再加上原济南军区的河南、原兰州军区的陕西、原广州军区的湖北三省合并而成,处于祖国的心脏。职能是护好首都,紧急情况为其他各方向提供力量支持。

与成立战区相适应,中国军队改革并调整组建了战区军种机关。主要是以原军区机关部分职能机构为基础,调整组建战区陆军机关;以海军相关舰队机关为基础,调整组建相关战区海军机关;以相关军区空军机关为基础,调整组建战区空军机关。调整后的战区,由于数量减少,地理区域有所扩大,每个战区内均辖5~6个省(区),增加了战役纵深和资源储备。通过对陆军集团军的调整,各战区陆军部队相对均衡;通过整合原军区空军,战区空军力量有所加强;海军北海、东海、南海三大舰队分属北部、东部、南部三大战区,也解决了北海舰队过去跨两个军区的不便。

军区改战区,是从军委管总、战区主战、军种主建的总原则出发,根据我国安全环境和军队担负的使命任务确定的。战区作为本战略方向的唯一最高联合作战指挥机构,按照平战一体、常态运行、专司主营、精干高效的要求,履行联合作战指挥职能,担负应对本战略方向安全威胁、维护和平、遏制战争、打赢战争的使命。

(四)中国人民解放军现役部队

中国人民解放军是国家常备军,主要由陆军、海军、空军、火箭军、信息支援部队、军事航天部队、网络空间部队和联勤保障部队组成,主要担负防卫作战任务,必要时可以依照法律规定协助维护社会秩序。

1. 陆军

中国人民解放军陆军，是以步兵、装甲兵、炮兵为主体，主要在陆地上遂行作战任务的军种。陆军是陆战场上决定胜负的主要力量，在中国人民解放军各军兵种中历史最悠久，也是社会主义现代化建设和各种抢险救灾中的中坚力量。它具有强大的火力、突击力和快速的机动能力。

中国人民解放军陆军领导机构于2015年12月31日成立。2016年2月1日，战区成立。根据此前提出的“军委管总、战区主战、军种主建”的原则，原有的18个集团军，重新划归东南西北中五大战区陆军领导。2017年4月27日，国防部新闻发布会宣布：中央军委决定，以原18个集团军为基础，调整组建13个集团军。此次调整组建新的集团军，是对陆军机动作战部队的整体性重塑，是向建设强大现代化新型陆军迈出的关键一步，对于推动解放军由数量规模型向质量效能型转变具有重要意义。

习主席在陆军领导机构成立大会上强调：“陆军全体官兵要弘扬陆军光荣传统和优良作风，适应信息时代陆军建设模式和运用方式的深刻变化，探索陆军发展特点规律，按照机动作战、立体攻防的战略要求，加强顶层设计和领导管理，优化力量结构和部队编成，加快实现区域防卫型向全域作战型转变，努力建设一支强大的现代化新型陆军。”

2. 海军

中国人民解放军海军，以舰艇部队和海军航空兵为主体，其主要任务是独立或协同陆军、空军防御敌人从海上入侵，收复敌占岛屿，保卫领海主权，维护祖国统一和海洋权益。海军是我国武装力量实施海上作战的主力，具有在水面、水下、空中作战的能力。

中国人民解放军海军成立于1949年4月23日，海军的领导机关为海军总部。海军下设海军司令部、海军政治部、海军后勤部、海军装备部四个指挥机构，下辖北海舰队、东海舰队、南海舰队三大舰队，作战部队主要由水面舰艇部队、潜艇部队、海军航空兵、海军岸防兵、海军陆战队组成，还包括试验训练基地，海军各院校等。中国人民解放军海军主战装备有航空母舰、两栖登陆舰、驱逐舰、护卫舰、潜艇、各型作战飞机等。中国人民解放军现拥有2艘航母；2012年9月25日，中华人民共和国国防部宣布，中国首艘航空母舰“辽宁”号正式交接入列；2019年12月17日，中国第二艘航母，也是首艘自主建造的国产航母“山东”号在海南三亚交付海军。

新型海军将按照近海防御、远海护卫的战略要求，逐步实现由近海防御型向近海防御与远海护卫型相结合转变。通过构建合成、多能、高效的海上作战力量体系，提高战略威慑与反击、海上机动作战、海上联合作战、综合防御作战与综合保障能力，努力建设世界一流海军。人民海军在当前和今后时期，着力加强夺占岛屿、封控海域、海上突击、联合一体作战四方面能力的建设。

3. 空军

中国人民解放军空军，是以航空兵为主体，主要遂行空中作战和国土防空任务的军种。它具有高速机动、远程作战和猛烈突击的能力，是保卫祖国领空、领土不受外来侵略，维护国家领土主权完整统一的空中主要作战力量。

中国人民解放军空军成立于1949年11月11日，经过半个多世纪的建设，人民空军已经发展成为一支由航空兵、地空导弹兵、高射炮兵、空降兵、雷达兵、通信兵等多兵种合成的高技术军种，拥有第五代战斗机、远程轰炸机、运输机等先进装备的现代化武装力量。其主要任务是担负国土防空，支援陆、海军作战，对敌后方实施空袭，进行空运和航空侦察。例如：我国轰-6轰炸机于1969年就开始服役，战略轰炸机轰-6K首次亮相是在纪念中国人民抗日战争暨世界反法西斯战争胜利70周年阅兵式上。2017年3月9日，我国首款隐形战斗机歼-20正式进入空军服役。运-20是中国研究制造的新一代军用大型运输机，于2013年1月26日首飞成功，于2016年6月15日服役。此外，航空兵还有电子战飞机、空中加油机等各型作战飞机。

新型空军将按照空天一体、攻防兼备的战略要求，实现国土防空型向攻防兼备型转变，构建适应信息化作战需要的空天防御力量体系，提高战略预警、空中打击、防空反导、信息对抗、空降作战、战略投送和综合保障能力。

4. 火箭军

中国人民解放军火箭军，是中国战略威慑的核心力量，是中国大国地位的战略支撑，是维护国家安全的重要基石。火箭军前身为第二炮兵，成立于1966年7月1日，2015年12月31日更名为火箭军。

火箭军受中央军委直接领导和指挥，下辖导弹基地、训练基地和相关保障部队等。其装备主要有“东风”系列多种型号的地地导弹，包括近程导弹、中程导弹、远程导弹和洲际导弹等。例如：国庆70周年阅兵中向世界展示的战略导弹东风-41、首款高超声速导弹东风-17。

火箭军按照精干有效、核常兼备的战略要求，加快推进信息化转型，依靠科技进步推动武器装备自主创新，增强导弹武器的安全性、可靠性、有效性，完善核常兼备的力量体系，提高战略威慑与核反击和中远程精确打击的能力。火箭军、海军潜艇战略导弹部队和空军战略轰炸机部队构成我国三位一体的战略核力量。

5. 信息支援部队

中国人民解放军信息支援部队于2024年4月19日在北京成立，由中央军委直接领导指挥。信息支援部队是全新打造的战略性兵种，是统筹网络信息体系建设运用的关键支撑，在推动我军高质量发展和打赢现代战争中地位重要、责任重大。信息支援部队建设要有力支撑作战，坚持信息主导、联合制胜，畅通信息链路，融合信息资源，加强信息防护，深度融入全军联合作战体系，精准高效实施信息支援，服务保障各方向各领域军事斗争。要加快创新发展，坚持作战需求根本牵引，加强体系统筹，推进共建共享，强化科技创新，建设符合现代战争要求、具有我军特色的网络信息体系，高质量推动体系作战能力加速提升。

6. 军事航天部队

中国人民解放军军事航天部队是中国人民解放军战略性兵种，于2024年4月19日在北京成立。太空是人类共同的财富。太空安全是国家建设和社会发展的战略保障。推进军事航天部队建设，对提高安全进出和开放利用太空能力、增强太空危机管控和综合治理效能、更好和平利用太空具有重要意义。中方的太空政策清晰明确，我们一向坚持和平利用太空，愿同所有和平利用太空的国家一道，加强交流、深化合作、为维护太空持久和平与共同安全作出贡献。

7. 网络空间部队

中国人民解放军网络空间部队是中国人民解放军战略性兵种。于2024年4月19日在北京成立。网络安全是全球性挑战，也是中国面临的严峻安全威胁。推进网络空间部队建设，大力发展网络安全防御手段,对筑牢国家网络边防,及时发现和抵御网络入侵,捍卫国家网络主权和信息安全具有重要意义。我们积极倡导建设和平、安全、开放、合作的网络空间,致力于同国际社会一道共同构建网络命运共同体。

8. 联勤保障部队

中国人民解放军联勤保障部队,是全军实施联勤保障和战略战役支援保障的主体力量,是最近一次军队体制编制改革中组建的新型部队。按照"军委管总、战区主战、军种主建"的改革总原则,全军保障模式进行了重大改革,调整力量配置,理顺指挥关系,构建以联勤部队为主干、军种为补充,统分结合、通专两线的保障体制。联勤保障部队于 2016 年 9 月 13 日成立,基地位于武汉,是实施联勤保障和战略战役支援保障的主体力量,是中国特色现代军事力量体系的重要组成部分。联勤保障部队主要包括武汉联勤保障基地和无锡、桂林、西宁、沈阳、郑州五个联勤保障中心。五个联勤保障中心分别位于东南西北中五大战区,可为各战区提供后勤保障。

(五)中国人民解放军预备役部队

预备役部队组建于 1983 年 3 月。预备役部队列入人民解放军建制序列。中国人民解放军预备役部队,是以现役军人为骨干,预备役军官、士兵为基础,按统一编制为战时能迅速转化为现役部队而组建起来的部队。它是中国人民解放军的组成部分,是建设祖国、保卫祖国的一支重要力量,是实施成建制快速动员的有效组织形式,是提高兵员储备质量的好办法。作为战时首批动员的后备力量,预备役部队按照中国人民解放军的条令、条例和法规建设部队。预备役部队的军事训练,由所在战区、军种、兵种按照预备役部队军事训练与考核大纲组织实施。

二、中国人民武装警察部队

中国人民武装警察部队是中华人民共和国武装力量的重要组成部分,是担负国家赋予的内部安全保卫任务的部队。2018 年 1 月 1 日起,中国人民武装警察部队由中共中央、中央军委集中统一领导,实行中央军委—武警部队—部队领导指挥体制。武警部队职能属性不变,不列入中国人民解放军序列。按照"军是军、警是警、民是民"的原则,将武警部队担负民事属性任务的黄金部队、森林部队、水电部队整体移交国务院相关职能部门,改编为非现役专业队伍,撤收武警部队海关执勤兵力。同时,进一步理顺武警部队领导管理和指挥使用关系。

中国人民武装警察部队主要由内卫武警、机动武警、海警、院校和科研机构等组成。新时代中国人民武装警察部队的使命任务是担负执勤、处置突发社会安全事件、防范和处置恐怖活动、海上维权执法、抢险救援和防卫作战以及中央军事委员会赋予的其他任务。

三、民兵

中国民兵,是中国共产党领导下不脱离生产的群众武装,是中国人民解放军的助手和后备力量,是中华人民共和国武装力量的组成部分。我国《国防法》规定:"民兵在军事机关的指挥下,担负战备勤务、防卫作战任务,协助维护社会秩序。"

民兵主要由基干民兵和普通民兵组成,有的同预备役相结合,既是武装力量的组成部分,又是预备役的一种组织形式。民兵组织分为基干民兵组织和普通民兵组织。基干民兵组织是民兵组织的骨干力量,主要由退出现役的士兵以及经过军事训练和选定参加军事训练或者具有专业技术特长的未服过现役的人员组成。基干民兵组织可以在一定区域内从若干单位抽选人员编组。普通民兵组织,由符合服兵役条件未参加基干民兵组织的公民按照地域或单位编组。民兵的组成以乡、民族乡、镇、街道、行政村和企事业单位建立民兵组织,按照人数的多少分别编为班、排、连、营、团。

民兵的主要任务是平时参加社会主义现代化建设,带头完成生产和各项任务,执行战备勤务,保卫边疆,维护社会治安,参加抢险救灾,随时准备参军,参加防卫作战,抵抗侵略,保卫祖国。

第五节　国防动员

国防动员简称动员,是国家根据国防的需要,社会各领域全部或部分由平时状态转入战时状态或紧急状态所进行的活动,其核心内容是统一调动人力、物力、财力、科技力等为战争服务。国防动员也是战争动员的继续和发展。

一、国防动员的意义

《国防法》第四十七条规定:"中华人民共和国的主权、统一、领土完整、安全和发展利益遭受威胁时,国家依照宪法和法律规定,进行全国总动员或者局部动员。"国防动员作为国防活动的重要内容之一,在维护国家安全、增强威慑能力、应对紧急突发事件等方面都具有十分重要的意义。

(一)维护国家安全的重要举措

和平时期,国家资源主要配置在经济社会发展方面,而战争时期,国家资源要优先满足国防军事需要。当国家安全需要时,必须通过国防动员,把其他领域的人力、物力和财力转化为国防资源。为遏制战争爆发并夺取战争胜利而积聚强大的国防力量,是国防动员的基本功能与任务。国防动员不仅能够通过平时的准备,为战争实施积聚强大的战争潜力,而且可以通过建立一套平战转换的动员机制,使战争潜力在战争爆发后迅速转化为战争实力,为赢得战争的胜利奠定必要而坚实的物质基础。动员对于增强军事实力、夺取战争的主动权发挥着至关重要的作用。尤其是在战争突然降临的情况下,这种作用就更加明显。例如,抗日战争时期,毛主席分析:"日本敢于欺负我们,主要的原因在于中国民众的无组织状态",因此提出全国人民总动员,打人民战争,"就把日本侵略者置于我们数万万站起来了的人民面前,使它像一匹野牛冲入火阵,我们一声唤也要把它吓一跳,这匹野牛就非烧死不可",最终把日本侵略者这匹野牛赶出了中国,证明了毛主席决策的正确性。国防动员要统一全民的精神意志,切实维护国家安全,就必须发挥国防动员力量凝聚器和转换器的作用。

(二)增强国防威慑力的有效手段

一个国家的国防威慑力,不仅取决于常备军的数量和质量,还取决于军队后备力量和其他动员潜力。在和平时期,国防威慑力主要来源于常备军与后备力量的有机结合,以及动员机制健全完善的程度和运行效率。国防动员作为遏制战争的有效手段,强调平时必须充分做好动员工作,以建立强大的后备力量和健全的动员体制,形成强大的战略威慑力,使敌人望而生畏,从而达到遏制战争爆发、维护和平的目的。现代战争的巨大破坏性,使各国更加重视利用国防动员所积聚的巨大力量,来遏制危机的发生,制止战争的爆发。实践中,许多国家高效的国防动员能力,显示出强大的战争潜力,迫使敌人延缓或放弃侵略战争,收到了“不战而屈人之兵”的效果。例如:瑞士常备军的规模很少,只有 4 万多人,但是瑞士的国防动员能力极强。瑞士实行全民皆兵,能在 48 小时内动员 60 多万预备役人员参战。一位瑞士外交官对此非常自豪地说道:“每一个瑞士人,迈出右脚时他是一个普通的公民,而迈出左脚的时候就是一个钢铁战士。如果问我们为什么一百多年没打过仗,主要的原因就是我们随时都在准备打仗。”正是这种强大的动员能力,使这个国家在数百年间免遭战争劫难。第二次世界大战期间,希特勒曾两次想入侵瑞士,但面对瑞士全民皆兵的高度戒备,最终还是放弃了。

(三)应对紧急突发事件的有效措施

国防动员的最初功能是应对战争的需要,而今天在各种灾难和突发事件中发挥越来越重要的作用。当国家遭遇重大灾难和突发事件时,国防动员凭借自身的准备和特有的机制,使国家或地区在需要时进入应急状态,动员国家、军队和社会的一切力量,抵御自然灾害,应对各种事故与灾难,使国家和社会恢复并处于正常运转状态,维护人民群众的生命和财产安全。2020年,新型冠状病毒肺炎疫情爆发,形势严峻,国防动员系统坚决听从党中央、中央军委和习主席指挥,遂行使命任务。军地联动,动员一切力量投入到抗疫行动中:全国抽调医护人员、医疗力量火速支援湖北,“一省包一市”;中国人民解放军医疗队镇守武汉“火神山”“雷神山”,并且调拨陆军运输部队、空军运输部队等军队运力,混合编队统一指挥,保障疫区物资输送;人民警察部队、公务人员、党员、退伍军人布控重点交通要道、社区及疫情防控一线,形成网格化疫情防控体系,内防蔓延、外防输入;群众居家抗疫,听从指示“不出门、多洗手、戴口罩”。军民一心,众志成城,为打赢疫情防控阻击战做出了突出贡献。

(四)服务国家经济建设与发展的有力举措

国防动员是连接国防建设与经济建设的桥梁和纽带,对推进军民融合、促进经济发展具有服务作用。加强国防动员建设,可以促进国防和经济建设的协调发展,实现国防和经济建设的双赢。习近平总书记提出“军民融合发展既是兴国之举,又是强军之策”,军民融合发展,使国防动员建设可以更好地服务于经济社会发展。在进行大型民用基础设施建设时,必须要考虑到国防建设,例如:修建高速公路时,必须规划可以起降飞机的路段;铺设光缆时,预留部分接口为国防服务,可以有效节省军费开支。在国防动员建设过程中,合理规划好企业的生产用途,平时可以生产民用产品为民服务,战时可以生产军需用品。城市地下人防工程平时可以服务经济发展开设商场等,战时发挥人防功能,可为战争储备粮食、石油等物资。这些都是国防动员服务社会、促进国民经济建设发展的具体体现。

二、国防动员的内容

国防动员的内容主要包括武装力量动员、国民经济动员、人民防空动员、交通运输动员、政治动员。

（一）武装力量动员

武装力量动员，是国家为应对战争或其他安全威胁，将武装力量由平时状态转入战时状态所进行的活动。通常包括现役部队动员、预备役部队动员、武装警察部队动员、民兵动员。

现役部队和武装警察部队的动员主要包括四个方面：一是进入临战状态，接到动员命令后立即召回外出人员，停止转业、复员、退伍、探亲、休假等活动，启封库存的武器装备，做好战斗准备；二是实行战时编制，不满编的部队迅速按战时编制补充兵员和装备，达到齐装满员；三是扩建现役部队，以现役部队为基础，扩大部队的编制和员额，由预备役官兵补充；四是组建新的部队，按照动员计划和部队编制方案，从现役部队或军事院校抽调官兵，同时征召预备役官兵，组成新的部队。例：在伊拉克战争中，美军武装力量的动员是按照不同用途从各个部队中精选作战单位进行组合而成，动员的现役部队兵力约为 21 万人、战机 500 余架。

预备役部队动员是指预备役部队成建制转服现役的活动，是战时快速动员的一种重要方式。《国防法》规定，预备役部队“战时根据国家发布的动员令转为现役部队”。在第四次中东战争中，以色列 48 小时就动员了 30 万预备役人员参战，使以色列兵力由 11 万人骤增至 40 万人，为以色列最终取得战争优势奠定了雄厚的兵力基础。

民兵动员主要是指组织发动民兵担负参战支前的任务。民兵是保卫祖国的一支重要力量，战时可以配合军队作战和担负支援保障任务，也可以独立担负后方防卫作战和维护社会稳定任务。中华人民共和国成立后，几次边境自卫反击战，广大民兵送军粮、抬担架、运伤员、架桥铺路、保卫后方，立下汗马功劳。1959 年国庆节，毛主席站在天安门城楼上，看着首都民兵师通过广场，对赫鲁晓夫意味深长地说：“我们有一亿民兵。”赫鲁晓夫震惊不已。

武装力量动员是国防动员的核心内容，是应对危机、打赢战争的基本手段。在现代技术特别是信息技术条件下，无论是全面战争还是局部战争，搞好武装力量动员，对掌握战争主动权、夺取战争胜利都具有极为重要的影响。

（二）国民经济动员

国民经济动员是为了应对战争和突发事件，有计划、有组织地将国民经济及其相应的体制由平时状态转入战时状态所进行的一系列活动。国民经济动员是国防动员的基础和重要内容，对于充分发挥国家的经济潜力，及时满足战争和突发事件对各种物资和勤务保障的需求具有重要的作用。国民经济动员包括工业、农业、商业贸易、财政、金融、邮电、通信、科学技术、医药、卫生等领域的动员。

工业动员是指国家调整和扩大工业生产能力，增加武器装备及战争所需要的其他工业产量的活动，主要包括统筹安排军需民用，调整工业布局，改组生产与产品结构，实行快速转产，扩大军品生产，最大限度地把工业潜力转化为实力。如为了战争需要，平时生产汽车的工厂在战时可以改为生产坦克，平时造船的工厂可以改为造军舰。新型冠状病毒肺炎疫情期间，我们动员工厂停产，餐厅、商场停业，避免人群聚集传染病毒。

财政、金融动员，是指国家为保障战时需要而采取的筹措和分配资金、维持财政金融秩序的活动。它对于战争所需物资的筹措和调控经济活动具有枢纽作用，是经济动员中的重中之重。如革命战争年代，各革命政府大都采用征税、发行公债、发行货币、募捐等手段进行财政动员。

通信动员，随着新军事变革的深入发展，其地位、作用显得更加重要。信息化战争中巨大的信息流远远超过以往的战争，通信保障任务异常繁重艰巨。在海湾战争中，军事通信系统在全球领先的美军也不得不在战前实施通信动员，大量征用或租用民用通信网络，建立海湾地区应急通信系统。

医药、卫生动员，是指国家战时统一调度使用卫生人力、器材、设备和药品，对军民实施义务保障采取的措施。如战时加强战场医疗救护，将伤员及时、迅速、妥善地转到后方治疗。2020 年新型冠状病毒肺炎疫情爆发，国家进行卫生动员，开展群众性卫生防疫运动，“不出门、多洗手、戴口罩”。

国民经济动员主要是重新配置经济资源，充分调动国家的经济力量，最大限度地满足战争需要。做好经济动员工作，必须坚持平战结合、军民结合，平时就要兼顾战时需要，实现民用与军用协调发展。

(三)人民防空动员

人民防空动员是国家为了保障人民群众的生命和财产安全而组织和进行的防备敌人空袭、消除空袭后果等一系列活动。在信息化战争条件下，空袭、远程精确火力打击成为主要的作战样式。人民防空动员对于保存军事实力、减轻空袭危害、减少人民群众生命财产损失、保持后方稳定具有重要的作用。其主要内容一般包括群众防护动员、人防专业队伍动员、人防预警保障动员、重要目标防护动员等方面。

群众防护动员，是为保护人民生命安全，保存后备兵员和劳动力资源，安定人心和维护社会稳定，维持战时生产和生活秩序所进行的活动。其主要内容包括开展人民防空教育，组织城市人口疏散，构筑人民防空工程和组织掩蔽，组织城市防空管制。

人防专业队伍动员，是根据战时消除空袭后果的需要，按照专业系统组成担负抢救、抢修等防空勤务的群众性组织所进行的活动。其主要内容包括平时组建各种人防专业队伍，进行必要的训练和演练，有针对性地落实抢救抢修器材、装备和物资；战时适当扩充人防专业队伍，组织开展抢救抢修行动，消除空袭后果，维护社会治安。

人防预警保障动员，是为及时获取防空斗争所必需的情报，为组织民众防护和进行抢救、抢修，提供信息保障所进行的活动。其主要内容包括建立和完善人防警报网，确保战时按规定适时发放防空警报；组织群众开展对空侦察，协助有关部门掌握和传递空中情报。

科索沃战争中，以美国为首的北约对南联盟实施了长达 78 天的高强度轰炸，而南联盟不仅保存了 90%以上的有生力量，而且战果不菲，其中一个重要的经验是防空工作做得好，防空设施发挥了重要作用。

人民防空是国防的重要组成部分，搞好人民防空动员，对于普及和加强人民防空知识、推进防空基础设施建设、组织人员和物资疏散隐蔽、加强重要军事、政治和经济目标防护、消除空袭后果、减少国家及人民群众的生命财产损失、保存战争潜力、增强国家的防御能力等具有重要意义。

(四)交通运输动员

交通运输动员是为了应对战争和重大突发事件的需要，国家有计划、有组织地将交通运输设施、设备、工具和交通运输专业技术保障力量及其相应的体制，由平时状态转入战时状态所进行的一系列活动。交通运输动员的内容广泛，但最基本的是铁路、公路、水路、航空、管道五种运输方式的动员。

铁路运输具有运载量大、速度快、效率高的特点，可担负远距离、大重量的运输任务，是在战略、战役后方实施大规模运输的主要手段。公路运输具有灵活机动、周转速度快、适应性强等特点，既可独立完成运输任务，又可与其他运输方式相衔接进行运输。水路运输具有运量大、成本低、隐蔽安全、航线不易被破坏等特点，是海上作战和江河水网地区部队机动和物资输送的主要手段。航空运输具有快速、灵活、一般不受地形条件限制等特点，适用于紧急情况下快速输送人员、物资。交通运输动员要求平时加强建设，战时搞好交通管制，动员民用运力，组织交通线的防护等。例如：在伊拉克战争期间，美国控制和征用本国 162 艘大型远洋商船，不断向中东地区运送作战物资。另外，美国还动员了大量海军预备役船只，租用外国货船，弥补海运能力不足。空运方面，大量启用民用后备航空队向海湾空运兵力。

交通运输动员的基本任务是，根据战争或重大突发事件的需求，统一管制各种交通运输线路、设施、设备和工具，保障军队机动、兵员和武器装备的补充、军工生产、军品供应、居民疏散、工厂搬迁以及其他人员、物资的前送后运等。交通运输动员对于保障战争或应对突发事件需要，夺取战争和应对突发事件胜利具有重要影响。

（五）政治动员

政治动员是指国家或掌握一定力量的政治集团，为了保卫国家利益或利益集团而开展的宣传教育组织工作和外交活动。它的目的在于充分发挥国家或社会的政治精神潜力，最大限度地赢得国内、国际支持。

不同国家或政治集团、不同类型的战争或危机所实施的政治动员，在具体的内容上有很大差异。然而，从政治动员的目的上分析，它有许多共同之处：一是通过广泛的政治宣传激发广大军民的精神斗志；二是通过细致扎实的组织工作，调动各种社会力量；三是开展外交活动和对外宣传，巩固和扩大国际统一战线。抗美援朝战争中，我国高举“抗美援朝、保家卫国”伟大旗帜，进行了广泛而深入的政治动员，适龄青年积极报名参加中国人民志愿军，普通百姓捐钱、捐物支援前线，充分调动了全国人民的积极性，将巨大的战争潜力转化为战争实力，从而为打赢抗美援朝战争奠定了基础。

三、国防动员的实施

国防动员实施是国家为实施战争或应对其他安全威胁的需要启动动员程序，动员付诸实施并发挥应有作用的活动。国防动员实施程序指动员实施过程中各项活动的先后次序，首先进行动员决策，其次是发布动员令、充实动员机构、修订动员计划、落实动员计划。

（一）进行动员决策

动员决策是国防动员实施过程中的首要步骤。当决策实施国防动员后，整个国家的政治、军事、经济、文化和外交部门或领域才能相应地转入战时体制，进行战时的各项活动。在进行动员决策时，依据国际、国内战略环境的特点，分析敌情、我情等，判断动员时机，果断做出决策，发布战争动员令，确保国家各部门或领域及时转入战时体制。

（二）发布动员令

动员令是由国家最高权力机关或国家元首、政府首脑下达动员的命令。从发布方式上分为公开发布和秘密发布两种。公开发布动员令，一般是战争在即或已经爆发的情况下施行，可以运用一切宣传工具和手段，在全国或局部范围内进行广泛动员。秘密发布动员令，一般是在战争已不可避免但尚未爆发情况下，为了避免暴露战略意图，国家不公开发布动员令，以隐蔽方式所进行的国防动员。

（三）充实动员机构

国防动员机构是指平时负责动员准备、战时负责动员实施的组织领导机构。一旦实施战争动员，和平时期的动员机构，无论在人力还是物力上都难以适应需要，必须及时调整和加强。改革开放以来，随着国家经济政治体制的改革，国防动员的领导体制也进行了调整。2016 年 1 月，在原国家国防动员委员会基础上调整组建军委国防动员部，全国各战区、各军兵种、县以上各级人民政府国防动员委员会设立了相应的国防动员工作机构。

（四）修订动员计划

国防动员计划是实施国防动员的依据，是在战时根据国际战略环境和国内条件发生的变化及时迅速修订动员计划。修订动员计划，必须以战时国防动员需求为牵引，通盘考虑，突出重点，灵活取舍，留有余地，严格把关，保守秘密，确保动员行动顺畅。

（五）落实动员计划

落实动员计划是动员令发布后，负有动员任务的地区和部门，应根据修订的动员计划，迅速转入战时体制。国家和社会都应以保障战争胜利为轴心迅速进行调整，地方各级政府要根据上级下达的动员任务积极实施动员行动，各行业各阶层都要动员起来，落实国防动员任务，为赢得战争胜利贡献自己的力量。

学习测试：

一、单项选择

1.（　　）是为防备和抵抗侵略，制止武装颠覆和分裂，保卫国家主权、统一、领土完整、安全和发展利益所进行的军事活动，以及与军事有关的政治、经济、外交、科技、教育等方面的活动。

A. 国家　　B. 军队

C. 武装集团　　D. 国防

2. 根据我国的社会制度和国家政策，中国的国防类型是（　　）。

A. 扩张型　　B. 中立型

C. 侵略型　　D. 自卫型

3.《中华人民共和国国防教育法》规定每年（　　）为“全民国防教育日”。

A. 9 月 3 日　　B. 9 月的第三个星期六

C. 4 月的第三个星期六　　D. 4 月 15 日

4. 以下哪项不是公民的国防权利（　　）。

A. 对国防建设提出建议
B. 在国防活动中因经济损失得到补偿
C. 保护国防设施
D. 制止、检举危害国防行为

5. (　　)是国家谋划、决策、指挥、协调国防建设和军事斗争的组织体系及相应制度，包括国防领导机构的设置、职权划分、相互关系及相关制度等，是国防体制和国家体制的重要组成部分。
A. 国防法规
B. 国防领导体制
C. 国防动员
D. 国防建设目标

6. 1842 年，战败的清王朝签订了我国历史上的第一个丧权辱国的不平等条约——(　　)，中国开始沦为半殖民地半封建社会。
A.《马关条约》
B.《日内瓦公约》
C.《辛丑条约》
D. 中英《南京条约》

7. (　　)，我国第一颗原子弹爆炸成功。
A. 1964 年 10 月 16 日
B. 1965 年 10 月 16 日
C. 1966 年 10 月 16 日
D. 1967 年 10 月 16 日

8. (　　)是国防巩固的根本。
A. 政治昌明
B. 经济强盛
C. 军备建设
D. 统一和民族团结

9.《反分裂国家法》于(　　)3 月 14 日第十届全国人民代表大会第三次会议表决通过。
A. 2005 年
B. 2006 年
C. 2007 年
D. 2008 年

10. (　　)是指国家或掌握一定力量的政治集团，为了保卫国家利益或利益集团而开展的宣传教育组织工作和外交活动。
A. 外交动员
B. 政治动员
C. 国民动员
D. 人防动员

二、多项选择

1. 国防的目的是(　　)。
A. 捍卫国家的主权
B. 保卫国家的统一
C. 保卫国家的领土完整
D. 保障国家的安全

2. 下列哪些属于国防法规的特性(　　)。
A. 调整对象的军事性
B. 目标体系的多样性
C. 处罚措施的严厉性
D. 司法适用的优先性

3. 根据(　　)，中华人民共和国的国防领导权由中共中央、全国人大及其常务委员会、国家主席、国务院、中央军委来行使。
A.《中华人民共和国国防法》
B.《中华人民共和国国防教育法》
C.《中华人民共和国宪法》
D.《反分裂国家法》

4. 中国人民解放军现有的军种包括(　　)。
A. 陆军
B. 海军
C. 空军
D. 火箭军

5. 国防动员的组织体系是由(　　)组成的。

A. 决策机构　　B. 协调机构

C. 执行机构　　D. 监督机构

三、名词解释

1. 国防手段
2. 国防法规体系
3. 中国国防领导体制
4. 中华人民共和国武装力量
5. 国防动员

四、思考题

1. 国防的要素有哪些?
2. 我国公民的国防义务有哪些?
3. 新时代中国国防建设的主要目标和任务是什么?
4. 人民军队的性质、宗旨和任务是什么?
5. 国防动员是怎样组织实施的?

第二章
国家安全

学习目标

◆知识目标

1. 定义国家安全的内涵；
2. 描述我国的地缘环境和地缘安全情况；
3. 解释国际战略形势现状和发展趋势；
4. 说明世界主要国家军事力量及战略动向。

◆能力目标

1. 能够判断当前我国面临的国家安全形势；
2. 能够分析国际战略形势以及对我国的影响。

◆情感目标

关心、关注国家安全，为国家安全主动尽责，并能够积极投身国家安全事业。

导读

安全是生存之本，国家安全是国家的基本利益。当前，我国面临着日益严峻的国家安全形势，因此，关心、关注国家安全，增强国家安全意识、忧患意识、责任意识是我们每个公民应尽的义务，维护国家安全是我们全国各族人民根本利益所在，也是发展新时代中国特色社会主义、实现中华民族伟大复兴的必然要求。

第一节　国家安全概述

《国家安全法》第二条指出:“国家安全是指国家政权、主权、统一和领土完整、人民福祉、经济社会可持续发展和国家其他重大利益相对处于没有危险和不受内外威胁的状态,以及保障持续安全状态的能力。”这一规定对于我们正确认识和理解国家安全,把握国家安全的基本内容具有重要的指导意义。

一、国家安全的内涵

国家安全的内涵是由国家所受的威胁和各国由此制定的安全目标所决定的,不同的国家对国家安全内涵的规定有所不同,但是核心内容基本相似。国家安全是国家的基本利益,是一个国家处于没有危险的客观状态,也就是国家既没有外部的威胁和侵害,也没有内部的混乱和疾患的客观状态。具体来说国家安全内涵包括以下三个含义:

首先,国家安全是国家没有外部的威胁与侵害的客观状态。所谓外部的威胁与侵害,大致可分为外部自然界与外部社会的威胁和侵害两大类,但由于国家安全是一种社会现象,国家的外部威胁和侵害也就主要是指处于一国之外的其他社会存在对本国造成的威胁和侵害。从威胁和侵害者看,这种外部威胁和侵害包括:一是其他国家的威胁;二是非国家的其他外部社会组织和个人的威胁,如某些国际组织或地区组织对某国的威胁和侵害,“伊斯兰国”极端恐怖组织(简称 ISIS)对叙利亚、伊拉克的国家安全就是威胁;三是国内反动力量在外部所形成的威胁和侵害,如国内的反叛组织在国外从事的威胁和侵害本国的活动,“世界维吾尔青年代表大会”就是一个图谋分裂国家的恐怖组织。

其次,国家安全是国家没有内部的混乱与疾患的客观状态。危及国家生存的力量不仅来源于国家的外部,而且还时常来源于国家的内部。国内的混乱、动乱、骚乱、暴乱,以及其他各种形式的疾患,都会直接危害人民群众的生产、生活等,造成国家的不安全。

最后,只有在同时没有内外两方面危害的条件下,国家才安全。因此,只有这两个方面的统一,才是国家安全的特有属性。“国家安全是国家既没有外部威胁和侵害,也没有内部混乱与疾患的客观状态”,这就把国家安全与国家不安全区别开了。

随着国内外形势的发展变化,国家安全的领域和范围不断拓展:按领域划分,可分为政治安全、经济安全、军事安全、科技安全、文化安全、信息安全等;按空间划分,可分为陆上安全、海上安全、空中安全、太空安全、网络安全等;按性质划分,可分为传统安全和非传统安全。

二、国家安全基本原则

国家安全基本原则是决策者及决策机关在对国家安全实施决策或调控过程中必须遵循的基本行为准则,反映了对国家安全基本特点的认识。目前,对国家安全基本原则尚未形成统一的理论表述,根据《宪法》《国家安全法》和有关法律的规定,我们认为维护国家安全工作,应当坚持以下基本原则:

（一）坚持党的领导原则

习近平总书记在党的十九大报告中旗帜鲜明地指出“坚持党对一切工作的领导”。中国共产党是新时代中国特色社会主义事业的领导核心。这是近代以来中国共产党带领中国人民进行长期革命斗争和艰苦奋斗的结果，是中国人民在道路上、理论上、制度上的历史选择。党的领导是新时代中国特色社会主义最本质的特征，是新时代中国特色社会主义制度的最大优势。国家安全工作既是新时代中国特色社会主义事业的重要组成部分，也是新时代中国特色社会主义事业的坚强安全保障，坚持党对国家安全工作的领导必然成为国家安全工作的根本原则。

为了加强党对国家安全工作的领导，建立统一、高效、权威的国家安全领导体制，2013 年 11 月 12 日，中国共产党第十八届中央委员会第三次全体会议后，决定成立中国共产党中央国家安全委员会，简称“中央国家安全委员会”，是中国共产党中央委员会下属机构。中央国家安全委员会作为中共中央关于国家安全工作的决策和议事协调机构，向中央政治局、中央政治局常务委员会负责，统筹协调涉及国家安全的重大事项和重要工作。2024 年 5 月 30 日下午中共中央总书记、国家主席、中央军委主席、中央国家安全委员会主席习近平主持召开二十届中央国家安全委员会第一次会议。中共中央政治局常委、中央国家安全委员会副主席李强、赵乐际、蔡奇出席会议。

（二）坚持国家利益至上的原则

国家安全工作的根本使命就是捍卫国家利益。国家利益是国家政治、经济、文化、外交和安全等各方面利益的有机统一体。坚持国家利益至上原则，就是在处理国家安全各项重大问题时，必须首先考虑国家利益，把国家利益放在高于一切的地位。同时，坚持国家利益至上是制定和实施国家安全战略的基本依据，是实现国家安全目标的基本途径。

在国家主权、国家安全、领土完整、国家统一，宪法确立的国家政治制度和社会大局稳定，经济社会的可持续发展等国家核心利益的问题上，国家安全工作必须保持不容争议、不容妥协、不容干涉的姿态和立场，尽可能动用各方面力量和资源，有效维护国家核心利益，必要时不惜一切代价，采取一切手段捍卫国家核心利益。

（三）坚持人民利益高于一切的原则

《宪法》总纲第二条规定：“中华人民共和国的一切权力属于人民。”《中国共产党章程》规定：“党要坚持全心全意为人民服务，党除了工人阶级和最广大人民群众的利益，没有自己的特殊利益。党在任何时候都把群众利益放在第一位……党在自己的工作中实行群众路线，一切为了群众，一切依靠群众，从群众中来，到群众中去，把党的正确主张变为群众的自觉行动。”从上文可以看出，国家安全坚持人民利益高于一切的原则，就是要坚持以人民为中心的思想，坚持人民的主体地位，一切为了人民、一切相信人民、一切依靠人民。广泛动员和有效组织全体人民积极投身国家安全建设，充分调动人民的积极性、主动性、创造性，为新时代国家安全和中华民族伟大复兴贡献力量。

（四）坚持统筹兼顾的原则

国家安全涉及外部威胁、内部隐患两个方面，具体又涉及政治、经济、军事、国土、文化、社会、科技、信息、生态、资源、核安全、生物安全等方面,这就要求国家安全工作要统筹兼顾好各个方面,既要重视外部安全,又要重视内部安全;既要重视传统安全,又要重视非传统安全;既要着力解决当前突出的安全问题,又要统筹应对各种潜在的安全威胁;既要维护核心国家安全,又要聚焦一般国家安全;既要重视自身安全,又要重视共同安全,打造命运共同体,推动各方朝着互利互惠、共同安全的目标前进。同时,安全是发展的条件,发展是安全的基础。《国家安全法》规定,“维护国家安全,应当与经济社会发展相协调”,所以国家安全还要统筹兼顾好安全与发展的关系,要通过提高国家安全能力,为发展提供稳定的安全环境,通过不断提高发展水平,为国家安全提供有力保障,实现可持续发展与可持续安全相互支撑、良性互动。

三、总体国家安全观

2014 年 4 月 15 日,中共中央总书记、国家主席、中央军委主席、中央国家安全委员会主席习近平主持召开中央国家安全委员会第一次会议并发表重要讲话。习近平强调,要准确把握国家安全形势变化新特点新趋势,坚持总体国家安全观,走出一条中国特色国家安全道路。这是首次提出总体国家安全观,并系统提出 11 种安全:政治安全、国土安全、军事安全、经济安全、文化安全、社会安全、科技安全、信息安全、生态安全、资源安全、核安全。

总体国家安全观是以习近平同志为核心的党中央对国家安全理论和实践的重大创新,是新形势下指导国家安全工作的强大思想武器,对于维护国家安全,推进中国特色社会主义伟大事业具有重要指导作用。总体国家安全观具有丰富的内涵,具体是“以人民安全为宗旨,以政治安全为根本,以经济安全为基础,以军事、文化、社会安全为保障,以促进国际安全为依托,走出一条中国特色国家安全道路”。

(一)政治安全

政治安全是指国家主权、政权、政治制度、政治秩序以及意识形态等方面免受威胁、侵犯、颠覆、破坏的客观状态。当前,维护国家政治安全集中表现为对外要保持中华人民共和国的主权独立、领土完整,对内要坚持中国共产党的领导、人民民主专政、社会主义政治制度和社会政治秩序稳定、马克思主义意识形态的主导地位。

(二)国土安全

国土安全是指国家领土完整、国家统一、海洋权益及边疆边境不受侵犯或免受威胁的状态。国土安全是立国之基,是国家生存和发展的基本条件。当前,我国面临的国土安全威胁主要来自于边境领土争端和海洋权益争端,尤其是我国在南海的一些岛礁长期受到一些国家的非法侵占。同时,美国为了遏制我国发展,不断以各种手段插手我国国土安全事务。

(三)军事安全

军事安全是指国家军队事务处于没有危险的客观状态,也就是国家的军事存在、军事力量和军事活动等不受威胁、挑战和打击、破坏的客观状态。当前,美国彻底奉行对华遏制政策,加紧对我国进行军事围堵。尤其是拜登上台后,美国拉拢北约盟友来我国南海搞军事演习,进行赤裸裸的军事挑衅,严重威胁我国军事安全。当前,美国利用台湾问题,疯狂干涉中国内政,军事上向台湾当局出售先进武器,不断派遣军机在台海地区活动,为“台独”势力壮胆,干扰和阻挠我国解决台湾问题，严重威胁我国军事安全。

（四）经济安全

经济安全指一个国家根据其政策以其希望的方式发展国家经济的能力。它包括两方面，一是指国内经济安全，即一国经济处于稳定、均衡和持续发展的正常状态；二是指国际经济安全，即一国经济发展所依赖的国外资源和市场的稳定与持续，免于供给中断或价格剧烈波动而产生的突然打击，散布于世界各地的市场和投资等商业利益不受威胁。为了达到这种状态，国家既要保护、调节和控制国内市场，又要维护全球化了的民族利益，参与国际经济谈判，实现国际经济合作。维护我国的经济安全的核心是坚持社会主义基本经济制度不动摇，不断完善社会主义市场经济体制，坚持发展是硬道理，不断提高国家的整体经济实力、竞争力和抵御各种内外冲击与威胁的能力。重点防范各种重大风险挑战，保护国家根本利益不受伤害。

（五）文化安全

文化是民族的血脉，是人民的精神家园。文化安全是指一国的观念形态的文化（如民族精神、政治价值理念、信仰追求等）生存和发展不受威胁的客观状态。文化安全是国家安全的重要保障。当前，西方国家利用各种手段加紧对我国进行文化扩张与思想渗透，对我们党史、军史、中国史、民族史等进行恶意歪曲，对我们的开国领袖、国家领导人、民族英雄、烈士、先进人物等进行丑化攻击，对我们中华优秀传统文化进行否定解读，利用电影、游戏、网络、社交软件、直播平台等在青少年中宣扬拜金主义、享乐主义、个人主义、消极颓废、超前消费，传播淫秽色情和低俗精神鸦片，同时大力鼓吹西方的民主、人权、自由价值观，目的就是对我国进行文化侵略，对国人进行价值迷惑，对青少年进行精神毒害，从而动摇人民的信念，摧毁社会主义的根基。目前，我国的文化安全形势不容乐观，需要国家相关部门采取强力措施，拨乱反正，综合施策，以维护国家的文化安全。

（六）社会安全

社会安全是一个国家或地区社会治安、交通安全、生活安全和生产安全等基本方面的客观状态。具体是指防范、消除、控制直接威胁社会公共秩序和人民群众生命财产安全的治安、刑事、暴力恐怖事件以及规模较大的群体性事件等，涉及打击犯罪、维护稳定、社会治理、公共服务等各个方面，既事关每个社会成员切身利益，也事关国家经济发展与社会稳定，对于保障人民安居乐业、社会安定有序、国家长治久安具有十分重大的意义。

（七）科技安全

科技安全既是支撑国家安全的重要物质力量，也是实现其他领域安全的技术基础。改革开放以来，我国的科技实力不断增强，为国家的安全与发展发挥了重要作用。但是我们要清醒地认识到，我国的科技安全还存在很多短板，仍面临很多挑战：一是基础前沿领域依然薄弱，例如蛋白质科学、量子科学、纳米科学技术、发育与生殖生物学、信息技术、新材料技术、太空技术等，这些基础前沿科学技术事关国家的长远发展与安全。二是重点领域核心技术受制于人，例如芯片、操作系统、先进制造技术、航空发动机技术等，这些技术不加快突破，将危害我国重点产业的安全发展。三是科技安全管理薄弱，国家在科技领域的法规、政策还不够完善，科技安全意识弱，对科技系统的保护力度还需要加强。

（八）信息安全

信息技术的高速发展，彻底改变了人类生产、生活方式，推动了人类社会发展，信息安全问题随之而来。2013 年 6 月，前 CIA（美国中央情报局）技术分析员爱德华·斯诺登曝出美国“棱镜计划”，在国际社会掀起轩然大波，一下子将信息安全问题推到世人面前。从“棱镜门”事件中发现：美国针对中国进行大规模的网络攻击，并把中国领导人和华为公司等列为目标。攻击的目标还包括商务部、外交部、银行和电信公司等，这反映出我国的信息安全现状堪忧，形势非常严峻。2017 年 8 月 18 日，美国国防部将网络司令部升为一级联合作战司令部，与美国中央总部的主要作战司令部、特种作战司令部、战略司令部、运输司令部等司令部同一级别，成为美军第 10 个联合作战司令部。美国的网络信息战能力处于领先地位。目前，我国的信息安全还相当脆弱，基础信息技术对外依赖严重，计算机芯片、骨干路由器、操作系统和数据库管理系统以及大量的应用软件技术等信息核心技术缺乏，成为我国信息安全的最大隐患。信息安全与国家安全紧密相连，没有信息安全，就没有真正的政治安全、军事安全、经济安全，也没有完全意义上的国家安全。所以我们还需要不断努力发展自己，掌握信息核心技术，为国家信息安全打牢基础。

（九）生态安全

生态安全是指生态系统的健康和完整情况，是支撑国家生存与发展的基本条件。生态安全不仅关系到人民的幸福，而且关系到国家的可持续发展。近年来，我国的生态问题日益严重。一方面，庞大的人口基数对生态环境造成了持久压力；另一方面，传统的粗放式经济发展方式和先发展后治理的落后发展思路使生态环境遭受了巨大破坏。我国生态环境问题集中在水土流失、空气污染、水污染、水资源短缺、生物多样性减少等方面。土地方面，全国耕地面积约为 20 亿亩，2017 年人均耕地仅 1.46 亩，1/3 国土有水土流失问题，土地荒漠化涉及 18 个省区；2020 年我国森林覆盖率为 22.96%，森林面积 2.2 亿公顷。空气方面，近几年大气污染比较严重，雾霾问题突出；2017 年全国 297 个地级及以上城市空气质量优良率平均为 77.4%，超过一半的城市空气质量优良率低于 80%，超过 1/7 的城市低于 60%。水安全方面，我国的淡水资源总量为 28 000 亿立方米，人均水资源量只有 2 300 立方米，仅为世界平均水平的 1/4，我国的海河、辽河、淮河、黄河、松花江、长江和珠江 7 大江河水系，均受到不同程度的污染。生物多样性方面，目前我国濒危的高等植物达 4000~5000 种。珍稀濒危重点保护动植物已分别达 257 种和 392 种，生物资源的破坏情况严重。从目前状况来看，生态安全形势严峻。

（十）资源安全

资源安全是一个国家或地区可以持续、稳定、及时、足量和经济地获取所需自然资源的状态，主要涉及能源资源、矿产资源、土地资源、水资源等。我国既是主要的资源生产大国，也是资源消费大国。随着经济的高速发展，我国各种资源的供需矛盾越来越突出，一些资源对外依存度高，资源的开发利用水平不高，资源浪费污染严重。目前，我国能源安全在资源安全中最为突出。能源安全不仅仅是经济问题，也是政治和军事问题。我国自 2017 年后，就超过美国是世界最大的原油进口国。2019 年，我国原油进口数量为 50 572 万吨，金额为 16 627 亿元，进口原油占我国原油消费量的比重为 75.48%，石油对外依赖严重。我国进口石油的主要运输路线是从霍尔木兹海峡，经印度洋、马六甲海峡到达中国。美国在新加坡有军事基地，控制着马六甲海峡，直接威胁着我国的能源通道安全。

目前，我国与缅甸合作建设了一条从马德岛、皎漂港到中国西南地区的中缅油气管道，2013 年开始运营。这条油气管道和已经运营的东北的中-俄油气管道、西北的中国-中亚油气管道和海上通道，构成了我国四大能源进口通道，使我国能源进口的途径多元化，缓解了我国能源供应的紧张状况。当前，我国与巴基斯坦合作正在建设一条从瓜达尔港到喀什的石油管道，将大大改善我国的能源通道安全形势。

(十一)核安全

核安全是指对核设施、核活动、核材料和放射性物质采取必要和充分的监控、保护、预防和缓解等安全措施，防止由于技术原因、人为原因或自然灾害造成事故发生，并最大限度减少事故情况下的放射性后果，从而保护工作人员、公众和环境免受不当辐射危害。在核技术应用领域已经发生的核事故有：1979 年 3 月 28 日，美国发生的三英里岛核电站事故；1986 年 4 月 26 日，苏联发生的切尔诺贝利核泄漏事故；2011 年 3 月 12 日，日本发生的福岛核电站事故等。这些事故都给环境带来了灾难性的影响。目前，我国在核技术应用、核安全监管方面的总体状况良好，但是存在核废物处理缓慢、核安全技术规范和标准体系不完善的问题。我国周边核扩散形势严峻，核电、核利用等核活动存在不同程度的风险，对我国安全带来严重威胁。

习近平指出，贯彻落实总体国家安全观，必须既重视外部安全，又重视内部安全，对内求发展、求变革、求稳定、建设平安中国，对外求和平、求合作、求共赢、建设和谐世界；既重视国土安全，又重视国民安全，坚持以民为本、以人为本，坚持国家安全一切为了人民、一切依靠人民，真正夯实国家安全的群众基础；既重视传统安全，又重视非传统安全，构建集政治安全、国土安全、军事安全、经济安全、文化安全、社会安全、科技安全、信息安全、生态安全、资源安全、核安全等于一体的国家安全体系；既重视发展问题，又重视安全问题，发展是安全的基础，安全是发展的条件，富国才能强兵，强兵才能卫国；既重视自身安全，又重视共同安全，打造命运共同体，推动各方朝着互利互惠、共同安全的目标相向而行。

第二节　国家安全形势

国家安全形势，是指国家安全的发展状况，包括政权、主权、统一和领土完整、人民福祉、经济社会可持续发展等国家重大利益的基本状况。这种状况是通过分析判断涉及国家安全的各种情况所得出的结论。

国家安全形势，是制定国家安全政策和国家安全战略的依据，是国家维护安全利益的行动指南，同时也是指导国家经济建设、发展国民经济的风向标。当前，国际形势复杂多变，我们必须充分认清国家安全形势，抓住机遇，努力发挥中国特色社会主义制度优势，调动全社会力量，加快经济、军事、科技等各方面的同步发展，为实现中华民族的伟大复兴而奋斗。

一、中国地缘环境概况

地缘环境是指影响国家安全的地理位置、地理特征以及与地理密切相关的各种因素的总称。地缘环境是持久地影响国家安全的基本因素之一。在研究分析国家政治、经济、军事、社会、文化、外交等安全方面的问题时,必须要考虑地缘环境,只有充分了解地缘环境对周边安全环境的影响,才能对周边安全情况做出准确客观的判断。

(一)陆海兼备,邻国众多

中国位于地球上东半球和北半球,地处亚洲东方,太平洋的西岸,南北跨越的纬度近50度,最南端在曾母暗沙,最北端在漠河以北黑龙江主航道的中心线上,大部分在温带,小部分在热带,没有寒带。东西跨越经度60多度,最东端在乌苏里江畔,最西端在帕米尔高原,相差5个时区。中国既是一个陆地大国,也是一个海洋大国,陆地国土面积约960万平方千米,海洋国土面积约300万平方千米。陆地边界总长2.2万余千米,海岸线总长1.8万余千米。与中国陆地接壤的国家有朝鲜、俄罗斯、蒙古、哈萨克斯坦、塔吉克斯坦、吉尔吉斯斯坦、阿富汗、巴基斯坦、印度、尼泊尔、不丹、缅甸、老挝、越南14个国家,海上相邻的有韩国、日本、菲律宾、马来西亚、文莱、印度尼西亚、新加坡7个国家。

(二)周边复杂,差异明显

中国周边是世界上人口最密集,社会、政治、经济、军事发展极不平衡,文化类型多元,民族宗教问题突出,历史遗留问题较多的地区。中国及周边国家人口总数已超过40亿,占世界总人口的一半以上,其中人口过亿的国家有中国、日本、俄罗斯、印度、孟加拉国、巴基斯坦、马来西亚、菲律宾。中国周边既有经济发达的国家,如日本、韩国、新加坡等,也有非常贫穷落后的国家,如老挝、孟加拉国、阿富汗等。此外,中国周边国家在社会制度及意识形态、发展程度、宗教文化、军事方面也具有很大的差异性、不平衡性和多样性。从社会制度上看,既有社会主义国家,也有资本主义国家,还有封建制国家;从意识形态上看,既有共产主义占主导地位的国家,也有西方价值观、人权观占主导地位的国家,从宗教上看,有佛教、印度教、伊斯兰教和基督教等;从文化上看,既有东方文化,也有西方文化;从军事方面看,中国周边拥核国家达到4个,构成了最密集的核武器分布圈。同时,中国周边军事强国众多,潜在的矛盾冲突多,军事安全压力大,直接威胁着我国国家安全。

(三)矛盾众多,热点集中

由于殖民主义、帝国主义的侵略和掠夺,中国周边国家间的历史遗留问题较多,存在着领土领海划界争端、民族矛盾、宗教冲突等诸多问题,从而引发地区局势紧张,局部冲突,甚至战争。目前,中国周边主要有日俄北方四岛问题、朝鲜半岛问题、中日韩大陆架分歧、日韩独岛(韩国称独岛,日本称竹岛)之争、中日钓鱼岛争端、南海海域岛礁争端、中印边界领土争端、印巴克什米尔冲突、阿富汗战争、中亚地区问题等,这些问题都集中在我国周边,有些问题直接涉及我国的主权与安全。一旦这些热点问题爆发,我国被卷入的可能性极大,回旋余地小,严重影响我国国家安全。

(四)战略地位突出,大国利益交汇

世界上有两大地缘战略区,即海洋地缘战略区和欧亚大陆地缘战略区,中国背靠欧亚大陆,面向浩瀚的太平洋,处于两大地缘战略区的交汇处,是连接东北亚、东南亚、南亚和中亚的核心区域。由于处于特殊的地缘战略位置,我国历史上曾遭受过两大地缘战略区强国的侵略和压迫,也使我国能够成为影响两大地缘战略区的国家。“冷战”结束后,美国为维护其霸权地位,采取遏制中国、俄罗斯的政策,在亚太地区部署了多座军事基地,保持着前沿军事存在,向亚太国家推销其价值观,谋求其政治、经济和安全利益。俄罗斯战略重心虽在欧洲,但大部分国土位于亚洲,在太平洋方向有着漫长的海岸线和众多岛屿,俄罗斯在该地区也有着重要的战略利益。日本是位于欧亚大陆边缘的岛国,是世界第三大经济强国,目前正谋求从经济大国向政治大国和军事大国转变,在亚太地区和国际事务中追求发挥更大的作用,以确保日本在该地区的战略利益。印度位于欧亚大陆外缘地带,靠近中东石油产地,是东南亚和西亚陆上交通要地,印度半岛又扼守着印度洋战略通道,印度一直在谋求南亚老大地位,同时积极增强其国际影响力。可以看出,两大地缘战略区各大国利益交汇,矛盾积聚,现实和潜在的安全问题不断。

二、中国地缘安全

进入21世纪,和平与发展是当今时代主题。在此背景下,中国在坚持和平共处五项原则的基础上,通过区域合作、经济互利和文化交流等形式,积极发展与世界各国的友好关系。对周边邻国,中国一直奉行与邻为善、以邻为伴、合作共赢的睦邻友好的政策,与周边国家的关系得到很大改善,周边安全环境总体稳定、可控。同时,中国周边和国内长期存在着诸多争端和矛盾,以及一些不确定、不稳定因素,因而中国又面临着潜在的安全威胁和隐患,如果管控不好,有可能导致冲突和战争的发生。

(一)中美矛盾博弈升级

美国作为当今世界唯一的超级大国,极力推行其全球战略,维护其霸权地位,这与中国的安全利益存在重大冲突。政治方面,新时代中国特色社会主义制度已经向世界展示出优越性。经济方面,我国经济发展取得举世瞩目的成就。军事方面,为了维护我国的发展利益,近几年军事力量建设取得了长足的进步。文化方面,随着中国的发展,中华文化传播越来越广,影响越来越深。中国各方面的发展和崛起使美国深深地感受到了压力,于是美国从战略上将中国视为挑战其全球利益的主要竞争对手,对中国推行全方位的遏制、打压政策。中美关系发生了巨变,由原先的既合作又竞争的关系,转变成竞争为主、合作为辅的关系。随着国际形势的发展,中美关系有进一步恶化的趋势,有可能走向全面对抗。总之,中美矛盾博弈升级。

虽然中美两国经济依存度大,在维护世界和平与稳定、地区安全和防止核扩散等重大问题上存在共同利益,但是在朝鲜半岛、台湾、南海等问题上依然存有重大分歧和冲突。同时,美国发动贸易战,对我国高科技企业进行打压,通过在韩国和日本驻军,对台湾地区销售武器装备,强化与东南亚国家安全合作力度,利用印度、澳大利亚、日本提出“印太战略”孤立中国,美军又打着保护“航行自由”的旗号,非法进入我国南海岛礁邻近海域,侵害我国南海主权等,这些行为严重威胁我国国家安全。可以预见,未来美国对中国的打压、遏制只会越来越加强,斗争

将会越来越激烈，因而中美矛盾是我国地缘安全压力的主要来源。

(二) 中俄协作不断加深

俄罗斯是联合国安全理事会常任理事国，是世界大国，国际社会的重要一极，也是中国北方的邻国。中俄历史上有过恩恩怨怨，苏联解体后，两国关系开始快速发展，在经贸合作不断扩大的基础上，军事和高科技领域合作交流加深。普京执政以后，中俄建立了全面战略协作伙伴关系，在维护全球战略平衡与稳定、建立更加公正合理的国际秩序、推动世界多极化进程、解决地区热点问题等领域有着广泛共识。在共同应对地区和全球安全威胁问题上，中俄两军的合作机制不断深化，除了武器装备采购，中俄两军还定期举行有针对性的联合军演。2023 年两国经贸已经达到 2 400 亿美元，俄罗斯还是我国“一带一路”倡议的重要合作伙伴。在平等、互利、互惠、双赢、相互尊重、互不干涉内政的基础上，中俄在国际政治、地区安全、贸易、能源等方面有着广泛、深入的合作。中俄协作不断加深，开创了一种新型大国关系，使我国北方的安全形势得到改善，同时中俄关系的发展也对世界格局产生深远的影响。

知识链接

“一带一路”

“一带一路”(The Belt and Road，缩写：B & R)是“丝绸之路经济带”和“21 世纪海上丝绸之路”的简称，2013 年 9 月和 10 月由中国国家主席习近平提出建设“新丝绸之路经济带”和“21 世纪海上丝绸之路”的合作倡议。依靠中国与有关国家既有的双多边机制，借助既有的、行之有效的区域合作平台，“一带一路”旨在借用古代丝绸之路的历史符号，高举和平发展的旗帜，积极发展与沿线国家的经济合作伙伴关系，共同打造政治互信、经济融合、文化包容的利益共同体、命运共同体和责任共同体，对推进中华民族伟大复兴进程、促进世界和平发展，都具有划时代的重大意义。

(三) 朝鲜半岛敏感复杂

朝鲜半岛问题最主要的是指朝核问题和朝鲜半岛统一问题，这其中最复杂、最棘手、最迫切、最难解决的是朝核问题，所有问题都在向朝核问题聚焦。朝核问题，是指朝鲜开发核应用能力而引起的地区安全和外交等一系列问题，相关方为美国、中国、韩国、俄罗斯和日本。朝鲜半岛统一问题，是第二次世界大战后，因大国的利益划分使韩国和朝鲜陷入南北分裂和长期敌对的状态的问题。

2006 年 10 月 9 日，朝鲜宣布成功地进行了一次地下核试验。朝鲜此举震惊全球，导致朝鲜半岛局势骤然紧张，半岛上空一时战云密布。时至今日朝鲜一共进行了 6 次核试验，成为事实上的拥核国家。朝核问题实际上是冷战对抗的延续。朝鲜指控美国对其国家安全构成最大威胁，美国则称朝鲜拥有核武器是对世界和平的威胁，坚持朝鲜半岛无核化。朝鲜认为，朝鲜核问题是由美国敌视朝鲜政策造成的，要解决核问题首先需美国转变敌视朝鲜政策，否则就不放弃核遏制力。美国则要求朝鲜先行放弃核计划，并坚持认为处理朝核问题应通过多边对话，因而朝美矛盾短期内无法解决。2018 年 6 月 12 日，朝鲜最高领导人金正恩与美国总统特朗普在新加坡举行历史上的首次会晤，半岛局势有所缓和。2019 年朝美领导人又进行了第二次、第三次会晤，但在朝核问题上没有取得实质性进展。朝鲜在核问题上的立场态度(是否真要弃核)，以及美国在朝核问题上的真实意图(是否真要解决朝核问题)，使朝核问题充满着诸多变数。同时朝鲜半岛的统一问题和朝核问题密切相关，美韩借朝核问题于 2017 年在韩国部署"萨德"反导系统，严重损害我国的战略利益。以上情况使朝鲜半岛局势持续紧张，严重威胁着我国的国家安全。

(四)中日争端由来已久

日本位于亚欧大陆东部、太平洋西北部，战略位置非常重要，是太平洋第一岛链上最重要的"棋子"，也是我国从东海走向太平洋的一个重要关口。日本不仅是世界经济大国，而且也是军事强国，特别是其海军实力位于世界前列。

日本与中国在历史问题、东海问题、台湾问题上长期存在着矛盾、争端和分歧。一是日本当局在对待侵华历史、参拜靖国神社等问题上，美化侵略战争，多次做出伤害中国人民感情的事，使中日关系严重倒退；二是中日之间在钓鱼岛、东海大陆架以及东海油气资源开发等方面存在严重的争端，致使中日之间关系时好时坏；三是日本当局在台湾问题上挑战中国的核心利益，日本国内的右翼势力明目张胆地支持"台独"势力，同时想借台湾问题阻挠中国的崛起，其动向应高度警惕。

(五)南海争议暗流涌动

南海，位于中国大陆的南方，是太平洋西部海域，该海域面积约 350 万平方千米，其中中国领海总面积约 210 万平方千米。中国是最早发现并命名南沙群岛且对其行使主权管辖的国家。南海群岛是中国领土，在 20 世纪 70 年代以前，南海毗邻国家对此从未提出过异议。自南海发现丰富的油气资源后，周边国家开始觊觎这一海域，趁我国无力管控之际，抢占南海岛礁并宣称主权，私自开发或共同开发，意图使南海问题国际化、复杂化。目前，南海除我国控制了 7 个岛礁和台湾当局占据太平岛、中洲岛外，有多个岛礁被别国侵占，其中越南侵占 29 个岛礁，菲律宾侵占 8 个岛礁，马来西亚侵占 10 个岛礁，文莱宣称对 1 个岛礁拥有"主权"，印度尼西亚宣称对 2 个岛礁拥有"主权"。这就使南海问题形成了六国七方争议的复杂局面。要引起注意的是，美国等西方大国积极插手南海事务，试图利用南海问题挑拨我国与东盟国家的关系，并制造"中国威胁论"，以达到搅乱东南亚局势、遏制中国和平崛起的目的。2013 年 1 月 22 日，菲律宾政府单方面就中菲在南海有关争议向海牙国际仲裁法庭提起仲裁，中国对此一直表示不参与、不接受、不承认。2016 年 7 月 5 日至 11 日，在做出非法裁决前夕，中国人民解放军空军、火箭军、海军三大舰队在南海举行实战演习，与美军在南海海域对峙，制止了美军利用非法裁决结果侵犯我南海主权的图谋，有力地捍卫了我国南海权益。

我国在南海问题上一贯坚持"主权属我、搁置争议、共同开发"的原则，主张有关争议当事方通过双边对话、协商解决，反对将南海问题多边化、地区化和国际化，反对不相干第三方介入和干涉南海问题。目前美军频繁派出舰船到南海搞所谓的"航行自由"行动；美国还纠集日澳等国在南海搞联合军事演习，与南海周边国家举行双边或多边联合军演，向我国示威；挑唆周边国家"索岛要海"，向其提供军事援助，图谋将南海问题军事化、地区化甚至国际化。南海斗争形势日趋激烈复杂,南海问题将成为我国地缘安全的重要隐患。

(六)中印边界尚未划定

中印边界问题,指中国与印度的边界问题。中印边界全长约 2 000 千米,争议段约 1 700 千米,主要包括西段约 600 千米、中段约 450 千米、东段约 650 千米。锡金段 200 余千米没有争议。中印历史上从来就没有正式划定边界,只有两国人民长期生活实践中形成的传统习惯线,这条习惯线是以喜马拉雅山南麓为界,基本没有争议。但自从英国殖民印度后,英印政府试图将西藏从中国分裂出去,为后来的中印争端埋下了隐患。1914 年,英国政府代表亨利·麦克马洪与西藏地方代表在印度西姆拉,背着当时的中国政府代表,用秘密换文的方式,以喜马拉雅山脊分水岭的连接线作为界线,划定了非法的"麦克马洪线",将原属于中国西藏的 9 万平方千米国土划入英属印度,致使中印边界争端产生。中印边界领土争议面积约 12.5 万平方千米,分别是西段争议面积约 3.35 万平方千米,主要是中国的阿克赛钦地区,其中印度占领巴里加斯约 450 平方千米,其余均为中国控制;中段争议面积约 2 100 平方千米,除个别地区外,均被印度占领;东段争议面积约 9 万平方千米,主要是我国藏南地区,全部被印度占领;1962 年印度首先挑起边境冲突,中国被迫进行自卫反击,两国爆发了边境战争,中国取得了这场战争的完胜,有力地维护了国家主权和领土完整。2017 年 6 月 18 日,印军在中印边界锡金段越过已经划定的边界线进入中国境内,无理阻挠中国在洞朗地区的正常活动,引发了"洞朗对峙事件",致使中印边界问题矛盾升级,加剧了该地区紧张局势。2020 年 6 月 15 日,在中印边境加勒万河谷地区,印军违背承诺,再次越过实际控制线非法活动,蓄意发动挑衅攻击,引发中印双方激烈肢体冲突,造成人员伤亡。我军边防部队用实际行动有力地维护了国家领土主权利益。

虽然中印政府几十年来一直在寻找公平、合理解决边界争端的方式方法,但至今未能取得突破性进展。

(七)中亚合作互信增强

中亚,指亚洲中部内陆地区,是贯通亚欧大陆的结合部,也是古代丝绸之路途经之地。冷战结束,中国与中亚各国政治互信不断增强,安全和经济合作不断深化。政治领域,中国与中亚国家日益成为好邻居、好朋友、好伙伴;经贸领域,中国与中亚国家经济合作空间不断拓展;安全领域,2001 年 6 月 15 日,中国、俄罗斯、哈萨克斯坦、乌兹别克斯坦、吉尔吉斯斯坦、塔吉克斯坦 6 国在上海宣布成立"上海合作组织"。该组织成立以来在维护地区安全、打击"三股势力"(恐怖主义、极端主义和分裂主义)方面开展了卓有成效的合作。随着上海合作组织影响力的扩大,目前,印度、巴基斯坦被正式接纳为新成员国,阿富汗、白俄罗斯、伊朗、蒙古被接纳为该组织的观察员国。在此基础上,中国分别与俄罗斯、哈萨克斯坦、塔吉克斯坦、吉尔吉斯斯坦经过多轮谈判解决了边界划分问题,1996 年 4 月 26 日又签署了《边境地区加强军事领域信任的协定》,从而完全解决了我国北部 7 000 多千米边界问题,确保了我国北部的安全。另外,在阿富汗问题上,我国积极参与阿富汗和平进程和重建工作,使中阿传统友谊得到发展巩固。

(八)恐怖主义活动猖獗

我国处于国际恐怖势力包围的弧形地带,从北高加索、中东、中亚到南亚、东南亚,是国际恐怖势力的主要盘踞地。在各种复杂因素的作用下,我国周边恐怖主义势力明显抬头,国际恐怖主义活动猖獗,对我国境内的渗透活动日益增多。一段时间以来,以"东突"为代表的民族分裂势力、国际恐怖主义势力和宗教极端势力,打着"民族自决"和"宗教自由"的幌子,在我国新疆、西藏等边境民族地区频繁活动,煽动少数分裂分子和极端主义分子不断制造事端,进行暴恐活动,严重威胁我国的地区稳定和国家安全。

(九)祖国统一形势严峻

台湾与大陆的统一问题事关国家主权与领土完整,事关民族尊严,事关中国政治上的完全独立,事关中华民族的伟大复兴。长期以来,台湾问题严重制约着我国的对外关系,严重影响着我国的国际地位,也严重影响我国的发展崛起。2016 年台湾民进党当局拒不承认"九二共识"和"一个中国"原则,阻挠、限制两岸交流,并利用各种手段实施"去中国化"和"台湾正名运动",推动"台独"的险恶用心昭然若揭。民进党的党纲公开主张"法理台独",民进党当局挟洋自重对抗大陆。国际反华势力与其遥相呼应,出于各自战略利益,把台湾当作遏制中国的一个重要筹码。美国不顾中国强烈反对,不断向台湾军售,提供大量的先进武器,为"台独"势力壮胆。1979 年 3 月 28、29 日,美国国会参众两院分别正式通过《与台湾关系法》;2018 年 3 月 16 日,美国总统特朗普签署了《与台湾旅行法》;2019 年 5 月 7 日,美国联邦众议院通过《2019 年台湾保证法》与《重新确认美国对台及对执行台湾关系法承诺》决议案;2020 年 3 月 26 日,美国总统特朗普签署了《台北法案》,依照这些法律,美台可以进行高层互访,美国可以售台武器,美台可以进行军事交流等。美在台湾问题上公然干涉我国内政,为"台独"撑腰打气。

习近平在《告台湾同胞书》发表 40 周年纪念大会上的讲话,掷地有声地强调"祖国必须统一,也必然统一",祖国统一的进程逐渐加快。"和平统一、一国两制"是我们党解决台湾问题的基本方针,但不承诺放弃使用武力,保留采取一切必要措施,完成祖国统一。台湾问题未来充满变数,祖国和平统一的形势非常严峻。祖国统一问题是中华民族伟大复兴道路上必须克服的最大障碍,是中国国家安全战略的重中之重,我们没有任何退让余地,必须尽最大的努力,做最充分的准备,早日完成祖国统一大业。

三、新兴领域国家安全

随着社会的发展,科技的进步,我国综合国力的增强,国家安全领域的内容不断拓展,传统安全领域不断深化,深海安全、极地安全、太空安全、生物安全、人工智能安全、海外利益安全等新兴领域国家安全已摆在越来越突出的重要位置。

(一)深海安全

深海安全是指和平探索和利用国际海底区域,增强安全进出、科学考察、开发利用的能力,加强国际合作,维护我国在国际海底区域的活动、资产和其他利益的安全。海洋空间广阔,资源丰富,海洋面积占地球表面积的 71%,而水深超过 2 000 米的深海占地球表面积的 60%,无论温室气体排放的归宿,还是气候长期变化的源头,都要追溯到海水深层。同时,海底是距离地球内部最近的地方:大陆地壳平均 35 千米厚,大洋地壳则为 7 千米。揭示板块运动的规律、窥探地球内部的真相,也要到深海底部进行探索。所以,深海的探测、研究、开发关系到人类社会的发展和安全,维护深海安全具有非常重要的意义。当前我国的“蛟龙”号载人潜水器可下潜 7 000 多米。“深海勇士”是我国第二台深海载人潜水器,它的作业能力能达到水下 4 500 米,是我国挺进深海的又一“大国重器”。2020 年 10 月 27 日,我国“奋斗者”号自主研发载人潜水器,下潜首次突破万米。同年 11 月 10 日,“奋斗者”号创造了 10 909 米的载人深潜世界纪录,标志着我国的深海探测技术已达世界领先水平,有力地维护和支撑了我国的深海安全。

(二)极地安全

极地安全是和平探索和利用极地,增强安全进出、科学考察、开发利用的能力,加强国际合作,维护我国在极地的活动、资产和其他利益的安全。当前,极地作为重要资源和能源的主储存地,已成为各国争夺的新疆域。许多国家都把极地研究与开发作为国家的一项重要战略。我国北极考察站有黄河站,南极考察站有长城站、中山站、泰山站和昆仑站四个。因全球气候的变暖,北冰洋每年可通航的时间大大延长,对北极进行开发和利用可使海上运输成本节约 40%。极地争夺已经日趋白热化,我们必须维护我国的极地安全权益。

(三)太空安全

太空安全是指和平探索和利用外层空间,增强安全进出、科学考察、开发利用的能力,加强国际合作,维护我国在外层空间的活动、资产和其他利益的安全。随着太空技术的发展,大国的太空竞争日益激烈,太空安全问题日趋严重,也影响着国家科技、文化、政治、军事、经济安全。太空安全主要涉及以下方面:一是卫星频轨资源短缺,尤其是地球静止轨道越来越稀缺;二是太空碎片越来越多,影响航天器进出太空、在轨运行;三是太空军事化、武器化越来越明显,既影响卫星在轨运行,又严重影响国际战略的稳定与平衡。为解决太空安全问题,国际社会需要从技术、法律等方面入手,拓宽卫星频轨资源,进行公平的分配、利用。

(四)生物安全

生物安全是指由生物或现代生物技术开发和应用,对生态环境和人体健康造成的潜在威胁,及对其所采取的一系列有效的预防和控制措施。生物安全涵盖食品安全,人畜共患病,动物、植物病虫害,改性活生物体及其产品的引入和释放,以及外来入侵物种的引入和管理等方面。生物安全事关人民群众的生命健康,事关经济发展和社会稳定,对国家安全影响巨大。在全球化的今天,某些传染疾病的传播和蔓延会造成严重的社会恐慌,以及巨大的经济损失和人员死亡,对国家安全和国际安全构成严重威胁。自 1985 年我国首次报告艾滋病病例以来,我国艾滋病感染者超过 125 万,每年新发感染者 8 万例左右,艾滋病病情形势不容乐观。2003 年在全球爆发的非典型肺炎疫情引起全球各国高度关注,我国内地累计报告非典型肺炎病例 5 327 例,死亡 349 例,引发了国内民众和国际社会的严重恐慌。2020 年在全球爆发的新型冠状病毒肺炎疫情,造成大规模人员感染、死亡,更是引发了全球性的恐慌,给全球经济造成巨大损失,也对全球安全格局产生了深远影响。2020 年 2 月 14 日,习近平强调,要把生物安全纳入国家安全体系,尽快推动出台生物安全法。2020 年 10 月 17 日,《中华人民共和国生物安全法》由第十三届全国人民代表大会常务委员会第二十二次会议审议通过,自 2021 年 4 月 15 日起施行。其构建了生物安全法律法规体系、制度保障体系,使生物安全走上了健康发展的快车道。

(五)人工智能安全

人工智能是研究、开发用于模拟、延伸和扩展人的智能的理论、方法、技术及应用系统的一门新的技术科学。近年来,由于人工智能的快速发展,人工智能技术及其应用中产生的各种不确定性,正在对国家安全形成巨大冲击。其主要表现在以下方面:第一,人工智能是科技制高点,在国家间的人工智能竞赛中有赢家,也有输家。赢的国家将获取军事和经济安全利益,反之输的国家将遭受经济损失和面临更大的安全威胁。第二,人工智能已经具备了帮助人类从大量信息中筛选出导弹发射平台的能力,对移动导弹的强大侦察、跟踪和锁定技术,已经严重威胁到我国的核反击能力,对国家安全构成极大威胁。第三,人工智能的发展,会导致自主武器的扩散,加大突发事件发生的概率,从而降低战争门槛,增加国家间战争的风险。人工智能最终将化身为给人类带来灭顶之灾的“终结者”,还是推动人类文明发展的“蒸汽机”,取决于人类如何认识和利用它。

(六)海外利益安全

目前,我国已成为全球第一大货物贸易国和主要对外投资大国。随着我国企业、机构和人员大规模“走出去”,海外利益的广度和深度不断拓展。海外利益安全主要包括海外公民人身安全、海外资产安全、海外商品市场的拓展、海外能源资源安全、海上战略通道安全等。海外利益本质上是国家利益的海外延伸,是国家战略利益的重要组成部分,广泛的海外利益是世界强国的标志之一。维护和拓展海外利益是大国成长的核心要素。当前我国维护海外利益面临的挑战主要有:一是部分国家和地区局势与政局动荡,严重威胁我国海外企业、公民在当地的利益和安全;二是国际恐怖主义活动猖獗,海盗活动多发,威胁海上战略通道的安全;三是重大自然灾害和传染病疫情时有发生,威胁我国海外利益。我们需要通过多种措施和方法维护海外利益,最重要的就是加强军事力量发展和投送,海外利益到哪里我们的军事力量就要到哪里,在海外利益集中区域加强军事存在,对海外利益进行直接的军事保护。

第三节 国际战略形势

国际战略形势,是国际战略环境的动态表现。国际战略环境,是指世界各主要国家和政治集团在一定时期内在战略上相互联系、相互作用、相互斗争所形成的世界全局性的大环境。国际战略形势是判断国家安全所处的国际战略环境,分析国家安全形势,制定国家安全战略与进行国家安全战略指导的重要依据。国际战略格局,是世界各主要国家或地区在一定时期内相互关系的基本结构。它是国际战略环境的总体框架,表现了世界力量的分布、组合和对比。所以国际战略格局是相对稳定的、长期不变的。国际战略形势从本质上反映了世界各主要国家的政治集团建立在一定军事、经济实力基础上的政治关系的基本状况和总体趋势,其核心是世界范围内的战争与和平问题。

一、国际战略形势的现状

当前,国际战略形势正处在由单极向多极发展的过程中,呈现出“一超多强”的特点。美国是全球唯一的超级大国,其经济、军事、科技、金融实力和国际影响力都是世界最强。随着全球化的不断深入,世界其他力量迅速发展,与美国的差距逐步缩小。俄罗斯拥有与美国相当的核力量以及强大的常规军事实力,虽然经济上受到以美国为首的西方国家制裁,发展举步维艰,但是凭借石油资源、军工科技、武器出口等,经济发展得到了一定的改善。俄罗斯一直试图重振大国雄风,恢复世界强国的影响力。欧盟作为一个高度一体化的政治经济集团,其经济实力、外交影响力以及独立的防务建设都有了较大进展。中国已经成为世界第二大经济体,综合国力不断增强,世界的影响力越来越大。日本是世界第三经济大国,科技水平居世界前列,依托美日军事同盟,其军事力量不断发展,力图成为“正常国家”。世界其他国家的力量也在不断发展壮大。多种因素影响下,世界局部地区安全形势恶化。

(一)和平与发展仍然是时代主题

党的十九大报告指出“世界正处于大发展大变革大调整时期,和平与发展仍然是时代主题”,做出这一判断主要缘于以下几个方面。一是经济全球化已经成为当今世界的主流。随着科技的发展,特别是信息技术的发展应用,生产力得到了提升,国与国的联系越来越密切,一些国家加入市场经济体制,国际贸易和投资不断扩大,各国经济联系和相互依赖程度日益提高,从而推动着和平与发展潮流继续前进。二是世界大国在力量上相互制衡。冷战结束后,美国虽然成为世界唯一的超级大国,在政治、经济、军事等方面力量最强,在处理国际关系时经常推行霸权主义和强权政治,甚至对一些小国、弱国发动了战争,但是在处理与世界大国的关系上,美国也会比较审慎,至今没有与任何一个大国发生过直接军事冲突,原因在于大国的力量制衡。美国与欧洲大国之间尽管是同盟关系,但在许多重大问题上,如北约东扩、朝核问题、伊朗问题、叙利亚问题、反恐问题等,存在矛盾与分歧。美国与俄罗斯、中国在一些国际问题上存在着各种各样的矛盾,也主要通过对话谈判、经济制裁、贸易战等方式应对,这些都是较为温和和理性的解决方式,在客观上维护了世界的总体和平与发展。三是发展经济是世界上大多数国家的现实选择。全球化的今天,各国的主要矛盾是发展问题,尤其是发展中国家,只有发展经济才能解决贫困问题,只有发展经济才能解决国内民众的各种需求问题,也只有发展才能解决国家的国际地位问题。美国等西方国家有时会采取战争的方式刺激经济发展,但是这与世界大多数国家的和平发展需求相矛盾,多数也会遭到国内普通民众的反对,所以他们发动战争的企图会受到一定程度的抑制,这也在一定程度上维护了世界的和平与发展。党的二十大报告指出“当前,世界之变、时代之变、历史之变正以前所未有的方式展开,人类社会面临前所未有的挑战。世界又一次站在历史的十字路口,何去何从取决于各国人民的抉择。”

(二)世界长期维持“一超多强”格局

在国际战略格局中,拥有强大军事实力和政治影响力的国家和地区,在世界事务中扮演着主要角色、起着主导作用,通常被称为“极”或“力量中心”。冷战结束后,苏联解体,世界由美苏两极格局演变为“一超多强”的格局。这一格局是未来多极世界格局的雏形,或者说是形成未来多极世界格局的一种过渡格局。从现实基本战略力量分布来看,扮演“一超多强”的主角有美国、俄罗斯、欧洲联盟、中国、日本、印度、巴西等一些地区大国。

1. 美国仍是唯一超级大国

冷战结束以来,美国凭借自己超强的综合国力,力图建立由它主宰的单极世界。政治上,美国的政治体制、民主、自由价值观对全球影响深远,美国按自身模式和价值标准,在全球推行“民主自由化”,实行“新干涉主义”,对违反美国意志、标准的国家和地区进行经济制裁,直至军事打击。经济上,2023 年美国经济总量达 26.94 万亿美元,稳居世界第一大经济体,美国运用软硬兼施的手段迫使他国无限开放市场,美国的科技实力全球第一,利用高科技优势和不等价交换手段,获取巨额利润。同时,在美洲推行经济一体化,与欧盟争夺市场。军事上,美国在全球驻军,海外军事基地达到 374 个,分布在 140 多个国家和地区,建立了绝对的军事优势。在全球战略上,美国利用北约控制欧洲,利用、制约日本,挤压、削弱俄罗斯,用接触、遏制手段对付中国,主导中东事务,分化第三世界。在舆论上,美国为实现建立单极世界的战略目标,极力宣扬“单极稳定论”和“多极危险论”。目前因新型冠状病毒肺炎疫情影响,对美国经济衰退有一定影响,但从政治、经济、科技、军事等方面的综合国力来看,美国仍处于绝对优势地位。

2. 俄罗斯已重振大国地位

2000 年 3 月,普京正式执政后,俄罗斯实行重振大国地位战略,把核战略力量作为重振大国地位最重要的支柱和象征。俄罗斯继承了苏联留下的 3 000 多枚战略导弹和 6 000 枚左右核弹头,成为当今世界唯一可以同美国进行战略核对抗的大国。俄罗斯在继续加强战略核力量和进攻能力外,为突破美国的导弹防御系统,还组建了新的航天军部门。同时俄罗斯兵不血刃将克里米亚纳入版图,出兵叙利亚,支援委内瑞拉,扶持乌克兰东部反政府武装,在军事上频频主动出击,巩固了自己的传统势力范围。

普京政府一直把振兴经济作为恢复俄大国地位的关键。为打破美国及西方国家的封锁围堵,俄罗斯依靠丰富的油气资源和先进的军工科技,在全球积极拓展政治、经济、军事发展空间。2018 年,总统普京访问亚洲国家,积极扩大政治影响,巩固旧有关系,寻求新的政治经济伙伴,积极开辟并占领亚洲市场。一系列综合措施的实施,促使俄政治经济形势好转,在国际社会中已经重回大国地位。加上俄罗斯地大物博、资源丰富,具备振兴经济、再现强国雄风的良好条件。从长远看,俄具有再次成为世界一流强国的潜力,据俄学者计算,俄人均自然资源和智力资源的总潜力超过美国 1~1.5 倍,德国 4~5 倍,日本 17~19 倍。其劳动力素质较高,科技教育力量较强,基础工业和基础设施较雄厚。只要俄能将自身潜力充分挖掘和释放出来,成为一流强国指日可待,是世界政治多极化中的重要一极。

3. 欧盟独立自主任重道远

虽然在 2020 年 1 月 31 日英国正式“脱欧”,使欧盟遭受重创,但是欧盟的整体实力仍然很强,欧盟作为美国最大的盟友,现有 27 个成员国,人口约 5.1 亿,其经济实力同美国相当。欧盟实行单一货币欧元,经济一体化取得历史性的巨大进展,并为欧盟政治、军事一体化奠定了基础。美国通过不断强化以北约为核心的美欧军事同盟,利用欧盟为美国建立单极世界效劳,又控制着欧盟走向独立自主。特朗普政府上台以来,打着“美国优先”的旗号,频繁退出各种条约,对欧盟加征关税,收取高价“保护费”,引起欧盟强烈不满。在对俄制裁、中东问题、巴以问题上欧美的利益诉求不同,矛盾从经济领域日益扩展到军事和政治领域。

在欧洲安全防务问题上,欧盟历来对美国言听计从,但现在自有主张。尽管美国一再警告欧盟,建立欧洲防务力量必须依托由美国主控的北约,而不能走脱离北约的道路,但实际上欧盟以德法为主的9个国家(包括英国)在2018年6月25日已经协议组建欧盟军队,建立独立自主的防务。美国坚持在欧洲部署导弹防御系统,遭到了欧盟的冷落和不同程度的抵制。欧盟认为,美国部署导弹防御系统不仅是遏制俄罗斯,而且也是保持对欧盟的控制。在对待国际条约和协议的问题上,欧盟一直反对美国实行单边主义、随意撕毁已经达成的国际条约和协议。在打击恐怖主义问题上,欧盟虽然多次发表了完全支持美国的声明,但强调要在联合国框架内组成反恐国际联盟,暗示对美国不与盟国磋商便采取军事行动的不满。总之,在新世纪,欧盟作为世界政治多极化中不可或缺的一极,对美国有一定的制约。

4. 中国的崛起势不可挡

改革开放40多年来,中国走自己的发展道路,经济持续高速发展,综合国力不断提高。经济上,中国虽然是一个发展中的大国,但是已经成长为世界第二大经济体,是世界经济发展的第一引擎。中国是制造业第一大国,世界已经离不开"中国制造"。政治上,中国政局稳定,党的执政能力和执政水平有了质的飞跃,人民群众对党和政府的信任和支持也有了质的提高。中国奉行独立自主的和平外交政策,"中国道路""中国制度""中国方案"显示出越来越多的优越性,同时中国文化被世界接受并广泛传播,使中国的国际影响力不断扩大。军事上,中国的核力量居世界第三位,094型战略核潜艇和巨浪2型潜射弹道导弹的完美组合,构建了我国可靠的水下核反击力量。中国人民解放军常规军事力量不断发展,现已完成体制编制改革,信息作战能力显著增强,战斗力有了质的提升。但是中国的国防政策是防御性的,不会对其他国家构成威胁。

5. 日本谋求政治军事大国

日本谋求政治军事大国的步伐明显加快。2023年日本国内生产总值达到4.23万亿美元,为全球第四大经济体。日本在巩固经济大国的基础上,积极谋求政治军事大国地位。日本为突破《和平宪法》的束缚,强行通过新的安保法案,解禁集体自卫权,获取交战权。日本不断增加防卫预算,强化军事实力,军费连续增长。2023年军费预算达到510亿美元,居全球第7位。日本自卫队的现代化不断加快,其武器装备亚洲领先。日本依托《日美安全保障条约》,极力追随和配合美国,以参与联合国维和行动为名,积极参与海外军事行动,突破了自卫队向海外派兵的"禁区"。日本利用"援助外交"作为其实现政治大国的主要手段。日本一再强调要为国际社会做更大贡献,为国际事务提供较多财力,其国际影响力与日俱增。日本担任联合国安理会非常任理事国次数最多,在联合国高级官员中日本人任职较多,在一些地区争端的发言权超过了一些大国。可以说,日本已具备了成为政治军事大国的基本条件。

6. 新兴地区大国蓬勃发展

在当今世界格局的发展进程中,一些地区大国的力量不可忽视。亚洲、拉美、东欧、非洲涌现出了一大批经济迅速增长的国家。在亚洲,东盟10国结成了经济、政治实力强大的地区集团。印度和巴西拥有较完整的工业体系和较强的科技力量,发展潜力巨大。南非在消除种族隔离后,制裁被解除,外资源源流入,其工业基础在非洲最发达,发展前景较好。这些地区大国在发展民族经济、反对强权政治和霸权主义、争取建立国际政治经济新秩序等方面有着共同的利益与需求。作为一支新的国际力量,这些国家的总体实力逐步增强,它们既是世界"一超多强"的重要表现,也是推动世界多极化发展的重要力量。

(三)局部地区安全形势恶化

当前,世界多极化、经济全球化、社会信息化、文化多样化深入发展,全球治理体系和国际秩序变革加速推进,各国相互联系和依存日益加深,国际力量对比更趋平衡,和平发展大势不可逆转。同时,世界面临的不稳定性、不确定性因素突出,世界经济增长动力不足,贫富分化日益严重,地区热点问题此起彼伏,恐怖主义、网络安全、重大传染疾病、气候变化等非传统安全威胁持续蔓延,人类面临许多共同挑战。在中东地区,美俄都打着"反恐"的旗号,围绕叙利亚乱局展开博弈,使叙利亚内战已经持续 9 年多时间,导致近 50 万人丧生,产生了 600 多万难民。2022 年 2 月爆发的俄乌冲突,造成巨大的人口伤亡和经济损失,目前这场冲突还在持续,还没有结束的迹象。2023 年 10 月爆发的巴以冲突,现已导致 10 多万名巴勒斯坦人伤亡,产生 170 多万难民,当前冲突有蔓延扩大之势。这些冲突导致局部地区安全形势恶化,全球供应链遭到破坏,经济全球化出现严重的停滞和倒退,从而影响到全球的政治、安全格局,国际安全形势堪忧。

二、国际战略形势的发展趋势

随着全球化的深入发展,可以预见,国际战略形势发展趋势将变得错综复杂,世界各国和地区力量发展壮大,世界多极化趋势将难以阻挡。一方面,为了经济、社会的发展,国家、地区间的交流合作进一步加深;另一方面,出于各自战略利益的考虑,国家、地区间的竞争和斗争将变得十分激烈。高新技术的发展与竞争,将改变国际战略格局。这些将是未来国际战略形势的基本形态。

(一)世界多极化将在曲折中发展

世界多极化是指在一定时期内对国际关系有重要影响的国家和国家集团等基本政治力量相互作用而朝着形成多极格局发展的一种趋势,是对主要政治力量在全球实力分布状态的反映。美国虽然是个超级大国,有建立单极世界的客观优势,但是欧洲、俄罗斯、中国、日本、印度等国家和地区力量的发展制衡了美国,各种政治力量对比正朝着均衡的方向发展,使美国在力量和意识形态上不足以建立一个新的单极世界秩序,世界多极化得到了发展。

国际战略格局多极化将面临长期的斗争。首先,美国从未停止建立"单极世界"的努力,采取多种手段维护其霸权地位,因而迟滞了多极化发展。尽管美国经济实力相对下降,但其在军事实力、国际战略等方面,拥有超强的实力和全球影响力,这是其他国家和地区无法相比的。其次,推动多极化的各种力量对比还处在不断发展变化中。一个稳定而强有力的多极化保障机制还处于探索阶段,这都需要较长时间,绝不可能一蹴而就。再次,冷战结束后,冷战思维、政治制度及意识形态对立、民族分裂、宗教纠纷等因素也对多极化趋势的发展形成了干扰和冲击。最后,早在 1990 年邓小平就指出:"所谓多极,中国算一极。中国不要贬低自己,怎么也算一极。"中、俄、法等国公开声明,主张建立多极化世界,反对美国独霸的单极世界,得到众多国家的支持,"单极世界"同"多极化趋势"之间的矛盾斗争日益突出。在国际事务中,联合国及其他国际和地区组织、非政府组织在国际事务中的作用逐渐增强。各国人民都不愿看到美国再推行新的霸权和强权,主张各国应遵守联合国宪章的宗旨和原则,以及公认的国际关系基本准则。所以,各种力量都不同程度地牵制了美国建立"单极世界"的企图。因此,美国虽是唯一超级大国,但它又面临众多的挑战和制约,世界必然朝多极化方向发展。多极化不会一帆风顺,也不可能在短期内实现,甚至会出现停滞和倒退的现象,世界最终形成多极化格局将是一个长期斗争的曲折过程。

(二)全球化将深刻影响国际安全形势

全球化是人类社会发展的现象,是一个以经济全球化为核心,包含各国各地区各民族在政治、文化、科技、军事、安全、意识形态、生活方式、价值观念等多层次、多领域的相互联系、影响、制约的多元概念。全球化是在不公正、不合理的国际政治经济旧秩序没有根本改变的情况下发生和发展的,给世界各国带来发展机遇的同时,也带来严峻的挑战和风险,向各国特别是发展中国家提出了如何维护政治经济安全的新课题。全球化的影响将加剧国家和区域间经济发展的不平衡,极易形成新的经济剥削和经济侵略,继续加大穷国与富国的差距,因而势必深刻影响国际安全形势。

首先,经济全球化使各国在经济上互为条件、彼此制约,经济上相互依存的加深会扩展到其他各领域,促进国际关系在相互依存的条件下,彼此牵制、相互影响。这种彼此间强有力的制衡能产生均衡,客观上有利于世界的和平与稳定,使得任何一个大国在处理国际事务时都不能我行我素、为所欲为,更不能随心所欲地把自己的意志强加于它国。用和平手段解决国际事务和国际争端,将成为现实的选择,这有利于国际关系的民主化,促使国际关系形成一种经济、科技、文化、社会多元复合且又相互制衡与协调的态势,使国际安全形势总体趋于稳定。

其次,全球化使发达国家凭借科技优势、金融优势、经济优势、军事优势等,冲破了发展中国家的大门,加速了财富向发达国家聚集,使弱势国家更加贫穷落后,扩大了国家间的发展不平衡,加剧了世界战略力量的失衡,从而导致"新干涉主义"兴起,致使一些国家和地区动荡不安,冲突战乱不止,地区安全形势恶化。

最后,全球化使国家间的交流合作更加频繁,拉近了国家间的距离,不同宗教和文化发生激烈碰撞。发达国家对发展中国家的掠夺和霸凌,使一些国家生存、发展、宗教、民族等矛盾不断深化,从而滋生了更多恐怖主义、宗教极端主义和民族主义势力,对国际安全构成了严重威胁。

(三)大国竞争将主导国际战略形势走向

随着世界多极化的发展,大国竞争作为国际政治的主基调将更加凸显,大国关系加速分化调整。中、美、俄、欧四大力量的竞争将主导未来国际战略形势走向。

一是美国唯我独尊加剧大国竞争。面对多极化加速发展,美国发展的结构性矛盾逐渐显现,美国的霸权危机感加深,其战略调整聚焦大国竞争,强调以"美国优先"重塑国际秩序与大国格局。美欧裂痕持续扩大,欧盟已着手增强战略自主,美欧在维护全球自由贸易,应对气候变化与解决伊核、叙利亚等诸多问题上分歧凸显,围绕农产品、欧盟补贴空客等经贸摩擦持续发酵。美俄关系持续在低位徘徊,双方在伊朗、叙利亚、乌克兰、核军控、北约东扩等问题上针锋相对,美国对俄制裁不断升级,彼此矛盾和战略竞争进一步加剧。

二是大国军事竞争失衡的风险明显加大。美国新《国防授权法》同意特朗普提出的组建太空军作为美军第六大军种,2019 年 9 月美国已正式成立太空司令部。日本也宣布于 2020 年建立首个太空部队"宇宙作战队",全面加强与美太空合作,太空军事化问题更加严重。美、俄相继退出《中导条约》,美国第一时间试射中程导弹,传统军控框架已被抛弃,严重冲击着全球战略稳定。此外,信息与网络、深海与极地等领域,日益成为大国角力的新战场。

三是中美战略竞争将更加激烈。中美竞争渐成大国博弈的主线,美国已将中国看成全面、首要的"竞争对手",不断炒作中国是国际秩序的"修正者"和"挑战者",渲染制造中国"军事扩张论""政治渗透论"等各种版本的"中国威胁论"。近期中美经过艰难谈判,达成第一阶段经贸协议并正式签署,但不排除出现特朗普再度撕毁协议的复杂局面,中美贸易战将是一场持久战。2020 年新型冠状病毒肺炎疫情全球爆发,中美两国围绕政治体制、危机应对、社会治理、民族团结、舆论宣传、经济韧性、生物科技等方面展开了全方位竞争,其结果在一定程度上改变了中美的战略力量对比。美国防范、遏制中国的战略决策未变,中美深层次的战略分歧与对抗将加剧,两国围绕意识形态、经贸科技、网络空间,以及台湾、南海、新疆等问题的较量还会继续,这些将深刻影响着国际战略形势。

(四)高新技术竞争将重塑国际战略格局

在新世纪,高新技术的发展深刻影响着国际战略格局。世界格局变化的根本原因是源于国际战略力量的大变动、大调整。决定这种变化的根本因素是综合国力水平的高低,而科技实力的强弱也是关键。目前,前沿科学技术主要包括生物技术、信息技术、新材料技术、先进制造技术、先进能源技术、海洋技术、激光技术、空天技术等,这些技术的突破性进展必然促进生产力的飞跃发展,将直接影响各国的科技实力和发展潜力,从而为一国政治、经济、军事、文化的进步提供坚实的基础和动力,并由此带来综合国力的改变,进而重塑国际战略格局。

当前,信息技术的竞争尤为激烈。在军事领域,信息化是新军事革命的核心,各国军队都在积极进行这场以信息技术为基础的新军事革命,这关乎各国能否在未来信息化战争中赢得主动,必然对国际战略格局产生深刻影响。美军在这场新军事革命中已经走在前面。在通信领域,5G 通信的竞争开始白热化,作为全球通信领域的巨头,华为在 5G 方面的技术储备一直位居全球第一位,处于全球领先地位。而美国为了发展自己的 5G 技术,不惜动用国家意志打压华为,禁止华为进入美国市场、阻挠华为在全球推广、禁止高技术芯片出口等,实行贸易保护主义,使国际自由贸易、市场竞争规则遭到严重破坏,经济全球化受到挑战,对国际战略格局产生深远影响。其他高新技术的全球竞争还在继续,现在美、欧、俄、中、日等大国都在积极制定和实施高新科技战略,使其在 21 世纪能够引领世界高科技发展潮流,从而在世界格局中占据有利的战略位置,所以围绕科技领域的国际竞争将日趋激烈。

三、世界主要国家军事力量及战略动向

(一)美国军事力量及战略动向

美国是当今世界霸主、头号军事强国,不仅军队人员数额多,而且拥有最先进的武器装备、高素质军事人才和丰富的作战经验。此外,美国的军费投入是世界上最高的,2023 年美国国防费预算达 8 579 亿美元,创历史新高。

1. 美国军事力量

美国的武装力量由现役部队、后备役部队和文职人员三部分组成。现役部队由陆军、海

军、空军、海军陆战队、海岸警卫队(平时由国土安全部指挥,战时由国防部指挥)、太空军组成。后备役部队按组织系统分为国民警卫队和联邦后备队。美国现役部队总兵力约 143 万人,其中陆军约 50 万人,海军约 37 万人,空军约 32 万人,海军陆战队约 19 万人,海岸警卫队约 4 万人,太空军约 1.6 万人。

美国陆军目前编有 7 个司令部(3 个集团军司令部和 4 个军部,其中 1 个空降军部),10 个作战师(2 个装甲师、4 个机械化师、2 个轻步兵师、1 个空中突击师、1 个空降师),13 个旅(7 个航空旅、6 个炮兵旅),3 个装甲骑兵团,2 个营群(1 个步兵营群、1 个空降营群),12 个防空导弹营,另有 2 个一体化师。

美国海军编有 5 个舰队,共 11 个现役航母战斗群,11 个舰载机联队,11 个两栖戒备大队,共有 130 余艘水面战舰,其中有 12 艘核动力航母("尼米兹"号、"艾森豪威尔"号、"卡尔·文森"号、"罗斯福"号、"林肯"号、"华盛顿"号、"斯坦尼斯"号、"杜鲁门"号、"里根"号、"布什"号、"福特"号、"约翰·肯尼迪"号)、10 艘两栖攻击舰、76 艘核潜艇。

美国空军主要由战略部队、战术部队、航天部队和特种作战部队四部分组成。编制的序列为航空队、联队、大队和中队 4 级,共编有 14 个航空队,45 个航空联队,128 个中队,8 个航天联队,有空基巡航导弹 2 200 余枚、洲际导弹 580 枚。2017 年 10 月 1 日,据美国空军官方统计,美国空军现役部队共装备 4 101 架各型飞机,空中国民警卫队装备有 1 090 架飞机,空军预备队装备有 326 架飞机,其中四代机 309 架(186 架 F-22、123 架 F-35),战略轰炸机 140 架(62 架 B-1、20 架 B-2、58 架 B-52)。

美国海军陆战队,是美国五大独立军种中的一支两栖突击作战部队,共编有 3 个陆战师、3 个航空联队、3 个勤务大队。

2019 年 12 月 20 日,原美国空军太空司令部更名成立太空军,这标志着美国第六大军种正式成立。

美国除本土外还在 32 个国家和地区设有 203 个军事基地,常年海外驻军约 29 万人。美军在全球设有 6 个战区司令部,分别是北方司令部、印度洋-太平洋司令部、中央司令部、欧洲司令部、南方司令部和非洲司令部,分别负责全球几大区域军事事务。

2. 美国战略动向

通过 2018 年美国发布的《国防战略》报告,结合美国近几年在国际上的一系列具体行动,可以看出美国有如下战略动向:

一是美军由反恐战争转向针对中俄的战略竞争。美国《国防战略》报告明确提出,美国国防战略的基本目标,是重新拉大美国对中俄的军事优势,维持对美国有利的国际秩序。美国具体做法是进行全球战略收缩。2021 年 8 月 30 日美国宣布已完成了从阿富汗撤军的行动。美国减少驻伊拉克美军人数,加强与同盟国的关系,改革国防部,重整军备,集中力量对付中俄。

二是大幅增加国防预算,扩充军备,确保美国军事力量的超强地位。美国《国防战略》报告强调"以实力促和平",在美国看来实力就是优势。同时,美国强迫盟友在安全上承担更多的责任,为美军分担更多的军费支出。

三是抢占军事领域制高点,确保美军长久的战略优势。美军历来重视先进武器装备的研发,使其整体上保持领先对手一代至二代,以确保战场优势。美国《国防战略》报告将太空作为优先发展领域。正式成立太空军,大力发展太空力量,其矛头直指俄罗斯、中国,目的是加强太空领域的控制权。通过美国的做法可以预见,太空军事化步伐会越来越快,新一轮军备竞赛已经展开。此外,美军还将网络空间作为一个关键领域加以发展,巩固和强化其领先地位,夺取网络空间制高点。

(二)俄罗斯军事力量及战略动向

苏联解体后,俄罗斯继承了苏联大部分军事遗产,拥有与美国相当的核力量、实力雄厚的军工企业、先进的武器装备、优秀的军事人才,以及一支强大的军队,所以俄罗斯依然是一个军事强国。近年来由于受到西方制裁,加上石油价格下跌等因素,俄罗斯发展比较艰难。因俄乌冲突,2023 年俄罗斯军费增长到 1 190 亿美元,已经居世界第 3 位。

1. 俄罗斯军事力量

俄罗斯军事力量,主要由陆军、海军、空天军 3 个军种,战略火箭兵、空天防御兵、空降兵 3 个独立兵种构成。现役部队人数约为 100 万人,其中陆军 24 万、海军 14.8 万、空天军 28 万、战略火箭兵 12 万、空天防御兵 15 万、空降兵约 4.5 万以及总部机关约 2 万。另外还有边防军约 16 万、内卫军约 18 万。

俄罗斯陆军编制体制为“军区–集团军–旅–营”结构模式,现编有 4 个军区(东部军区、西部军区、南部军区、中部军区),12 个集团军。主力装备有:T–14 主战坦克、T–90 主战坦克、T–15 步兵战车、BTR–80 装甲输送车、卡–52 武装直升机、米–24 武装直升机等。

俄罗斯海军辖有海军步兵部队(海军陆战队)、海军航空兵、海军舰队(波罗的海舰队、太平洋舰队、北方舰队、黑海舰队、里海舰队)。其主力装备包括:“库兹涅佐夫海军元帅”号航空母舰 1 艘、基洛夫级巡洋舰、无畏级驱逐舰、现代级驱逐舰、守护级护卫舰、北风之神级战略核潜艇、苏–33 战斗机、卡–28 直升机等。

俄罗斯空天军由空军和空天防御军在 2015 年 8 月 3 日合并组建,下辖空军、导弹防卫部队、航天部队。俄罗斯空天军是世界第二大空中武装力量,拥有 4 000 多架飞机。目前主力装备包括:T–50 战斗机、苏–35 战斗机、苏–27 战斗机、苏–34 战斗轰炸机、图–95 轰炸机、图–160 轰炸机等。

俄罗斯战略火箭兵是俄罗斯战略打击部队,其地位同海、陆、空三军平等,受最高统帅部直接指挥。主要由机动和固定部署的导弹部队,航天发射和控制部队组成,共编 6 个集团军,其中 4 个导弹集团军(下辖 19 个导弹师)、1 个反导弹防御系统集团军和 1 个太空监视集团军。

俄罗斯空天防御兵是由俄罗斯空军与俄罗斯航天兵组建的新兵种,任务是使俄罗斯免受来自天空和太空的攻击,主要包括了航天指挥部、防空与反导防御指挥部以及普列谢茨克航天发射场等。

俄罗斯空降兵是俄罗斯联邦武装力量中与陆、海、空三军并列的独立军种,执行空降作战,直接受空降军司令官指挥,由数个空降师、旅组成,是俄罗斯联邦武装力量的重要组成部分。

俄罗斯境外驻军主要集中在独联体地区。叙利亚塔尔图斯港海军基地是俄罗斯除独联体地区外唯一的军事基地,驻有 150 人。

2. 俄罗斯战略动向

近年来,由于北约东扩,在俄罗斯周边建立军事基地和反导系统,并频繁举行军事演习,俄罗斯的战略空间受到大幅挤压,加上俄乌冲突持续至今,西方国家对俄进行全面制裁,俄罗斯面临着政治遏制、军事威胁、经济制裁等多重因素的巨大压力。为此,俄罗斯将北约视为国家安全的严重威胁,并对国家安全战略进行调整,其战略动向主要有以下几点。

一是加强对北约威胁的反制。俄罗斯对北约采取针锋相对的措施,加强西部的兵力部署,强化对克里米亚和俄乌边境地区的控制,并适时进行军事演习,派出战略轰炸机展开针对性的巡航,从而对北约国家造成军事压力。

二是重点加强海军建设,增强海军实力。为应对北约对其海上的威胁,俄罗斯加大对黑海舰队的投入,持续强化黑海舰队的战斗力。海军重点发展高精远程巡航导弹、高超声速导弹、无人潜航器等先进武器装备。同时俄海军加强远洋能力建设,力争打造一支强大且力量均衡的全球性海上力量。

三是积极向北极拓展。由于北极地区是未来争夺的新热点,俄罗斯延续了北极战略的基本思想,充分利用在北极的地缘战略优势,重申在北极地区资源开发、航道利用等问题的原则立场,着重强调在北极保持海军的军事存在,以维护本国在北极的安全和经济利益。

四是加强多边安全合作,优先发展与中国的关系。俄罗斯积极在上合组织、金砖国家组织、亚太经合组织、20 国集团等国际组织内拓展与各国的合作空间。在俄中关系方面,俄罗斯积极与中国发展全面战略协作伙伴关系,在政治、经济、军事等领域进行广泛深入的合作,在一些地区和国际问题上保持沟通协调,为维护地区稳定与世界和平发挥了中坚力量。

(三)日本军事力量及战略动向

日本是世界经济大国、科技强国,由于是二战的战败国,日本不能拥有军队,只能拥有一定的自卫军事力量,称自卫队。根据日本《和平宪法》第九条及相关国际条约的明文规定,日本的军事实力只能维持在自卫所需的水平,总兵力不得超过 10 万,军舰数量不得超过 30 艘,总排水量不得超过 10 万吨,不能拥有航母及核动力潜艇,作战飞机不得超过 500 架,不得拥有远程轰炸机,不得发展弹道导弹技术。但是美国出于战略私利,不断扶植日本军事力量发展,自卫队的军事力量早已突破《和平宪法》的限制。日本自卫队在"质量建军"和"海空优先"的建军方针指导下,已发展成为一支装备精良、训练有素、作战能力较强的武装力量。

1. 日本军事力量

日本军事力量由陆上自卫队、海上自卫队、航空自卫队组成。现役部队 24.7 万人,其中陆上自卫队 16 万余人,海上自卫队 4.5 万人,航空自卫队 4.7 万人。日本军费连续 8 年增长,2020 年军费预算达 504.8 亿美元。

陆上自卫队编有 5 个军区,基本作战单位为 9 个师,6 个旅,8 个防空导弹群,1 个中央快速反应集团。共装备坦克 880 辆,装甲车 1 860 辆,自行火炮 290 门,飞机 464 架。

海上自卫队编有 1 个联合舰队和 5 个地方舰队,共装备作战舰艇 149 艘,其中驱逐舰、护卫舰 52 艘,潜艇 16 艘,其他舰艇 81 艘,装备各型飞机 292 架,其中作战飞机 171 架。

航空自卫队编有 1 个航空总队和 1 个航空开发试验团,以及 6 个防空导弹群,共装备各型飞机约 820 架,其中作战飞机 340 架。

2. 日本战略动向

2012 年 12 月,以安倍晋三为首的日本自民党再次执政后,推崇"强国论",主张修改宪法,摆脱战败国形象,使日本成为"正常国家",其战略动向是积极谋求政治军事大国地位。

一是突破《和平宪法》的束缚。日本依托《日美安全保障条约》,极力追随和配合美国,以参与联合国维和行动为名,积极参与海外军事行动,突破了自卫队向海外派兵的“禁区”;操纵修改《和平宪法》解释,强行通过新的安保法案,解禁集体自卫权,获取交战权;军事上改变“专守防卫”政策,积极推行“主动先制”战略,提出要对敌人导弹发射基地实施“先发制人”的打击;放弃“武器出口三原则”,大幅向外输出武器装备和军事技术。

二是积极推进军事现代化,大力发展尖端进攻性武器。日本已经下水 2 艘出云级直升机驱逐舰(满载排水量 2.6 万吨的准航母)、2 艘日向级直升机驱逐舰(满载排水量 1.7 万吨的准航母)、11 艘拥有 AIP 系统的苍龙级潜艇等先进装备,计划购买 147 架 F-35 隐形战斗机,其中 42 架为 F-35B 战斗机,撕下伪装,准备将直升机驱逐舰改装成航母。2018 年日本已从美国接收了 38 架 F-35 隐形战斗机。日本大力研发火箭技术,表面上是发射卫星,实际上是研发弹道导弹。日本如此大规模地发展尖端进攻性武器,已远远超出本土防卫之需。

三是利用“援助外交”实现政治大国野心。日本为国际事务提供财力较多,担任安理会非常任理事国次数最多,为图谋联合国安理会常任理事国积极做准备。在联合国高级官员中日本人任职较多,在一些国际问题上的发言权超过了许多大国,其国际影响力与日俱增。

四是摆脱美国控制。随着日本谋求政治军事大国的步伐加快,美日之间控制与反控制的深层次矛盾逐渐浮出水面。长期以来,由于驻日美军犯罪事件频发,美军基地对当地造成严重的环境污染,许多日本人反美情绪强烈,要求削减或迁移美军基地。日本舆论认为,日本要实现大国梦,必须摆脱战败国的地位,不受美国的控制,才能成为“正常国家”,发挥独立自主的作用。

(四)印度军事力量及战略动向

印度是南亚次大陆面积最大的国家,世界第二人口大国,2023 年印度经济总量达到 3.73 万亿美元,已经成为世界第五大经济体。2023 年印度军费支出约 730 亿美元,居世界第四位。

1. 印度军事力量

印度武装力量由现役部队、准军事部队和后备力量组成。印度现役部队由陆军、海军和空军三军组成,兵力约 158 万人,其中陆军兵力约 140 万人,海军兵力约 5.5 万人,空军兵力约 12.7 万人。此外,印度准军事部队兵力约 100 万人,后备力量约 240 万人。

印度陆军编有 5 人军区(东、南、西、北和中央),下辖 4 个集团军 12 个军部 35 个师(3 个装甲师、4 个平原整编师、18 个步兵师、9 个山地师和 1 个炮兵师)以及 15 个独立旅(7 个装甲旅、5 个步兵旅、2 个山地旅和 1 个空降突击旅)、1 个“普里特维”地地导弹团、4 个防空旅和 3 个工兵旅。陆军装备主战坦克 3 233 辆,各型战车 1 900 辆,各型火炮 9 680 门,直升机 232 架。

印度海军编有 4 个地区司令部(东部、西部、南部和远东),东、西 2 支舰队(分驻维沙卡帕特南和孟买),另编有潜艇司令部(驻维沙卡帕特南)和海军航空兵司令部(驻果阿)。印度海军拥有各类舰船 155 艘,包括 2 艘航空母舰,2 艘船坞登陆舰,5 艘坦克登陆舰,11 艘驱逐舰,19 艘护卫舰,19 艘潜艇,其他战斗支援舰 20 艘,以及导弹艇、巡逻艇、扫雷艇、登陆艇等其他作战舰只。海军航空兵编有作战飞机 31 架、巡逻机 14 架、运输机 37 架、直升机 127 架。海军陆战队编有 1 个旅。

印度空军编有 5 个军区(西、西南、东、南和中央),2 个支援司令部(保养司令部和训练司令部),拥有 1 000 多架各型作战飞机,包括空中预警机、战斗机、加油机、运输机、侦察机和直升机等。

印度的核力量设有核战略司令部,该司令部创建于 2003 年 1 月 4 日,并处于较高的战备状态。据估计,印度有 80~100 枚核弹头。

2. 印度战略动向

2023 年印度人口 14.29 亿多,已超过中国成为全球第一人口大国。近年来印度经济保持较高增长率,是金砖国家之一。印度凭借着经济实力,大力加强军备,立足南亚,称雄印度洋,积极谋求世界大国地位。其战略动向有以下几点。

一是凭借地理优势,企图控制印度洋主要航道。印度居于印度洋中心部位,扼守马六甲海峡的西大门,印度提出"控制印度洋,东进太平洋,西出大西洋,南下非洲"的印度洋战略,企图将印度洋变成"印度湖"。

二是大幅增加国防投入,努力提升国防工业能力。印度通过大量引进先进武器装备和武器装备生产线的方法,带动本国的军工生产水平提升,从而提高武器装备的现代化水平,加速印军现代化建设步伐。

三是积极推动"东进"政策实施,不断扩大地区影响力。2014 年 5 月莫迪政府上台后,为扩大印度的政治外交以及军事影响力,推出实施"东进"政策,积极参与美国"印太战略"。2018 年,印度不断加大与美、俄、中和东南亚、东亚国家在经济、政治、军事等领域的合作,取得了突出的成果,提升了国际地位。

四是发展核力量,谋求大国政治地位。印度发展核武器,除了谋求大国地位外,还旨在对中国形成所谓的"核对称",与中国进行军事抗衡,保持对巴基斯坦核威慑优势。同时印度凭借核力量、经济实力和国际影响力,在俄罗斯的支持下,积极谋求联合国安理会常任理事国地位。

学习测试:

一、单项选择

1. 国家安全是指国家政权、(　　)、统一和领土完整、人民与福祉、经济社会可持续发展和国家其他重大利益相对处于没有危险和不受内外威胁的状态,以及保障持续安全状态的能力。

A. 民主　　B. 自由

C. 人权　　D. 主权

2. 习近平总书记在党的十九大报告中旗帜鲜明地指出"坚持党对(　　)的领导"。

A. 政治工作　　B. 一切工作

C. 经济工作　　D. 军事工作

3. (　　)是指国际社会中国际战略力量之间在一定历史时期内相互联系、相互作用而形成的具有全球性的、相对稳定的力量对比结构及基本态势。

A. 世界战略格局　　B. 国际战略格局

C. 国内战略格局　　D. 中国战略格局

4. (　　)使持续了近半个世纪的东西方美苏两大集团之间激烈对抗的冷战格局彻底终结。

A. 第二次世界大战　　B. "柏林墙"倒塌

C. 东欧剧变　　D. 苏联解体

5. 在未来国际战略格局多极化发展的进程中,起主导作用的国家不包括(　　)。

A. 美国　　B. 中国
C. 俄罗斯　　D. 印度

6. (　　)是连接太平洋和印度洋的海上交通咽喉,扼控两洋航线的枢纽,是亚太各国经贸发展的"生命阀"。
A. 台湾海峡　　B. 白令海峡
C. 马六甲海峡　　D. 英吉利海峡

7. 1992 年 2 月 25 日, 中国方面公布(　　),写明钓鱼岛等岛屿是中国领土。
A.《中华人民共和国宪法》
B.《中华人民共和国国防法》
C.《反分裂国家法》
D.《中华人民共和国领海及毗连区法》

8. 南海诸岛中,(　　)距离我国大陆最远、分布最广、包括岛礁最多的一个群岛,其周围海域的自然资源特别是油气蕴藏十分丰富,人称"第二个波斯湾"。
A. 东沙群岛　　B. 西沙群岛
C. 中沙群岛　　D. 南沙群岛

9. 中国地缘安全环境基本概况不包括(　　)。
A. 陆海兼备,邻国众多　　B. 矛盾突出,热点集中
C. 周边复杂,差异明显　　D. 相安无事,和平安全

10. (　　)把打击"三股势力"、维护地区安全与稳定作为首要任务,近年来还逐步加强合作打击中亚地区日益严重的毒品走私活动,把遏制和铲除毒品走私纳入反恐合作的框架之中。
A. 上海合作组织　　B. 亚太经合组织
C. 经济互助委员会　　D. 亚投行

二、多项选择

1. 国际战略格局的现状是(　　)。
A. 美国仍是世界唯一超级大国
B. 世界多极化的趋势正在发展
C. 新的各种安全结构正在建立和完善
D. 经济因素在国际事务中的作用上升

2. 未来国际战略形势的发展趋势是(　　)。
A. 世界多极化将在曲折中发展
B. 全球化将深刻影响国际安全形势
C. 大国竞争将主导国际战略形势走向
D. 高新技术竞争将重塑国际战略格局

3. 当今世界五大热点地区,(　　)都在中国周边。
A. 中东波斯湾　　B. 朝鲜半岛
C. 南亚次大陆　　D. 台湾海峡

4. 中日之间存在一系列的矛盾和斗争,体现在(　　)方面。
A. 中日之间在钓鱼岛方面存在严重争端

B. 中日之间在东海大陆架和东海油气资源方面存在严重争端

C. 日本在台湾问题上挑战中国的国家核心利益

D. 日本当局歪曲历史,美化侵略战争,拒绝承担战争责任

5. 新兴领域国家安全,除了文化安全、科技安全、信息安全、生态安全、资源安全,(　　)摆在越来越突出的重要位置。

A. 核安全　　B. 生物安全

C. 太空安全　　D. 海外利益安全

三、名词解释

1. 国家安全
2. 总体国家安全观
3. 地缘环境
4. 国际战略格局
5. 多极化

四、思考题

1. 简述我国的地缘环境。
2. 简述我国的地缘安全主要威胁。
3. 简述国际战略形势的现状。
4. 简述国际战略形势的发展趋势。

第三章 军事思想

学习目标

◆**知识目标**

1. 定义军事思想的概念和内涵；
2. 解释军事思想的特征及其地位和作用；
3. 列举外国代表性军事思想及其著作。

◆**能力目标**

1. 能讲述中国古代军事思想的主要内容及其代表性著作；
2. 能阐述毛泽东军事思想的精髓和历史地位；
3. 能说明邓小平新时期军队建设思想，以及江泽民、胡锦涛关于国防和军队建设思想的主要内容；
4. 能表述习近平强军思想的主要内容和科学含义。

◆**情感目标**

对军事思想产生兴趣，关心军事问题，用科学的战争观和方法论研究军事问题。

导读

"思想有多远，行动就能走多远"，"历史从哪里开始，思想进程就从哪里开始"。军事思想是关于战争和军事问题的高层次的系统的理性认识。军事思想源于战争与军事活动的实践，同时又指导战争和军事实践，并随着战争和军事实践的发展而发展。本章主要从军事思想概述、外国军事思想、中国古代军事思想、当代中国军事思想四个方面来详细介绍军事思想的相关内容。

第一节　军事思想概述

一、军事思想的内涵

《中国人民解放军军语》对军事思想的解释是“关于军事领域基本问题的理性认识。通常包括战争观、军事问题认识论和方法论、战争指导思想、国防和军队建设思想等”。《军事大百科全书·军事》对军事思想所下的定义是“军事思想是关于战争、军队和国防的基本问题的理性认识,是人们长期从事军事实践的经验总结和理论概括”。从中可以看出军事思想主要是研究以下问题:一是军事哲学问题,就是战争观、军事问题认识论和方法论,具体研究什么是战争,怎样认识战争,怎样把握和控制战争,对战争采取怎样的根本态度,什么是军事,怎样认识理解军事,怎样把握和发展军事等基本问题,揭示战争和军事的本质和规律。二是军事实践问题,就是战争指导思想、国防和军队建设思想,具体研究战争中有哪些作战原则、作战方法、作战手段、作战理论,国防和军队建设中有哪些原则、方法、措施等基本问题,阐明军事实践活动的基本理论和原则。三是研究军事思想这门学科的问题,为学习研究军事思想提供了基本方法和遵循。军事思想是军事科学的基础理论部分,军事思想通常也称军事理论。

关于军事思想的分类,从不同角度可以有不同的区分方法:按照时代区分,可分为古代、近代、现代军事思想;按照阶级性质区分,可分为奴隶主阶级、封建地主阶级、资产阶级、无产阶级军事思想;按照国家区分,可分为外国和中国军事思想;按照人物区分,可分为孙子军事思想、拿破仑军事思想、克劳塞维茨军事思想、毛泽东军事思想,等等。总的来说,任何军事思想都是以战争和军事为研究对象,都是对战争和军事问题的理性认识。它以哲学的世界观和方法论为指导,反映时代、阶级、国家、人物对战争和军事所持的基本观点。

二、中国军事思想的发展历程

人类对战争和军事问题的认识,随着社会生产力的发展,社会经济、政治制度的更替,人们科学文化水平的提高及思想意识的转变,战争的日益频繁和战争规模的不断扩大等,经历了一个由浅入深的历史发展过程。中国军事思想的发展经历了一个漫长的历史时期。

(一)中国古代军事思想

中国古代军事思想是指在奴隶社会、封建社会时期,各阶级、集团及其军事家和军事论著者对于战争与军队问题的理性认识。在数千年的历史长河中,中国军事思想不断发展完善,形成了独具特色的东方兵学体系。概括来说,中国古代军事思想萌芽于殷商时期,形成于西周,成熟于春秋战国,发展于秦朝至清朝前期。

公元前21世纪,我国第一个奴隶制国家夏朝建立。随着阶级的产生、国家的出现,战争开始正式成为统治阶级维护阶级利益和进行阶级斗争的工具,也就出现了与其相适应的军事思想。在甲骨文和金文中已经有了军事和战争问题的记载。当时的军事理论散见于国家的典章法令和其他文献之中，这一时期军事思想开始萌芽，讲究战略战术，将军事视为对内统治的特殊手段。

春秋战国是我国从奴隶社会向封建社会过渡的大变革时期，也是我国历史上分裂、动荡和战争时间最长的时期。随着生产力发展和社会制度的变革，争霸战争、兼并战争异常激烈与频繁，用兵数量增多，战争时间延长，军事方面的许多因素也发生了变化，提高了人们对战争的认识，也推动了军事思想和战争实践的发展。

秦至五代是中国封建社会发展的上升阶段。这一时期兵儒合流互补的出现，使儒家政治理论与兵家权谋之道有机结合，无疑为这一时期军事思想的发展注入了活力，使其在曲折发展中不断充实提高。然而，由于学术领域"谶纬之学"的流传，术数与迷信的结合，给军事思想的发展带来了一些负面影响，与春秋战国时期相比，军事思想的发展处于相对缓慢的阶段。

宋至清前期是中国封建社会后期。宋仁宗以后，鉴于"儒将缓带轻裘，兵众闲哺縻食"和"朝乏将才，将昧兵法"的教训，朝廷广访兵家，遍搜武笈，钦定武经七书，官兴武学，使中国古代军事思想进入了复兴发展阶段。到明清时期，出现了中国古代军事思想发展的第二个高峰。

(二)中国近代军事思想

从 1840 年到 1949 年这一段时间内，中国沦为半殖民地半封建社会，在西方列强的影响下，中国近代军事思想在吸收西方的一些军事理论的基础上逐渐发展起来。

1840 年鸦片战争之后，资本主义国家倚仗其"船坚炮利"敲开中国大门，一些有识之士"睁眼看世界"。代表人物如林则徐、魏源，他们提出了"师夷长技以制夷"的战略思想，"器良技熟，胆壮心齐"的建军思想。甲午战争失败后，清政府认识到仅靠坚船利炮不能赢得战争，军事思想落后也是战争失败的重要原因，提出了"中学为体，西学为用"总的指导思想。于是一些有识之士又开始学习西方军事理论，翻译西方重要军事著作，如《大战学理》等，并自行撰写《兵学新书》《军事常识》《兵镜类编》等。提倡以学习西方"长技"为主要内容的"自强"运动，开始兴办中国近代军事工业，引进和仿造西式枪炮、战舰，编练军队。代表人物如奕䜣、曾国藩、左宗棠、李鸿章等，主要军事观点有：师夷长技，重整军备；依靠民众，积极备战；避人之长，攻人之短；以弃为守，诱敌入险等。

清朝末期，以孙中山为代表的资产阶级民主革命兴起，给近代中国革命带来了一丝曙光。孙中山对军事问题发表过许多精辟的见解，指导了当时的革命战争和军队建设。在十月革命影响和中国共产党的帮助下，孙中山找到了正确的建军道路，军队必须与国民结合，使军队成为国民之武力，并在军队中建立党代表和政治工作制度，这在建军思想上迈出了重大一步。

1927 年到 1949 年，蒋介石及国民党政府基本上按照西方和日本操典、条令和教程训练军队，把外国资产阶级军事理论和中国传统的治军作战思想掺杂混用，从而形成自己的治军理论。在此期间，蒋百里的《国防论》和杨杰的《国防新论》等著作，都比较深入地探讨了国防问题，认为国防是政治、经济、文化、社会、军事等各种力量的结晶，在一定程度上反映了国防建设的客观规律。

从清朝末年的洋务派代表人物，到辛亥革命后的北洋军阀，直至蒋介石以及蒋百里、杨杰等军事理论家，中国近代在军事上形成的一套理论，都带有资产阶级军事思想的深刻烙印。

(三)中国现代军事思想

中国现代军事思想是指20世纪20年代以来中国共产党人领导中国人民进行的长期革命战争、和平时期军事斗争以及国防建设的经验总结和理论概括。这一时期,无产阶级军事思想在世界范围内蓬勃发展,主要以苏联和中国的军事思想为代表。中国的军事思想集中表现在毛泽东军事思想、邓小平新时期军队建设思想、江泽民国防和军队建设思想、胡锦涛国防和军队建设思想以及习近平强军思想之中。

毛泽东军事思想产生和形成于中国革命战争之中,指导了中国革命战争不断走向胜利,并在中华人民共和国成立后继续发展,成为指导新中国军队和国防建设不断取得巨大成就的思想武器和行动指南。毛泽东军事思想中的人民战争思想、人民军队思想、人民战争的战略战术思想、国防建设思想和关于战争观、方法论的理论,既深刻揭示了中国革命战争、人民军队建设和国防建设的特殊规律,又反映了军事领域的一般规律,其丰富性和系统性达到了前所未有的高度,是无产阶级军事思想发展史上的一座丰碑。

20世纪70年代末期以来,中国军事思想发生了阶段性变化。邓小平从新的历史条件出发,坚持实事求是的思想路线,创造性地运用马列主义军事思想和毛泽东军事思想的基本原理,总结历史和现实经验,适应新时期国防和军队建设的需要,精辟地论述了军队建设和未来作战的许多重大理论和实践问题,创立了新时期军队建设思想。20世纪90年代以来,江泽民就加强军队建设,提出将思想政治建设摆在首位,实行科技强军战略,走有中国特色的精兵之路,以及“政治合格、军事过硬、作风优良、纪律严明、保障有力”的总要求,把军事斗争准备基点放在打赢现代技术特别是高技术条件下的局部战争上的正确论断。21世纪初,胡锦涛结合我国国防和军队建设的新情况、新问题,对国防和军队建设的特点、规律进行了一系列新的论述,形成了与江泽民国防和军队建设思想一脉相承、特点鲜明的马克思主义军事理论成果,对新世纪新阶段军事斗争准备基点做出了正确判断,是打赢未来信息化条件下的局部战争。

党的十八大以来,以习近平同志为核心的党中央以巨人的政治勇气和强烈的责任担当,推动党和国家事业发生历史性变革,在综合分析判断国际国内形势,结合我国国防和军队建设实际的基础上,围绕强军兴军提出了一系列重要论述,形成了习近平强军思想。习近平强军思想深刻阐述了国防和军队建设根本性、方向性、全局性的重大问题,为把人民军队建成世界一流军队,实现强军梦提供了根本遵循和科学指南。

毛泽东军事思想、邓小平新时期军队建设思想、江泽民国防和军队建设思想、胡锦涛国防和军队建设思想以及习近平强军思想,是当今中国军队建设、国防建设和未来反侵略战争的理论基础和行动指南。

三、军事思想的特征

(一)阶级性

在阶级社会里,不同阶级的人们由于立场、观点和方法不同,因而对战争规律的认识和应用也就不完全相同。阶级社会的战争是私有制和阶级的伴随物。军事思想作为战争规律的理论概括,必然被打上深刻的阶级烙印。在阶级社会中,不同的阶级为了维护自身阶级的利益,所奉行和推崇的军事思想,必然反映各个阶级对战争和军事的不同认识和立场。因此,不同阶级、国家或政治集团有不同的军事思想。

(二)实践性

军事思想来源于战争和军事实践,又对战争和军事实践起着巨大的指导作用,并在战争和军事实践中受到检验、得到发展。实践性是军事思想的一个显著特征。军事思想指导战争和军事实践的过程,也是检验和发展军事思想的过程,战争和军事实践是检验军事思想正确与否的唯一标准。只有通过实践把军事思想与客观实际联系起来,检验其是否与客观实际相符合才能确定军事思想的真理性。唯有在战争和军事实践中发展形成的军事思想,才具有生命力。

(三)时代性

时代是根据一定的政治、经济、文化、科技状况划分的历史时期。任何一种军事思想都有它产生和发展的时代背景,也必然要受到所处时代的影响和制约。同时,军事思想都是一定历史发展阶段的产物,不同历史时期的军事思想有其鲜明的时代特征,这种时代特征往往最能反映当时的生产方式、社会制度、物质生产水平,特别是军事技术的发展水平。

(四)继承性

军事思想是在继承中不断向前发展的,发展是军事思想强大生命力之所在,但这种发展不是孤立的,而是建立在继承基础上的发展。所谓继承,是指历史上形成的军事思想和军事遗产中具有普遍真理意义的原理、原则以及宝贵经验的保留和借鉴。当然,由于战争和军事的变动性和多样性,这种继承也不是静止的继承,而是在运用和实践中的继承。

四、军事思想的地位和作用

军事思想是各种军事理论、军事原则的基础,对军队建设、作战行动和国防建设起着根本性的作用。军事思想为认识与解析军事问题提供基本观点,为军事预测活动建立了思维方式体系,在实际运用过程中为各项军事实践活动提供了全局性指导。

(一)为认识军事问题提供基本观点

人们基于不同的思想观念,对战争和军事的评判观点以及对其采取的态度和行动是有差异的。采用不同的军事思想去分析战争,其结果是完全不相同的。如果用形而上学的观点去看待战争,其结果是:要么为侵略而战,要么持否定一切战争暴力的和平主义,要么成为“强存弱汰”的社会达尔文主义战争论者。只有运用马克思列宁主义战争观去看待战争,才能全面认识战争在人类社会生活中的作用,正确判断战争的性质,坚持以正义的、进步的、革命的战争去反对非正义的、反动的、反革命的战争。

(二)为进行军事预测提供思想方法

科学的军事思想揭示了军事领域各种矛盾运动的规律,为人们正确认识战争及进行军事预测提供了科学的认识论和方法论的工具。恩格斯和列宁关于资本主义列强之间的争夺将导致世界大战的预见,毛泽东关于中国抗日战争进程与结局的判断,就是科学地进行宏观预测的范例。这种科学预测为无产阶级和被压迫民族以及被压迫人民争取自由和解放,提供了科学的理论依据,指出了革命的道路,坚定了与反动阶级斗争的信心。反之,非科学的军事思想因不能揭示甚至歪曲军事领域事物矛盾运动的规律,必将导致错误的预测结果。

(三)为从事军事实践活动提供全局性指导

军事思想之所以能对军事实践具有宏观的和根本的指导作用,就在于它是军事实践的能动反映,是军事实践经验的理论概括,并揭示了军事领域的一般规律。军事思想对军事领域的规律反映得越深刻、越正确,它对军事实践的指导作用也就越大。正确反映军事本质及其规律的军事思想一旦被成功地运用于军事实践,就能够转化为巨大的物质力量。用科学的军事思想作为指导,军事实践就能保持正确的方向,并能达到预期的效果。否则,军事实践的方向就会发生偏离,达不到预期的目的。中国人民革命战争在毛泽东军事思想的指导下取得彻底胜利就是证明。相反,如果军事思想保守落后,即使拥有相对优势的兵力和先进的武器装备,也可能在战争中遭受挫折甚至失败。第二次世界大战中,法国的溃败和苏联在战争初期的失利,其作战指导思想落后于战争实践是重要原因。在战争史上,每一次大规模战争,都会催生出新的军事思想,而每一次取得伟大胜利的战争,都有正确的军事思想作为指导。在客观物质条件许可的范围内,军事思想正确与否决定着军事实践的成效,决定着战争的胜败。军事思想的作用不限于军事领域。军事思想所揭示的许多重要规律、总结的许多重要原理、提出的许多重要原则,对国家的政治、经济、外交、文化等领域都有重要影响。军事思想作为人类智慧的结晶,在社会生活的广阔领域发挥着越来越大的作用。

第二节　外国军事思想

外国军事思想是人类文明成果的重要组成部分。外国军事思想起源于古代两河文明时期,历经古希腊、古罗马、中世纪、近代资产阶级和无产阶级的战争实践不断发展,形成了对战争本质、战争目的、战争性质、战争规律等方面的理性认识,产生了作战指导原则、战略战术、军队建设等方面的理论。外国军事思想形成和发展跨越数千年,对于军事科学的各个领域及封建阶级、资产阶级、无产阶级的军事实践活动,具有重要的理论指导作用。

一、外国古代军事思想

外国古代军事思想主要包括古代两河流域(古巴比伦)、古希腊、古罗马和中世纪军事思想。它是从公元前4000年至公元1640年产生的军事思想,时间跨度长,内容丰富。

(一)两河流域军事思想

两河流域文明时期(公元前4000年至公元前3000年)产生的军事思想叫两河流域军事思想。两河流域文明是指在底格里斯河和幼发拉底河之间的美索不达米亚平原所发展出来的文明。这一时期军事思想的代表人物为萨尔贡一世和汉穆拉比。作为阿卡德帝国的建立者,萨尔贡一世建立了世界最早的常备军,他非常注重培养士兵在近战中勇敢的精神。汉穆拉比是位卓越的政治家、军事家,他通过35年的征战,建立了强大的古巴比伦王国。在军队建设上,他建立了不同以往、独具特色的“寓兵于农”的军队。为了使军队绝对效忠国家,汉穆拉比发给每个服役士兵一块土地及房屋、牲畜,条件是这些士兵必须随时应召随国王出征,不允许顶替,否则处死。这样,汉穆拉比不仅建立了一支强大的随时可以出征的常备军,避免了征兵不足的问题,而且节约了军费,加强了农业生产,发展了经济。“寓兵于农”的政策是汉穆拉比的伟大创举,充分体现了他将军事活动与社会经济发展综合考虑的全局性战略思想。

(二)古希腊的军事思想

古希腊军事思想源于古代东方,由古埃及、亚述、巴比伦,经波斯而被古希腊人所接受和发展。从希波战争时期,经过伯罗奔尼撒战争时期、底比斯的埃帕米农达时期,至马其顿的亚历山大时期,东西方军事思想达到了大融合。在漫长的战争年代里,古希腊人运用了许多适应当时情况的战略战术并不断有所发展和抽象概括,成为之后军事思想发展的一个源泉。

古希腊丰富的军事实践造就了一批卓越的人物,古希腊著名历史学家修昔底德编著了《伯罗奔尼撒战争史》,分析总结了雅典和斯巴达之间的战争历史,提出新崛起的大国必然要挑战现存大国,而现存大国也必然会回应这种威胁,这样战争变得不可避免的观点,这一观点被称之为“修昔底德陷阱”,这几乎已经被视为国际关系的“铁律”。色诺芬写了许多关于历史、经济、哲学和军事问题的著作。《长征记》一书,记述了希腊人途经整个小亚细亚向黑海沿岸撤退的历程,被认为是古希腊第一部军事理论专著;《居鲁士传》一书,广泛阐述了军队的补充、编制、装备、教育和训练以及战术等基本理论;《回忆苏格拉底》曾尝试划分战术与战略的区别。其军事著作反映了奴隶主进行战争的思想。埃帕米农达是一位对西方军事思想发展产生过重大影响的统帅和政治家。恩格斯在《步兵》一文中评价他对战术发展所做的贡献时,写道:“埃帕米农达第一个创立了直到今天仍然解决几乎一切决战的伟大的战术原则:不要沿正面平分兵力,而把兵力集中在决定性地段进行主攻。”亚历山大一生中从未打过一次败仗,他吸取了古希腊和世界其他国家的军事学术的成果,把古希腊军事学术发展到最高阶段,在西方战史上,一直被奉为“第一伟人”。亚历山大在军事学术上的贡献是:增加了方阵的密度,从而提高了攻击能力,使骑兵成为军队的决定性突击力量和机动力量,创立了既善于在乘马队形中又善于在徒步队形中进行战斗的新型骑兵;制定了战斗队形各组成部分的机动和相互协同动作的原则等。

古希腊军事思想奠定了欧洲古代军事思想的基础,其精华部分多为古罗马人所继承,对古代罗马军事思想及文艺复兴前欧洲军事思想的发展产生了巨大影响,堪称世界军事思想宝库中的一份珍贵历史遗产。

(三)古罗马的军事思想

古代罗马兴起于公元前 8 世纪的亚平宁半岛。古罗马历史时间长,战争频繁,造就了一大批著名军事人物,如:汉尼拔、斯巴达克、恺撒、屋大维等。恺撒善于治军,足智多谋,政治上不囿陈规,一生大部分时间羁身军伍,且在文学方面亦多有著述,传世有《高卢战记》《内战记》等。屋大维是机智善断、谨慎稳健的政治家。他在位期间,整编军队,对外扩张;大兴土木,建设罗马城;在各行省兴建城市;鼓励农业生产;奖励学术文化,保护艺术创作等。

古罗马人重视对战争艺术的研究。在古罗马军事理论著作《谋略》《论军事》中,可以看到大量关于战争、军队建设和战争指导等方面的论述。古罗马的军事思想源于古希腊而又有所发展,主要表现在:进一步认识到战争有正义和非正义之分;把军事作为实现政治目的的工具,而政治又是配合军事行动达到军事目的的手段;通过外交广泛联盟,孤立对手,恩威并施,实现自己的目的;主张以进攻为主、防御为辅;在被迫处于防御地位时,也总是通过向敌后等薄弱处进攻,力求改变攻防态势,变防御为进攻;主张建立一支忠于自己的部队,以金钱、土地、建筑、妇女等物质利益保证部队的忠诚;以精神鼓励和严格纪律保持部队的战斗力等。

古罗马军事思想总结了古希腊、古罗马的战争经验,内容较为丰富,不仅在当时指导了古罗马将帅们的军事实践,而且对欧洲漫长的中世纪和文艺复兴时期的战争实践也具有重要影响,同时也对资产阶级军事思想的产生具有重要的历史作用。

(四)中世纪的军事思想

中世纪是指介于古代奴隶占有制与近代资本主义之间的时代,即封建时代。始于公元476年西罗马帝国灭亡,到1640年英国资产阶级革命止,前后共历时1164年。漫长的中世纪,由于封建割据,经济发展缓慢,加上受神学和经院哲学的桎梏,这一时期军事思想的发展受到了极大的限制,特别是中世纪中期之前尤其如此,导致整个中世纪战略战术没有创造性的突破。直到封建社会后期,火药自中国发明后,传入阿拉伯,又传入西方,应用于军事,创造、生产了适宜战场上使用的较为先进的火器,加之意大利文艺复兴的影响,西方古代军事思想才有了缓慢的发展。

这一时期主要的军事代表人物有拜占庭帝国将军贝利撒留、瑞典国王和统帅古斯塔夫二世、法国大元帅杜伦尼等。军事理论著作主要有:东罗马皇帝毛莱斯在579年著的《战略学》,东罗马皇帝利奥六世在900年著的《战术学》,意大利马基雅维利著的《战争艺术》《君主论》,普鲁士的弗里德里希二世著的《战争原理》《军事典范》等。马基雅维利是欧洲中世纪后期军事思想的代表人物,被恩格斯称为“第一个值得一提的近代军事著作家”。他认为战争与政治的关系是非常密切的,它们不仅互相协调、相辅相成,而且必须联合成为一个整体,战争可以决定一个国家的生存、消灭和扩张,一个君主要想巩固自己的权势,就要专心致力于战争,培植忠实于自己的军队,因为军队是维护国家统治的基础。他主张废除当时盛行的雇佣军制,建立由普遍兵役制组成的国民军,并认为要改革现存的军事制度,首先必须进行政治性的改革。他重视研究对付炮兵等新军事技术的战术,并驳斥了那种认为专凭炮兵就可决胜的观念。

总的来说,中世纪军事思想是西方古代军事思想发展过程中的一个阶段,既是对古希腊、古罗马军事思想的继承和发展,又为西方近代资产阶级军事思想的产生创造了条件。

二、外国近代军事思想

(一)外国资产阶级军事思想

1640年的英国资产阶级革命,标志着欧洲中世纪的终结和西方近代资本主义社会的开端。西方资产阶级军事思想,随着资产阶级的统治地位在一个又一个国家的确立,也逐渐占据了统治地位。它的发展大体经历了三个阶段:17世纪中叶至19世纪中叶,是资产阶级军事思想的形成阶段;19世纪中叶至第二次世界大战结束,是资产阶级军事思想得到进一步丰富和发展的阶段;第二次世界大战结束以后至现在,是资产阶级军事思想继续得到发展的阶段。

16、17世纪,尼德兰和英国相继爆发资产阶级革命,欧洲各主要国家开始由封建社会向资本主义社会过渡。在英国资产阶级革命中,克伦威尔创立了资产阶级的第一支军队,他也是资产阶级的第一位军事指挥家,同时也产生了资产阶级军事科学的第一位军事理论家劳埃德。这一时期,经济的发展和科学技术的进步推动了军事技术的发展、武器装备不断改进,导致军队编制体制和战略战术的大变革。

资产阶级军事思想作为一种理论体系,主要是通过18世纪末19世纪初法国大革命和拿破仑战争的实践逐渐形成的。拿破仑一世为此做出了重大的贡献。正如恩格斯指出,“拿破仑不朽的功绩就在于:他发现了在战术和战略上唯一正确使用广大的武装群众的方法”。拿破仑的军事思想后来也为反拿破仑的各国军队所采用,因而极大地推动了整个18、19世纪资产阶级军事思想的发展。这一时期出现了研究拿破仑战争的军事著作,克劳塞维茨的《战争论》、若米尼的《兵法概论》就是这一时期的代表著作。

19世纪中叶至第二次世界大战结束,是资本主义得到重大发展并进入帝国主义的时期。这个时期,随着军事技术的发展和军队组织的变革,出现了新的战争样式和作战方法。帝国主义国家之间争夺殖民地、势力范围和世界霸权的战争日益频繁,规模越来越大。为适应新的历史条件和战争的需要,各种军事思想和军事理论著作应运而生。代表人物有曾任德军总参谋长的毛奇、施利芬,法国的福煦,美国的马汉等。

第二次世界大战结束后,西方资产阶级军事思想的发展进入了一个新的时期。70多年来,虽然世界规模的战争没有爆发,但局部战争却此伏彼起、连绵不断。帝国主义、霸权主义争夺势力范围和世界霸权的斗争,成为战争的主要根源。在科学技术日新月异的时代背景下,军事技术装备得到迅速发展,特别是导弹、核武器、常规高技术兵器的出现和发展,给战争形态和作战方法带来许多新的特点,资产阶级军事思想也随之发展变化。

(二)外国无产阶级军事思想

随着资本主义发展,无产阶级登上历史舞台。无产阶级军事思想也在近代确立,主要代表人物是马克思、恩格斯和列宁。马克思、恩格斯及时总结无产阶级斗争的经验,发表文章和评论,阐述了人民战争、战争与政治的关系、战略战术和武装起义等思想,体现了马克思和恩格斯早期的军事思想。19世纪中后期,世界各地的战争和武装起义频繁发生,为适应当时工人运动发展的需要和迎接即将到来的无产阶级革命,马克思和恩格斯撰写文章,评论这些战争和起义,系统地阐述了战争、军队和作战指导等方面的思想,如战争的产生与消灭、战争与经济的关系、无产阶级对待战争的态度、无产阶级在战争与革命问题上的理论和策略等,形成了马克思主义的战争、军队和作战理论等军事思想体系。他们以辩证唯物主义和历史唯物主义为研究军事问题的世界观和方法论,创立了马克思主义军事理论,发表了城市工人武装起义、无产阶级军队和人民战争及其战略战术原则的学说,为无产阶级军事科学奠定了理论基础。列宁、斯大林生活于帝国主义和无产阶级革命的时代,无产阶级推翻资产阶级反动统治的暴力革命已实践。列宁和斯大林以马克思、恩格斯军事思想为理论基础,在新的历史条件下,进一步丰富和发展了无产阶级军事思想,并直接指导了俄国无产阶级的武装革命和巩固、保卫苏维埃政权的斗争。

三、外国现代军事思想

在现代前期(1945—1990),美、苏等国家的大批军事理论家围绕核战争及核威慑条件下的常规战争等问题,提出了一系列理论观点和看法。美国历届政府提出的核战略,及其“核武器制胜论”是资产阶级军事思想的重要理论形态。其基本点就是凭借先进的技术兵器,特别是核武器,保持强大的威慑力量和军事优势,争夺世界霸权。从二战结束到1953年,美国推行“遏制战略”,以核武器为威胁手段,对苏联等社会主义国家实行“包围遏制”的政策。苏联于20世纪50年代打破美国的核垄断后,提出未来战争是一场“全面的火箭核大战”,进行战争的主要方式是火箭核突击,军队建设的重点是发展各种火箭核武器。从1953年至1960年,美国遏制战略受挫,改为“大规模报复”战略,即凭借核武器优势,提出准备打“闪电”式的核大战,继续加强对社会主义国家的核威慑。20世纪60—70年代,由于50年代以来亚非拉地区民族解放运动蓬勃发展和苏联氢弹、导弹、远程轰炸机的研制成功并装备部队,美国政府在大规模报复战略可能失去威慑作用的情况下,提出灵活反应战略理论和逐步升级理论,主张建立一支多样化的军事力量,准备打各种类型的战争。苏联也修改了把“全面的火箭核大战”视为唯一战争样式的理论,既准备打世界大战,也准备打局部战争。苏联在继续发展战略核力量的同时,协调发展各种军事力量,并提出了战区战略性战役理论等。20世纪80年代,美国由于侵越战争军事实力受到削弱,而苏联的实力则不断得到扩充并大力加强核力量,使美国由核优势陷入和苏联处于均势的僵局,因而将“灵活反应战略”改为“现实威慑战略”,即在战略上进行必要的收缩,调整全球军事部署,加强武器装备研制生产,削减常备军,重点加强欧洲和中东地区兵力部署,以扭转和改善不利的战略态势。1983年,美国为谋求拥有打赢各种核战争的实力,提出“星球大战计划”,强调和加强防御系统,提出利用美国的先进技术抢占宇宙空间制高点,发展经济和加强军事实力,以恢复对苏联的战略优势的“高边疆”理论。1989年,美国利用苏联实施内外政策调整、奉行缓和政策的机会,提出“超越遏制”新战略,即在军事上对苏联继续遏制和保持压力的同时,更加注重以经济、文化等手段进行“和平演变”的策略。在此期间,英国提出“最低限度”核威慑理论,法国提出“有限核威慑”战略理论,都主张发展独立、有效的核力量。

在现代后期(1991年至今),美、俄、英、德、法、印度等国家及大批军事理论家,对转型时期及未来信息时代的战争、军队和作战等问题提出了一系列新的观点和看法。关于对信息时代战争的定性,主要有“非对称战争”“高技术战争”“第四代战争”“第六代非接触战争”“网络中心战争”“基于信息的战争”“信息战争”等说法。关于战略思想,普遍强调国际安全环境的不确定性、突然性和多变性;强调信息时代的国家安全不仅包括军事安全,还包括经济安全、科技安全、政治安全、文化安全,特别是信息安全;强调信息在维护国家安全和未来战争中的作用,一些国家在阐述军事战略思想时,经常使用“信息优势”“信息威胁”“信息威慑”“信息垄断”“信息攻击”“信息防护”“信息保护伞”等概念;认为爆发核战争的可能性越来越小,但核技术与核武器扩散严重,发生小规模的核袭击和核攻击的可能性反而增大。提出了许多新的作战理论,如“基于效果作战”“信息战”“太空战”“网络中心战”“快速决定性作战”“全谱优势”“平行作战”“非对称作战”“非线式作战”等。这些理论主要强调:信息时代的所有作战行动都是联合作战或联合行动,任何单一军种都难以完成联合作战或联合行动任务;将不再一味谋求大量歼灭敌人有生力量和攻城夺地,而是通过直击敌方政治、军事、经济重心,消耗敌战争潜力,震慑和摧毁其战争意志,力求以最小代价换取较大成果;将改变以往线式作战、对称性作战等方式,采取“非线式”“非对称”作战的方式,实施体系对抗、结构破坏;不仅重视夺取和保持制空权、制海权,而且更加注重争夺制天权和制信息权,将信息战、太空站、心理战和特种战等,由以往的支援性、辅助性作战行动，转变为独立的、重要的作战样式；不再以大面积、高杀伤的粗放式作战为基本手段，而是以“点穴式”、高效能的精确打击为主要手段，避免造成大量附带损伤；由过去强调规则部署兵力、集中使用兵力，向分散部署兵力、共享态势转变。关于军队建设，主要强调坚持基于能力、国家统筹、信息主导、系统集成等原则。

四、外国军事思想经典代表

18 世纪末 19 世纪初法国大革命和拿破仑战争的实践促使资产阶级军事思想理论体系形成。同时，研究拿破仑的战争艺术，便成为 19 世纪许多军事理论家的主要课题，克劳塞维茨就是其中的代表。19 世纪中叶至 20 世纪初，资产阶级的不断发展壮大，在军事和战争实践推动下，资产阶级军事思想也随之发展，出现了各种新的军事思想和军事理论著作，美国军事家马汉就是其中的代表。

（一）拿破仑及其军事思想

18 世纪末 19 世纪初，正是欧洲封建主义走向崩溃和资本主义开始兴起的时期，拿破仑领导资产阶级进行了反抗欧洲封建政治势力的革命战争和军事实践，取得了辉煌战果，从中产生许多军事理论。

1. 拿破仑战争

拿破仑（1769—1821），即拿破仑·波拿巴，是法国杰出的军事统帅，1804 年成为法兰西第一帝国皇帝，称拿破仑一世。拿破仑出身于科西嘉岛破落贵族家庭，毕业于布列讷堡预备军校和巴黎高等军事学校，1785 年 10 月任炮兵少尉。法国大革命爆发后，加入雅各宾俱乐部，成为参加资产阶级革命活动的极少数军官之一。1793 年在土伦会战中立功，获准将军衔。1795 年晋升少将，并被任命为巴黎卫戍区司令。1796 年率兵到意大利作战，凭借出色的指挥，打败了皮埃蒙特和奥地利联军。1789 年率军远征埃及，1799 年 10 月返回巴黎，发动雾月政变，推翻督政府，组成执政府。1804 年建立法兰西第一帝国，称拿破仑一世皇帝。此后 10 年间，他指挥了一系列战争，有成功的经验，也有失败的教训。1814 年被第六次反法联盟军打败，4 月退位后被流放到地中海的厄尔巴岛，保留皇帝称号。1815 年 3 月潜回巴黎，恢复短期统治，史称“百日王朝”，同年 6 月在滑铁卢之战中惨遭失败，再次退位。1821 年死于流放地圣赫勒拿岛。

拿破仑是新兴资产阶级的代表，拥有卓越的军事才能，一生的主要活动是统兵作战和治理国家，曾亲自指挥大小 50 多次会战，往往能够以少胜多，在大约 35 次会战中赢得胜利。虽然他最后的结局是被流放至圣赫勒拿岛，但他带领法国人民进行革命，展示出了强大的军事革命精神。拿破仑“改造了全部战略体系，冲破了一切旧的战争法则和惯例，废除了旧军队，建立了新的、革命的、人民的军队，创立了新的作战方法”，因此，由法国革命和拿破仑战争所产生的新的社会关系，引起了军事上的巨大变革。

表 3-1　拿破仑指挥的著名战役和历次反法同盟

历次反法同盟	时间	成员国	拿破仑指挥的著名战役	结果
第一次反法同盟	1793—1797 年	英、奥、普、荷	土伦战役、镇压保王党战役、曼图亚战役	法国取得胜利
第二次反法同盟	1798—1801 年	俄、奥	马伦戈会战	法国胜利，法、奥签订《吕内维尔合约》
第三次反法同盟	1805 年	英、俄、奥、普、丹、瑞、土	乌尔姆战役、奥斯特里茨战役	俄、奥战败，签订《普莱斯堡合约》
第四次反法同盟	1806—1807 年	英、俄、瑞、普	耶拿战役、艾劳会战、弗里德兰战役	法胜，法、俄、普签订《提尔西特和约》
第五次反法同盟	1809 年	英、奥	瓦格拉姆战役	法胜，法、奥签订《维也纳和约》
第六次反法同盟	1813—1814 年	俄、普、英、瑞、奥、西、葡	莱比锡战役	拿破仑兵败被俘，法国与同盟国签订《枫丹白露条约》，拿破仑被囚禁于厄尔巴岛
第七次反法同盟	1815 年	英、俄、奥、普	滑铁卢战役	拿破仑再次兵败，被流放到圣赫勒拿岛

2. 拿破仑的战争指导思想

拿破仑以亚历山大、汉尼拔、恺撒等杰出军事指挥家为榜样，通过指导战争和统帅军队等军事实践活动，发现了使用民众武装的正确战略战术，形成了自己的军事思想，从而把从资产阶级革命中创立的战争艺术发展到先进的水平。拿破仑戎马一生，但却没有编写一部成形的军事著作。人们是从他的书信、日记等文献中摘录诸多名言，编辑成《拿破仑一世书信集》和《拿破仑军事语录》，其中包含了许多具有深远意义的军事思想内涵。

拿破仑认为，战争就是要为实现政治目的而赢得彻底胜利。为达到歼敌制胜的目的，首要问题是取得战略主动权，同时必须审时度势，利用政治、外交、经济等手段创造有利的作战形势，并采取坚决的进攻行动，这是认识和指导战争的基本原则。他强调只要消灭了敌人的军队，其他一切就会迎刃而解，把进攻作为赢得战争胜利的主要手段。

3. 拿破仑的战略战术思想

(1)战略决战思想

拿破仑创立了一整套新的战略战术体系。在拿破仑的战争中，旧有的机动战略和防线战略被废弃，法军采取的是以消灭敌人有生力量为主的决战战略，力图以一两次总决战决定战争的结局。

(2)集中优势兵力，各个击破

马克思在谈拿破仑有两条作战原则时指出："第一，'只做力所能及的事情，只做最有胜利把握的事情'；第二，'主力只用于战争的主要目的消灭敌人'。"集中优势兵力，将敌人各个击破，是法国革命军曾用过而未引起注意的战术，拿破仑运用和发展它，形成一条经典性规则：军事艺术的秘密在于，在必要的地方和必要的时间，使自己的军力超过敌人。毛泽东在谈论历史上强大之军打败仗、弱小之军打胜仗时，也以拿破仑多数战役都是以少击众、以劣势对优势而获胜为例，指出“都是先以自己局部的优势和主动，向敌人局部的劣势和被动，一战而胜，再及其余，各个击破，全局因而转成了优势，转成了主动”。拿破仑的作战原则主要表现为集中兵力、快速机动等。

(3)攻防结合

恩格斯把拿破仑1814年和1815年的两个战局，视为完全防御性的战局中进行进攻战和不断攻击的出色的例子，并指出：“在这两个著名的战局中，这位完全为了保卫遭到敌人侵犯的国家而战的统帅，在一切地点一有机会就向敌人进行攻击；虽然整个说来兵力始终比入侵的敌人少得多，但是他每次在攻击地点都能造成优势，而且通常都获得了胜利。”虽然这两个战局以拿破仑被流放和滑铁卢战役失败而结束，但丝毫不贬低他们在总意图方面的优点或其中局部行动的意义。拿破仑注意把进攻和防御作为有机联系的统一体，并认为防御战并不排斥攻击，攻击战亦不排斥防御。

(4)因粮于敌

在行军给养方面，拿破仑变帐篷宿营为露营，变基地供应为就地征集，从而减少了对基地的依赖性，为军队在大范围内高速度长距离机动作战创造了条件。

4. 拿破仑的军队建设思想

拿破仑深知建设一支优良军队的重要性。他认为，必须拥有一批优秀的将领和军官进行严密的组织和严格的训练以及执行严格要求的纪律，才能形成一支作风优良的部队。

(1)征兵制度

在征集军队方面，拿破仑废除了旧军队的雇佣兵制，确立了全民征集制，使民众得以广泛参战，广大民众积极应征，使兵源迅速扩大。在战争中，新的军队焕发出了高涨的民族激情和爱国热忱。这些都为大规模使用军队和完成作战任务提供了可能。

(2)指挥体制

在指挥体制方面，拿破仑时期设立了世界上最早专门实施作战指挥的司令部——参谋处，提高了指挥效率，较好地适应了当时战争的需要。参谋处由参谋长领导，下设四科：第一科主管军队编制和实力，组织部队移动和检阅，搜集制定军法，处理战俘和逃兵等；第二科主管部队装备、炮兵及工兵业务等；第三科主管侦察，制订作战计划，组织通信联络和军邮等；第四科主管指挥部的内部勤务。随着军队指挥的实施，司令部体制逐渐完善。

(3)编制体制

在军队的编制体制方面，把过去的各兵种单独编成变为混合编成，并建立了军、师级建制，以步兵师和骑兵师组成“军”的建制，把炮兵作为独立兵种编入师和军的建制，协调发展步兵、骑兵和炮兵，使部队的独立作战能力得到提高。

(4)人才选拔

拿破仑有一句名言：“一支由驯鹿统帅的狮军，绝不可能再是狮军。”并由此把将帅的选拔作为建立强大军队的重要条件。拿破仑强调军官的选拔，把军官的选拔和考核放在军事工作的首位，彻底废除门第观念，不拘一格选拔人才。拿破仑还注重人才的培养，1803年1月拿破仑在枫丹白露创办了帝国军事专科学校，目的是为军队培养军官，并由此打下良好的组织基础。到了帝国时期，拿破仑还创办了巴黎综合技术学校、麦茨炮兵学校、圣日耳曼军校等，并在军队中大力启用军校毕业生。这些举措都保证了拿破仑的军官队伍具有较高的文化素质和军事素质，成为其军队具备高度战斗力的一个重要因素。

(5)军事立法

拿破仑通过立法程序,在军队内部建立起严格的资产阶级等级制度;通过颁布法令大力创办军校,提高军人的文化教育素质,并把文化教育水平作为晋升的一个重要条件;对有关退役、残疾军人的社会立法不断加以补充和完善,形成一套比较完备的法律体系。拿破仑的军事法规主要散见于他制定的具体制度和措施方面,他通过立法的形式来规范军队的管理和指挥,把军队建设纳入法治轨道,虽然没有呈现出系统,但形成了一定的准则。这就维护和巩固了资产阶级对军队的领导和控制。

(二)克劳塞维茨及其《战争论》

卡尔·冯·克劳塞维茨(1780—1831)是普鲁士著名的军事理论家、军事历史学家、将军。《战争论》是19世纪热兵器时代最著名的军事理论经典著作,自1832年问世以来,被推崇为西方资产阶级军事理论的《圣经》,其本人也被公认为资产阶级军事理论的奠基者。

《战争论》是克劳塞维茨在总结以往战争特别是拿破仑战争的基础上写成的,全书共3卷8篇124章,第一篇“论战争的性质”,第二篇“论战争理论”,第三篇“战略概论”,第四篇“战斗”,第五篇“军队”,第六篇“防御”,第七篇“进攻”,第八篇“战争计划”。主要军事思想有:

1. 关于战争

克劳塞维茨认为,每场战争都有自己的特色,战争是政治的工具,战斗在战争中起决定性作用。克劳塞维茨把战争比作一条“变色龙”,认为每个时期的战争都不同于以往的战争。它的基本色彩包括三个方面,即战争的暴烈性,战争是盖然性和偶然性的活动,战争作为政治工具的从属性。这三个方面是克劳塞维茨探讨战争问题的出发点。

克劳塞维茨的军事思想反映了资产阶级上升时期的进步倾向和革新精神,依据“绝对战争”和“现实战争”的区别考察战争本质,提出了“战争无非是政治通过另一种手段的继续”,这被列宁认为是至理名言,是马克思主义者考察战争的出发点。政治是孕育战争的母体。由于发动战争的动机不同,产生战争的条件不同,战争必然是各不相同的。在任何情况下,都不应把战争看作独立的东西,而应看作政治的工具。在使用这种工具时,必须了解其特点,使战争的进程同政治意图相符合,使政治要求同战争手段相适应。政治不能向战争提出战争所不能实现的要求。他一再强调,战争是为政治服务的,军事观点必须服从政治观点,任何想使政治观点从属于军事观点的企图都是荒谬的。

2. 关于战争理论

克劳塞维茨认为,战争理论是研究使用训练有素的军队达到战争目的的理论,或称之为“作战理论”、“使用军队的理论”或“狭义的军事艺术”。

克劳塞维茨认为,形成理论的基础是战史。军事家应在研究战史的基础上形成理论,提出原则。他把经验比作土壤,把理论和原则比作果实。理论的果实应成长在经验的土壤里。他的论文是在研究大量的战史的基础上撰写的。他认为,战争理论和作战原则是客观存在的,但不是永恒不变的,各个时代有各个时代的战争和战争理论。他回顾以往的战争,从鞑靼人出征、古代共和国的战争、中世纪的战争,直到拿破仑战争,由于时代发生变化,军队发生变化(雇佣军、封建军队、常备军等),作战方法、战争理论也随之改变。战争理论和作战原则是一定时代的产物,必须具有时代的特点,适合特定国家的需要。

3. 关于战略与战术

按照克劳塞维茨的区分,战略是为了战争目的运用战斗的学问,战术是在战斗中使用军队的学问。战略要素有五类:精神要素、物质要素、数学要素、地理要素和统计要素。精神要素指精神力量及其在军事行动中的作用;物质要素指军队的数量、编成、各兵种的比例等;数学要素指作战线构成的角度、向心运动和离心运动等;地理要素指制高点、山脉、江河、森林、道路等地形的影响;统计要素指一切补给手段等。这些要素在军事行动中常常是错综复杂地紧密结合在一起的。

克劳塞维茨认为数量优势在战略和战术上都是最普遍的制胜因素,是作战中应当遵循和尽量争取的,虽不可能处处形成绝对优势,但必须在决定性地点上巧妙调遣部队,造成相对优势。他还认为,在战争局部中出敌不意获得的胜利可以使敌人陷入混乱和丧失勇气,从而成倍扩大胜利的影响,而"秘密"和"迅速"是出敌不意的两个因素。只有能左右对方的人才能做到出敌不意,而只有行动正确的人才能左右对方。最好的战略首先是在总兵力方面形成优势,然后在决定性的地点始终保持强大的力量。而在战术上,则可以逐次使用兵力,先使用必要的兵力,其余兵力用于对付敌主力军或战胜已被削弱的敌人。

4. 关于防御和进攻

克劳塞维茨认为,防御和进攻这两种作战形势是相互联系、相互影响且相互转化的。整体为防御,局部可能为进攻;整体为进攻,局部可能为防御。进攻可以转变为防御,防御也可以转变为进攻。进攻中含有防御因素,防御中含有进攻因素。但他认为防御中含有进攻因素是有益的,因为防御由等待和反攻两部分组成;而进攻中含有防御因素是有害的,进攻应一气呵成。

5. 关于民众武装

克劳塞维茨主张组建民众武装。他认为,精神力量只有在民众武装中才能充分发挥效能。因而,民众武装这种斗争形势是其他手段无法代替的,是发展的必然趋势。但民众武装也不是万能的,只有战争在本国腹地进行、有复杂的地形、具有斗争精神的民族性格、战争持续时间较长时,才适于采用。因此,民众武装是一种战略防御手段,不宜于进行战术防御。

(三)马汉及其海权论

马汉是美国海军理论家和史学家,海军少将。他提出的海军军事理论,适应了美国资本主义垄断时期向外扩张、瓜分世界的政治需要。英国的评论家认为海军史上最杰出的著作出自马汉,把他称为"海军的贤哲之一"。马汉军事理论的观点主要有:

1. 制海权对民族、国家的命运起重要作用

《海权对历史的影响 1660—1783》一书,是马汉海权理论的奠基之作。马汉在书中提出了一个概念,即海权,"海权即凭借海洋或者通过海洋能够使一个民族称为伟大民族的一切东西"。马汉的这一论述最大限度地拓展了海权的内涵和外延。从物质形态上来说,海权实际上就是一个国家在海洋上的综合实力。建立和发展强大的海上力量对促进国家经济的繁荣和财富积累、夺取制海权和打赢海上战争以及维护国家国际政治地位具有重要的意义。马汉在《海军与美国的利益》一书中,提出了"制海权"论,他认为"制海权,特别是在与国家利益和贸易有关的主要交通线上的制海权,是民族强盛和繁荣的纯物质因素中的主要因素",要通过建立和运用强大的海军和其他海上力量,去夺取制海权,控制海洋,进而实现国家的战略目标。

他认为世界的统治地位可以通过掌握制海权而获得,这一理论对英、美等国的海军建设和海洋战略产生了重大的影响。马汉的海权论实际上是论述如何通过夺取制海权以达到控制世界的理论。

2. 影响各国建立和发展海权的主要条件

马汉在得出了海权对历史具有决定性影响这一结论后,并没有停止他的研究工作,他提出构成海权的要素主要有六个:

第一, 地理位置。地理位置是影响一个国家建立和发展海权的首要条件,其重要性是因为这是历史形成的,不以人的意志为转移。如果一个国家有便于进入世界的海洋,能控制主要海上贸易通道,那么它就能发展海权。如美国处于两大洋之间,海岸线长,具有发展海权的优越条件。

第二, 自然形态。一个国家的领土的自然形态在很大程度上决定其追求海权的意向和动力。如果该国家拥有漫长的海岸线和优良的深水港湾,拥有能够沟通内陆和海洋的河流,就意味着有发展海权的潜力。

第三, 领土范围。国家发展海权必须要有一定面积的领土作为依托,领土要具有广阔性和多样性。但领土也并非越大越好,其大小要与国家人口的数量、资源及其分布状况相称。

第四, 人口数量。国家必须拥有足够的人口才能发展海上力量。和领土一样,人口也不是越多越好。问题的关键在于人口的特点,尤其是一个国家中直接与间接从事与海洋活动有关的人口数量与总人口的比例大小,这对于发展海权至关重要。

第五, 民族特点。民族特点对于国家发展海权的影响也十分重要。在民族特点中,最重要的是一个民族进行海外贸易的愿望和进行商品生产的能力这两个方面,也可以概括为强烈地追逐海外利益的民族精神。

第六, 政府性质。在具备前五项条件后,政府性质就对国家建立和发展海权起着决定性的作用。政府要具有海洋意识且对海军重视,政策上具有连续性。一个国家的政府具有战略眼光,将发展海权看作关系到国家兴衰的大事,就能促进海权的建设。政府具备了发展海权所需要的经费和资源,就控制了海权建设的速度、规模和质量,以及扩充海军的能力。

3. 海军对制海权具有决定性意义

马汉认为,海军是国际性军种,其重要的使命是支持和推动国家对外政策。他将海军看成海上作战的野战军,是进攻的主力,应发挥其机动性强的优势,而不是附属于岸防部门。并指出海军舰队在海上积极作战行动是最好的支援岸防作战的方法。海上作战最重要的任务是掌握制海权,他认为,在战争中要获胜,必须要拥有一支能够夺取制海权的强大海军。

马汉的海权论,是在美国资本主义开始进入垄断阶段时产生的,它适应了美国垄断资本重新瓜分世界的政治需要,是当时美国政府制定海洋政策和海军发展政策的理论依据,并对其他海军强国的海洋战略产生重大影响。虽然马汉军事思想有一些不足之处,如:过于重视战列舰的思想在世界海军领域长时间占据着统治地位,使航空母舰用于海洋战争受到一定阻力,他还忽视了潜艇在海战中的作用,但这些不能掩盖他的制海权理论对世界军事理论发展的伟大贡献。

第三节 中国古代军事思想

从夏商时期到清前期,从奴隶制社会到封建集权社会,从王朝纷争到农民起义,从涿鹿之战到鸦片战争,中国古代各阶级、各政治集团之间伐谋征战,历经千百次规模巨大、纷繁复杂的战争,涌现了许多杰出的军事家,产生了许多军事著作,形成了源远流长、博大精深的军事思想。它内容丰富,特点鲜明,是中华民族灿烂文化遗产的重要部分,也是世界军事思想体系的珍贵宝藏。

一、中国古代军事思想的形成与发展

古代军事思想是随着社会的前进、战争的发展而不断丰富和进步的,经历了形成、成熟和发展完善的过程。

(一)古代军事思想的初步形成

公元前21世纪至公元前8世纪,我国先后建立了夏、商、西周三个奴隶制王朝,是中国奴隶社会从确立、发展到鼎盛的整个历史阶段,也是我国古代军事思想的初步形成时期。由于对战争客观规律认识的局限,战争受封建迷信的影响极大,经常以占卜、观察星象等来决定战争行动,由此产生了以天命为中心内容的战争指导思想。军队的管理以“礼”和“刑”为基础。“礼”主要适于上层的贵族和官员,讲究等级名分、上下有序;对下级和士兵的管理主要靠严酷的刑罚。公元前8世纪,西周时期已出现《军志》《军政》等军事著作,虽早已失传,但其中内容散见于《左传》《孙子》等,这标志着我国古代军事思想的初步形成。

(二)古代军事思想趋向成熟

公元前8世纪初到公元前3世纪初,即春秋战国时期,是我国从奴隶制向封建制过渡,政治、经济、文化、科技快速发展的历史阶段,也是古代军事思想蓬勃发展、趋向成熟的时期。这一时期,阶级矛盾不断深化,战争频繁连绵,且规模不断扩大。许多代表新兴地主阶级的军事家和兵书著作不断涌现,从战争论、治兵论、用兵论及研究战争的方法论等方面,全面奠定了我国古代军事思想的基础,标志着我国古代军事思想已基本成熟。现存最早、影响最大的就是春秋末期孙武所著的《孙子兵法》。它是新兴地主阶级军事理论的奠基之作,是封建阶级军事思想成熟的标志,是后世兵书的典范。影响较大的兵书还有《吴子》《司马法》《孙膑兵法》《尉缭子》《六韬》等著作。

(三)古代军事思想丰富发展

公元前3世纪末至公元10世纪中叶,是中国封建社会的上升阶段,主要经历了秦、汉、晋、隋、唐五个朝代。其中,汉、唐两代是中国封建社会的鼎盛时期,军事思想也得到了进一步丰富和发展。秦统一天下后,进入了以铁兵器为主的时代,骑兵成为战争的重要兵种。秦以前,有鞯无鞍。西汉后期出现了马鞍,西晋有了马镫后出现了重甲骑兵。唐代的骑兵主要是轻骑兵。

秦以后水军参战机会也逐渐增多,要求作战指挥必须加强步、骑、水军的配合。从汉到隋曾多次发生如赤壁之战、淝水之战等规模大、兵种多的集团配合作战,使战争中政治与军事的结合、谋略与决策的运用、战略与战术的使用,以及作战指挥艺术都达到了相当高的水平。这个时期的军事思想主要表现为几个方面:一是战略思想趋向成熟完善,诸葛亮的"隆中对"是当时战略决策的巅峰之作;二是许多总结军事斗争经验的兵书应运而生,出现了汉初的《黄石公三略》和后来的《李卫公问对》等传世之作。

(四)古代军事思想进一步完善

公元960—1840年,历经宋、元、明、清四个朝代,这是中国古代军事思想历经发展之后进一步完善的时期。这期间,火器逐渐普遍使用,战争进入了冷、热兵器并用的时代。唐朝末期发明的火药,在北宋时期被正式用于战争。宋朝有了突火枪,在14世纪,南宋陈规发明了竹制管形火器,这是世界上最早出现的管形火器。明朝的管形火器发展最快,同时吸收了西方的先进技术,制造出带有瞄准和击发装置的枪炮。宋朝为了维护统治,确立了兵书在社会的正统地位,武学开始被纳入教育体系。北宋中叶朝廷开始重视武事,设立武举,发展武学教育,并总结古今兵法和本朝方略,编纂《武经七书》,官定为武学教材。武举的设立、武学的兴办、武经的颁布,培养了大批军事人才,繁荣了军事学术。这一时期的主要表现是兵书数量繁多、门类齐全,概括性强、自成体系。据《中国兵书总目》统计,宋、元、明、清兵书总兵有1 815种,占我国古代兵书总数的3/4以上,是我国古代兵书数量最多的时期。而且,这一时期兵书内容丰富、门类齐全,涉及战争、军事的各个方面,进一步完善了古代军事思想。

二、中国古代军事思想的主要特点

中国古代军事思想是中华民族光辉灿烂的文化瑰宝,它根植于中国特有的社会土壤,汲取着中国特有的文化营养,反映了中国特定历史时期的战争实践,具有自己鲜明的特点。

(一)历史悠久,成就斐然

中国兵书始于何时这一问题,迄今历史研究还没有一个准确的答案。古人说兵法起源于黄帝,《汉书·艺文志》还辑录了黄帝及其臣下封胡等人的兵法数十篇。但据考证,这些均为后人伪托之作,不足为凭。我国有史可查的最早兵书大约始于西周,《周礼》中的《夏官司马》就有军事著作的特征。其后,《左传》中引用的《军志》,《孙子兵法》中引用的《军政》等著作,应是中国最早的兵书。这些兵书虽早已失传,仅存只言片语,但已高度概括和抽象出了一些关于战争和战争指导的理性原则。世界最著名的古代兵书《孙子兵法》,是中国现存最早的兵书,在2 500多年前就闪耀出夺目的光彩,被公认为"世界第一兵书"。中国古代军事思想不仅历史悠久,而且卷帙浩繁、蔚为壮观。据不完全统计,我国历代史籍所辑录的兵书达3 380部23 503卷;目前尚存兵书仍然多达2 308部18 567卷。正因如此,中国赢得了"兵法之国"的美称。

(二)崇尚道义、追求和平

早在先秦时期,兵家就把"止戈为武"作为思考战争问题的逻辑起点。"武"在古代兵法中是比"兵""战""争""权""谋"更高的战争范畴,蕴含着人们对战争问题的深层次思考。《司马法·仁本第一》中指出,“杀人安人,杀之可也;攻其国,爱其民,攻之可也;以战止战,虽战可也”,明确地把“安人”“爱其民”“止战”作为进行战争的目的。《孙子兵法》中则把“道”作为战争取胜的首要因素,把“不战而屈人之兵”作为军事活动的最高境界。这些都是“崇尚道义,追求和平”价值取向的生动反映。这种传统思想文化经过长期的积淀和升华,逐渐形成了一种独具特色的军事观念,即“先王之道,以和为贵,贵和重人,不尚战也”(《太白阴经·贵和篇第十二》)。这种军事观念代代相承,发扬光大,从而成为中国古代军事思想的一个特色。

(三)注重方略,以智取胜

中华民族是擅长和推崇谋略的民族。在中国古代军事理论宝库中,丰富多彩的奇谋方略最引人注目。翻开中国的历史典籍,其中对战争谋略的记述浓墨重彩、精雕细刻,而对战争的经过叙述则是惜墨如金、语焉不详。中国军事谋略思想的产生和运用,可以追溯到远古的战争。黄帝、炎帝联盟与蚩尤的涿鹿之战,炎帝与黄帝的阪泉之战已经孕育着军事谋略思想的萌芽。商朝著名的鸣条之战,就已运用了离间计。周朝著名的牧野之战中所采用的一系列翦商谋略,就是“军事谋略的奠基人”姜尚的杰作。进入春秋战国之后,“变诈之兵并作”,为军事家开辟了施计用谋的广阔舞台。曹刿蓄盈待竭破齐、墨子演阵破敌、孙膑围魏救赵等战争,无一不是“运筹于帷幄之中,决胜于千里之外”的经典谋略。孙武及其他历代兵学家对千百年积累下来的战争经验、重视谋略的思维进行了系统的理论总结,《孙子兵法》中所提出的“十二诡道”,《百战奇法》《三十六计》中所概括出的 130 多条战争法则,都是中国传统谋略思想的结晶。这些耳熟能详、津津乐道的奇法妙计,反映出一个事实,即“注重谋略,以智取胜”,是中国传统战争智慧得以发展并不断深化的思想和社会基础,是中国军事思想的传统特色。

三、中国古代军事思想的代表性著作

(一)《孙子兵法》

孙武(约公元前 545 年—公元前 470 年),为春秋末期齐国人。孙武被称为“兵圣”,所著《孙子兵法》是春秋及其以前战争经验的总结和兵学理论的系统概括,被公认为兵学经典、“兵学鼻祖”,对后世有深远广泛的影响。

《孙子兵法》是现存最早的一部兵学理论著作。现存 13 篇,可以分为三个部分:第一部分由《计》《作战》《谋攻》《形》《势》《虚实》组成,着重论述了对战争的理性认识,强调战略速决和伐谋取胜,还包括对战争实力和威慑力量的深刻认识;第二部分由《军争》《九变》《行军》《地形》《九地》组成,着重论述了战术和地形地貌与军队配置、攻防行动之间的胜败关系;第三部分由《火攻》《用间》组成,着重论述了战争中两个特殊的战法。

中国历代兵家、名将重视《孙子兵法》,用以指导战争实践者不计其数。有众多的兵学家继承发扬了《孙子兵法》思想,汲取《孙子兵法》思想,创立了自己的军事理论体系。一些类书或史书、子书里也都包含《孙子兵法》的思想内容。更有许多《孙子兵法》的注家,以曹操等十家注最出名。现代社会也很重视《孙子兵法》的研究,汲取其精华,并用以指导军事实践。

1. 重战、慎战、备战思想

第一是重战思想。“兵者,国之大事,死生之地,存亡之道,不可不察也。”它把战争看作关

系“存亡继绝”,关系国家民众生死存亡的头等大事,不能不认真对待和研究。春秋末期,诸侯争霸,战乱频繁,战争不仅是各国维持其政治统治、向外扩张发展的主要手段,而且关系国家的存亡。孙武总结了一些国家强盛、一些国家灭亡的经验教训,精辟地概括出“兵者,国之大事”的著名论断,这对于人类认识战争的实质,无疑是一个巨大的贡献。

第二是慎战思想。“亡国不可以复存,死者不可以复生”,“故明君慎之,良将警之”。国家灭亡了就不能存在,人死了就不能复活,所以明智的国君对待战争问题要慎重,贤良的将帅要警惕。“非利不动,非得不用,非危不战”,即对国家没有利,就不要采取战争行动;没有取胜的把握,就不能随便用兵;不处在危急紧迫的情况下,就不能轻易开战。

第三是备战思想。“用兵之法,无恃其不来,恃吾有以待也;无恃其不攻,恃吾有所不可攻也。”用兵的原则不要寄希望于敌人不会来,而要依靠自己有充分的准备;不要寄希望于敌人不会来进攻,而是要依靠自己有使敌人无法战胜的实力。战争要做好充分准备,严阵以待,使敌人不敢轻易发动进攻。

2. 以谋略制胜为核心的用兵思想

第一,“庙算”制胜。孙子在《计篇》中论述决定战争胜负的因素时谈到了五个方面:“道、天、地、将、法。”“道”,即民心,是“令民与上同意也。故可与之死,可以与之生,而不畏危也”。“天”,即天时,指白昼与黑夜、酷暑与寒冬、四季更替等天候要素。“地”,即地利,指距离远近、地势险要与否、地势广阔还是狭窄、是死地还是生地等地理要素。“将”,即将领,指将领足智多谋,赏罚有信,对部下真心关爱,勇敢果断,军纪严明。“法”,即法制,包括“曲制、官道、主用”,即军队的组织编制,将吏职责区别、统辖管理,物资器械、军费供应等制度,主张赏罚严明。算一算“主孰有道、将孰有能、天地孰得、法令孰行、士卒熟练、赏罚孰明”就可以预知战争的胜负。“多算胜、少算不胜,而况于无算乎! 吾以此观之,胜负见矣。”战前,计算周密,胜利条件多,可能胜敌;计算不周,胜利条件少,就可能失败;不进行计算和比较,那就更谈不上胜利的条件。从这些方面考察,谁胜谁负就可以看出来了。

第二, 诡道制胜。《孙子兵法》中写道:“兵者,诡道也。”并提出了“故能而示之不能,用而示之不用,近而示之远,远而示之近。利而诱之,乱而取之,实而备之,强而避之,怒而挠之,卑而骄之,佚而劳之,亲而离之”的诡道之法,进而达到“攻其不备,出其不意”的目的。“兵以诈立”,军事上的诡道是指异于常规的一些做法。“兵不厌诈”,古今常理。在战争舞台上,如对敌讲“君子”之道,就必被敌所致;如能较好地运用谋略计策,造成敌人的过失,陷敌于被动,就可以创造战机,取得胜利。

第三,“不战而屈人之兵”。《孙子兵法 · 谋攻篇》中说:“故百战百胜,非善之善者也;不战而屈人之兵,善之善也。”在战争中百战百胜,并不是最好的,不战而使敌人屈服才是最上策。战争的直接目的是保存自己,消灭敌人,最高最理想的目标是争“全胜”——“不战而屈人之兵。”孙子主张:“上兵伐谋,其次伐交,其次伐兵,其下攻城。”最好是以谋制胜,使敌人屈服。其次是通过外交途径,分化瓦解敌人的同盟,迫使敌人陷入孤立,最后不得不屈服。最下策是攻城略地。孙武指出:“善用兵者,屈人之兵而非战也,拔人之城而非攻也,毁人之国而非久也,必以全争于天下,故兵不顿而利可全,此谋攻之法也。”善于用兵的人,使敌人屈服不用直接交战,一定要用全胜的计谋争胜于天下,这样,军队就不至于疲惫受挫,而又能获得全胜的利益。这就是以计谋制敌和孙武全胜的思想。当然,“不战而屈人之兵”的“全胜”思想,是以强大的武力作为后盾的,如果没有强大的军事力量,就不可能达到不战而胜的目的。孙武“不战而屈人之兵”的思想对后世的影响很大，是历代军事家在战争中所追求的理想境界，被称为“最完美的战略”。

3.“知彼知己，百战不殆”的战争思想

“知彼知己，百战不殆；不知彼而知己，一胜一负；不知彼，不知己，每战必殆。”孙子阐明了战争指导者了解敌我双方情况与战争胜负的关系，从而揭示了指导战争的普遍规律。毛泽东对此高度评价道：“战争不是神物，乃是世间一种必然运动，因此，孙子的规律‘知彼知己，百战不殆’乃是科学真理。”《孙子兵法》在提到“知彼知己，百战不殆”这一思想的时候并没有说是什么时候知彼、知己，在后面的著作中又进行了相应的补充，“敌变我变，因敌制胜，因敌变而制胜者，可谓之神”，也就是说战前、战时、战后都要做到知彼知己，这一思想要贯穿战争的始终。

4. 因情用兵的作战指导思想

致人而不致于人，夺取战争的主动权；要根据战场的具体情况，灵活且有针对性地采取制胜方法。“兵无常势，水无常形”，只有实事求是，活用战法和原则，才能永远立于不败之地。《孙子兵法》认为，要取得战争的胜利，首先要使自己“立于不败之地”，而后伺机破敌。“先为不可胜，以待敌之可胜”，“胜兵先胜而后求战”，“善战者，致人而不致于人”等，强调的关键问题就是要掌握和争取主动权。

在《孙子兵法·计篇》讲到“势”的作用和意义时说：“计利以听，乃为之势，以佐其外。势者，因利而制权也。”意思是说有利的计谋已被采纳，就要“造势”“为势”，以辅助作战的进行。“势”就是依据有利条件采取相应措施的行为，主要指军事实力的表现、使用及发挥，通过主观能动性使其力尽其威。具体包括军力、战斗力的合理编组，士气发扬，合理配置、指挥，造成力量合理积聚的状态，并且充分利用有利条件，形成冲击力、爆发力，以得到迅猛的、最佳的发挥。

5. 选贤任能的用将之道

第一，重将思想。《孙子兵法》把“将”作为“五事”“七计”中一项基本内容，认为“将”在国事、军事中有重要地位和作用。“夫将者，国之辅也。辅周则国必强，辅隙则国必弱”，“知兵之将，国之司命，国家安危之至也”。将帅和国家强弱、安危有关，是“国之辅”，民之主宰。

第二，选将思想。《孙子兵法·计篇》中关于将帅条件的严格要求，明确提出：“将者，智(有智谋、不鲁莽)、信(信誉、信用)、仁(仁义、仁慈)、勇(勇气、勇猛)、严(严明、严格)也。”其中，把智放在突出位置。

第三，用将思想。将帅使用的原则就是信任和放手，做到“用人不疑，疑人不用”。

6. 军事哲学思想

《孙子兵法》历经2 500多年广泛流传，经久不衰，思想深邃，其中蕴含着朴素唯物论和原始辩证法思想。兵法中反映的唯物论，主要包括三个方面：一是对战争的认识，冲破了“鬼神论”和“天命论”；二是重视主客观条件，把客观因素作为决定战争胜负的基础；三是注重时间和空间在军事上的作用。原始辩证法思想主要表现在，能够准确分析战争中各种矛盾的对立统一及相互转化的关系，并用于指导战争实践。《孙子兵法》中的辩证概念和范畴有85对，使用260次之多，如敌我、攻守、胜负、迂直、强弱、勇怯、奇正、虚实、分合、久速等，同时论述了在一定条件下是可以转化的。

(二)《武经七书》

在北宋神宗赵顼统治时期，为了适应“武学”教学与训练的需要，于元丰三年(1080)诏命国子监司业朱服和武学博士何去非等人校定《司马法》《尉缭子》《吴子》《六韬》《三略》《唐太宗李卫公问对》《孙子兵法》等书，镂版行之。从此，以《孙子兵法》为代表的七部兵学著述被正式定名为兵家经典著作《武经七书》，该书成为中国古代第一部由官方校刊颁行的兵学理论教科书。宋代编纂的《武经七书》是兵书中的翘楚经典，是中国古代兵学文化的最集中体现。

其中，《孙子兵法》无疑是经典中的经典，因此被选入《武经七书》，列为全书之首。

1.《司马法》

《司马法》一书的主要价值在于它反映了春秋中期以前兵学思想的主体内容和基本特征。它是一部以古为主、综合古今的混合型兵书。它孕育于黄帝至殷商，创立于西周、发展于春秋、成书于战国中期，具有深厚的历史积淀，集中反映了商周、春秋、战国前期各种军事观念、作战特点与军事制度，历史文化价值不容低估。

2.《尉缭子》

《尉缭子》的重要性，表现为它既是现存“兵形势家”的唯一著述，又在很大程度上反映了法家思想对战国兵书的渗透与影响，保存了大量弥足珍贵的战国军事制度的原始资料。它所倡导的“挟义而战”“武表文里”的战争观念，“明法审令”“举贤用能”的治军思想，“权敌审将”“轻疾机动”的作战指导原则，均在中国兵学发展史上留下了辉煌的一笔。

3.《吴子》

《吴子》又称《吴起兵法》，由吴起及其门人编撰而成，全书约 5 000 字，是吴起军事思想的主要载体，也记载了一些吴起的生平活动事迹。《吴子》一书的理论特色相对单薄，但仍不失为一部有价值的兵学著作，尤其是关于战争观念、治军理论的阐述，不无独到与深刻。《吴子》开启了后世“兵儒合流”的先河，反映了中国古代兵学的主流价值观。

4.《六韬》

《六韬》是先秦兵学理论的集大成之作，集中体现了战国后期学术思潮融会贯通的趋势。首先，它具有军事学术体系的完备性与系统性，其所论述的范围包括政治、经济与军事的关系，全胜思想，治军理论，作战指导，后勤辎重等各个方面，从而构筑起一个十分完备的兵学理论体系。其次，《六韬》阐述的许多问题，具有鲜明的独创性。如“文伐”十二法的高明运用、《六韬・王翼》中早期“司令部”构成的具体设想等。

5.《三略》

《三略》在秦汉时期成书，它具有显著的封建皇权兵学特点，为封建阶级提供了强有力的兵学思想。《三略》侧重于在政治策略上阐明治国用兵的道理，该书花费大量笔墨提出了一系列如何驭将统众的重要原则。《三略》更像是一部政治学著作，蕴含军事从属于政治的思想。

6.《唐太宗李卫公问对》

《唐太宗李卫公问对》主要论述奇正、阵法、兵法和军队编制等问题。作者继承和发展了《左传》用具体战例来阐述和探讨战略战术原则的方法，把军事学术的研究方法从单纯的哲学推理发展到理论与实际密切结合的新境界。

第四节 中国当代军事思想

第一次世界大战和俄国十月社会主义革命胜利以后,世界历史发展到了一个新阶段。随着马克思列宁主义在中国的传播,马列主义军事思想随之传入中国。以毛泽东为主要代表的中国共产党人在长期的革命战争和国防建设中,把马列主义的普遍原理与中国革命战争的具体实际相结合,吸收了古今中外军事思想的精华,应用和发展了马列主义军事思想,创立了具有中国特色的无产阶级军事思想。

一、毛泽东军事思想

毛泽东军事思想是毛泽东关于中国革命战争、人民军队和国防建设以及军事领域矛盾运动规律的科学理论体系。它是马克思列宁主义普遍原理与中国革命战争和国防建设实际相结合的产物,是中国共产党领导中国人民及其军队进行的长期军事实践经验的科学总结和集体智慧的结晶,是毛泽东思想的重要组成部分。

(一)毛泽东军事思想的科学含义

1. 毛泽东军事思想是马克思列宁主义的基本原理和中国革命战争具体实践相结合的产物

列宁运用马克思主义理论,在一个资产阶级统治较为薄弱的国家,取得了无产阶级革命的胜利,建立了世界上第一个社会主义国家。但中国是一个以农民阶级为主体的半殖民地半封建国家,无产阶级力量弱小,如何组织军队、如何进行革命战争、如何取得革命战争的胜利则是摆在无产阶级面前的一个特殊而又艰巨的任务。为了完成这个任务,以毛泽东为代表的中国共产党人,在领导中国革命战争的实践过程中,坚持以马克思列宁主义的基本原理与中国革命战争具体实践相结合,充分考虑中国半殖民地半封建的社会状况,准确把握中国革命斗争的发展规律,开辟了一条崭新的以农村包围城市、武装夺取政权的革命道路,成功地解决了建设新型人民军队、实行人民战争的一系列重大理论和实践问题,创立并发展了具有鲜明中国特色的马克思主义理论——毛泽东军事思想。

2. 毛泽东军事思想是中国革命战争和国防建设实践经验的科学总结

中国革命战争和国防建设伟大实践是毛泽东军事思想产生和发展的源泉与基础。中国共产党人在领导中国各族人民进行新民主主义革命的过程中,经历了国共合作的北伐战争,又领导了土地革命,进行了艰苦卓绝的抗日战争以及解放战争,推翻了帝国主义、封建主义和官僚资本主义三座大山,建立了新中国。中华人民共和国成立以后,又进行了持续三年的抗美援朝战争,以及珍宝岛自卫反击战、对印自卫反击战、对越自卫反击战,并从各方面加强了以现代化为中心的国防建设。这些实践,为毛泽东军事思想的发展提供了丰富的实践经验。

3. 毛泽东军事思想是以毛泽东为代表的中国共产党人集体智慧的结晶

毛泽东在党的七大时就说过:“毛泽东思想是集体智慧的结晶,我只不过是一个代表。”毛泽东军事思想的形成和发展,包含着亿万人民群众和广大指战员的斗争经验和首创精神,凝聚着老一辈无产阶级革命家和军事家的集体智慧。强调毛泽东军事思想是集体智慧的结晶,并不否认毛泽东个人的独特贡献。毛泽东是一个杰出的军事家、战略家,具有丰富的经历、渊博的学识、惊人的才能和坚忍的毅力,对马克思列宁主义有着深刻的理解,对中国国情有着孜孜不倦的研究和探索。毛泽东总结革命战争和国防建设的经验所撰写的军事论著,对我党的军事理论做了最集中、最深刻的概括,是我党军事家的杰出代表。毛泽东集军事统帅和军事理论家于一身,以他的名字来命名我们党的军事理论,是完全符合历史实际的,也是当之无愧的。

4. 毛泽东军事思想是毛泽东思想的重要组成部分

毛泽东军事思想之所以能成为毛泽东思想的重要组成部分,是由中国革命是武装的革命反对武装的反革命这个特点决定的。在取得全国政权以前的22年,我们党的历史实际上是一部武装斗争的历史,军事斗争是我们党的工作重心,占有最突出的地位。毛泽东和他的战友们,不得不以极大的精力关注战争、研究军事。毛泽东的军事实践活动,是他一生中最光辉、最成功的部分。因此,不能很好地理解和掌握毛泽东军事思想,便不能理解和掌握毛泽东思想。

(二)毛泽东军事思想的主要内容

毛泽东军事思想的内容主要由五部分组成:无产阶级的战争观和方法论、人民军队思想、人民战争思想、人民战争的战略战术、国防建设思想。人民战争思想是毛泽东军事思想的核心,人民军队思想是建设人民军队的理论指南,灵活机动的战略战术是进行人民战争的方式和方法,国防建设理论是进行国防建设、保卫国家安全、防止外敌入侵的指导思想。

1. 无产阶级的战争观和方法论

毛泽东在指导中国革命战争的全部实践活动中,始终坚持运用无产阶级战争观和方法论来研究战争、指导战争。毛泽东的战争观是全面发展了的马克思主义无产阶级战争观,毛泽东的战争方法论是建立在历史唯物主义和辩证唯物主义基础上的科学的战争方法论。

无产阶级战争观和方法论的主要观点是:战争是随着私有财产和阶级的产生而产生的,是用以解决阶级、民族、国家、政治集团之间在一定发展阶段上的矛盾的一种最高斗争形式;战争是政治的继续,政治是不流血的战争,战争是流血的政治,战争与和平既互相排斥,又互相联结,并在一定条件下互相转化;人类社会只有进步到消灭阶级、消灭国家的时候,战争才能从根本上消除;帝国主义和霸权主义是现代战争的根源;战争的政治目的决定战争的性质,一切进步的战争都是正义的,一切阻碍进步的战争都是非正义的,共产党人要拥护正义战争,反对非正义战争;两军相杀的战争目的是保存自己消灭敌人,它是战争自身的本质,是一切战争行动的根本依据;战争胜负主要取决于作战双方主观指导的能力;共产党人研究和认识战争的目的是为了消灭一切战争,实现人类的永久和平;战争是有规律的,战争规律是可以认识的,不仅要研究一般战争规律,尤其要研究特殊战争规律;一切战争规律都是发展的,研究和指导战争要从实际出发,着眼其特点和发展,客观全面地了解和掌握敌我双方各方面的情况,找出其行动的规律并且应用这些规律于自己的行动,使主观指导符合客观实际;战争中要有全局观念,善于观照全局、把握关键;要在既定的客观物质基础上,充分发挥人的自觉能动性,争取战争的胜利。

2. 人民军队思想

人民军队是人民群众自发地或在先进阶级领导下建立的并为人民群众利益而战斗的军队。以毛泽东为代表的老一辈无产阶级革命家、军事家，运用马克思主义的原理，把创建人民军队作为进行武装斗争的首要问题和实现革命理想的最主要手段，强调："没有一支人民的军队，便没有人民的一切。"毛泽东在领导中国革命战争的实践过程中，创造和积累了丰富的建军经验。

(1) 人民军队的性质

坚持中国共产党对军队的绝对领导，是确保人民军队性质的根本原则。毛泽东从"军队是国家政权的主要成分""是阶级压迫的工具"的原理出发，提出了"枪杆子里面出政权"的著名论断，明确指出"我们的原则是党指挥枪，而绝不允许枪指挥党"，强调我军是中国共产党领导下的执行无产阶级革命政治任务的武装集团。

(2) 人民军队的宗旨

人民军队是为阶级利益服务的工具。毛泽东指出："紧紧地和中国人民站在一起，全心全意为中国人民服务，就是这个军队的唯一宗旨。"这是我军区别于其他任何军队的本质特征。中国共产党领导的军队，是人民的军队，以为人民服务为宗旨，人民军队来自人民，服务于人民，一切为了人民。我军不论在革命战争年代，还是在社会主义建设时期，都始终遵循这一宗旨，从而赢得了人民群众的拥护和爱戴。

(3) 人民军队政治工作的三大原则

强有力的思想政治工作，是保持我军无产阶级性质、提高战斗力的可靠保证，是毛泽东建军思想的一个突出特点。我军的政治工作，随着革命战争的发展而逐步完善，形成了官兵一致、军民一致和瓦解敌军的三大原则。官兵一致原则，体现了我军内部上下级之间政治上平等的关系，是与旧式军队的本质区别。军民一致原则，是人民军队本色的体现，是我军由小变大、由弱到强，战胜国内外一切敌人的根本基础。瓦解敌军原则，是从精神上征服敌人、促进敌人从内部瓦解的有效武器。

除此以外，在人民军队理论方面还应遵循以下原则：实行民主制度和严格的纪律，要在集中指导下实行政治、军事、经济三大民主，要坚决执行命令，执行三大纪律八项注意；发扬勇敢战斗、不怕牺牲和艰苦奋斗的优良作风；人民军队要从低级阶段逐步向高级阶段发展，在加强革命化建设的同时，加强现代化、正规化建设，逐步建设成为一只强大的现代化、正规化的革命军队。

3. 人民战争思想

人民战争思想是毛泽东军事思想的核心内容，是指广大人民群众为反抗阶级压迫或抵御外敌入侵而组织和武装起来进行的战争。我党领导的人民战争，较之一般意义上的人民战争，群众性更广泛、革命性更彻底、组织性更严密。人民战争思想的主要内容包括坚持中国共产党对人民战争的统一领导，动员、组织和依靠广大人民群众形成最广泛的革命统一战线，实行以人民军队为骨干的"三结合"武装力量体制，以武装斗争为主与其他斗争形式密切结合，建立巩固的革命根据地，实行灵活机动的战略战术。

(1) 人民战争思想的理论基础

毛泽东创造性地发展了马列主义关于人民战争的理论，创立了具有中国特色的人民战争思想,阐明了人民战争思想的理论基础。人民群众是历史的创造者,是革命战争的主体,是社会发展变革的决定力量,也是战争胜负的决定力量。毛泽东说:“人民,只有人民,才是创造世界历史的动力。”“革命战争是群众的战争,只有动员群众才能进行战争,只有依靠群众才能进行战争。”这是毛泽东人民战争思想的根本出发点和理论基础。中国革命战争的历史和实践证明,人民群众是人民军队赖以生存和发展的条件,是战争中一切力量的源泉,是战争胜负的决定力量。

战争的正义性是实行人民战争的政治基础。革命战争是反抗阶级压迫或民族压迫、为人民群众谋解放的正义的战争,能够得到广大人民群众的拥护和积极参加。革命战争的目的与民众的根本利益相一致,就能调动民众自觉的行动和勇敢斗争的精神。

战争胜负的决定性因素是人而不是物。毛泽东明确指出,“武器是战争的重要因素,但不是决定因素”。力量对比不但是军力和经济力的对比,更是人力和人心的对比。决定战争胜负的是人民,而不是一两件新式武器。在一定物质基础上,谁赢得了人民的支持,谁就赢得了战争。

(2)如何进行人民战争

中国共产党在领导中国革命战争的长期实践中,在如何进行人民战争的问题上,其要点是:进行广泛深入的政治动员,组织最广泛的革命战争的统一战线;开辟农村包围城市的武装革命道路,创建农村革命根据地,把武装斗争、土地革命和根据地建设有机地结合起来;以人民军队为骨干,实行野战军和地方军相结合,正规军和民兵、游击队相结合,武装群众和非武装群众相结合;以武装斗争为主,各条战线、各种斗争方式相配合;实行党的一元化领导,发挥党政军民的整体力量。

4. 人民战争的战略战术

毛泽东的人民战争的战略战术的基本精神是:一切从敌我双方的实际情况出发,你打你的,我打我的,有什么武器打什么仗,对什么敌人打什么仗,在什么时间地点打什么时间地点的仗;灵活机动,不拘一格,扬长避短,力争主动,力避被动,利用矛盾,各个击破;进攻时反对冒险主义,防御时反对保守主义,退却时反对逃跑主义,有效地达到保存自己、消灭敌人的战争目的。

(1)战略上藐视敌人,战术上重视敌人

毛泽东指出:“从战略上看,必须如实地把帝国主义和一切反动派都看成纸老虎。从这点上,建立我们的战略思想。另一方面,它们又是活的铁的真的老虎,它们会吃人的。从这点上,建立我们的策略思想和战术思想。”毛泽东关于帝国主义和一切反动派既是“纸老虎”又是“真老虎”的论断,奠定了人民战争战略战术的基本原则:在战略上,敌人是“纸老虎”,我们要藐视它;在战术上,敌人又是“真老虎”,我们要重视它,注意斗争的策略和方法。

(2)保存自己,消灭敌人

毛泽东指出:“一切军事行动的指导原则,都根源于一个基本的原则,就是尽可能地保存自己的力量,消灭敌人的力量。”一切技术的、战术的、战役的、战略的原理,都离不开“保存自己,消灭敌人”这个原则贯彻于战争的始终。毛泽东用辩证唯物主义的方法,阐明了保存自己、消灭敌人两者之间相辅相成、对立统一的关系,指明了进攻是为了消灭敌人,同时也是为了保存自己;防御是为了保存自己,同时也是辅助进攻或准备转入反攻的一种手段。

(3)实行积极防御,反对消极防御

毛泽东指出:“积极防御,又叫攻势防御,又叫决战防御。消极防御,又叫专守防御,又叫单纯防御。消极防御实际上是假防御,只有积极防御才是真防御,才是为了反攻和进攻的防御。”这也是对两种不同性质的防御概念做的科学概括。这一论述揭示了积极防御的实质和消极防御的要害,创立了积极防御的战略思想。它是把积极防御的一般原理、原则,作为战略指导思想,用于指导战争全过程的一种战略理论。要求在敌强我弱、敌优我劣的情况下,首先经过战略防御,采取各种不同的作战形式,不断削弱和消耗敌人,逐步改变力量对比,摆脱战略上的被动局面,争取战争主动权。而后适时地转入战略反攻或进攻,在有利情况下实施决战,稳步地实现整个战争的目标。

毛泽东人民战争的战略战术思想,除以上三项内容外,还有:在战略上实行内线持久的防御战,在战役战斗上实行外线的速决进攻战;运动战、阵地战、游击战三种作战形式紧密结合,适时进行以改变主要作战形式为主要内容的军事战略转变;做好战争准备,不打无准备、无把握之仗;集中优势兵力,各个歼灭敌人;以歼灭战为主,辅之以消耗战;实行有利决战,避免不利决战;强调近战、夜战;实行作战指导的主动性、灵活性和计划性等。

知识链接

《论持久战》

《论持久战》是毛泽东于1938年5月26日至6月3日在延安抗日战争研究会上的演讲稿,是关于中国抗日战争方针的军事政治著作,1938年7月首次出版。

毛泽东在总结抗日战争初期经验的基础上,针对中国国民党内部分人的“中国必亡论”和“中国速胜论”,以及中国共产党内部分人轻视游击战的倾向,系统地阐述了中国实行持久战以获得对日作战胜利的战略。著作开篇以“中国必亡论”和“中国速胜论”做引子,然后针对这两种错误观点一一进行了驳斥,接着引出作者自己的观点:抗日战争是持久战,最后的胜利是中国的,并通过“能动性在战争中”“战争和政治”“抗战的政治动员”“战争的目的”“防御中的进攻”“持久中的速决”“内线中的外线”“主动性,灵活性,计划性”“运动战,游击战,阵地战”“消耗战,歼灭战”“乘敌之隙的可能性”“抗日战争中的决战问题”“兵民是胜利之本”等既独立而又有联系的篇章的阐述,来说明抗日战争为什么是持久战,怎么进行持久战,为什么能取得最后的胜利,应当怎样做才能取得最后的胜利。

《论持久战》科学地论证了抗战的发展规律,阐明了争取抗战胜利的道路,批判了对抗战的各种错误认识,从思想上武装了全党全军和人民群众,坚定了中国人民争取抗战胜利的信心,是指导全国抗战的理论纲领。

5. 国防建设思想

毛泽东国防建设思想,是在中华人民共和国成立后国防建设的实践中逐步形成的,其主要内容有:

(1)建设现代化、正规化的国防军

毛泽东指出:“我们将不但有一个强大的陆军,而且有一个强大的空军和一个强大的海军。”在他的领导下，我国建设了包括海军、空军以及其他技术兵种在内的现代化革命武装力量。他要求军队必须掌握最新装备和随之而来的最新技术，使部队的正规化建设与现代化装备相适应，并强调军队要严格训练，严格要求，同时兴办各类军队院校，加速培养干部，成立军事科研机构，加强军事理论研究，总结在新条件下的作战经验，以及制定各种条令、条例，从各方面加强军队现代化、正规化的建设。

(2)确立了发展“两弹一星”的国防科技战略

毛泽东指出：“不但要有更多的飞机和大炮，而且还要有原子弹。在今天的世界上，我们要不受人家欺负，就不能没有这个东西。”这一战略思想指导国防现代化建设，发展包括用于自卫的核武器在内的现代化国防科技，在自力更生的基础上，实行常规武器与尖端武器相结合，优先发展尖端战略武器，研制、生产出了原子弹、氢弹、卫星、导弹等一系列的新式武器和装备。

(3)赋予积极防御战略方针新的内容

毛泽东根据国家安全利益的需要，从当时国际形势、周边安全环境和我国的具体情况出发，确立了我国的国防战略、国防建设的目标和方针，提出“大办民兵师”“全民皆兵”“深挖洞、广积粮、不称霸”的战略思想。

毛泽东国防建设思想除上述外，还有：正确处理经济建设和国防建设的关系，明确要在增强国家经济实力的基础上来增强军事实力；要在人民群众中广泛深入地开展国防教育，有计划地加强人民防空和进行国防工程的建设，建设可靠的战略后方，强调民兵工作的组织、政治、军事落实，充分发挥民兵在保卫和建设国防中的作用，在没有战争的条件下要走军民兼容、平战结合、寓兵于农的国防建设道路；要坚持独立自主的方针，以自力更生为主，争取外援为辅，根据自己国家的情况决定国防政策，建设现代化国防。

(三)毛泽东军事思想的历史地位

毛泽东军事思想在世界军事思想发展史上独树一帜，在马列主义军事理论宝库中具有重要的历史地位，在中国军事思想发展史上具有划时代的意义，具有广泛而深远的影响。

1. 毛泽东军事思想对马列主义军事理论做出了独特贡献

毛泽东军事思想运用马列主义，创造性地解决了在半殖民地半封建的中国如何进行武装革命斗争和夺取政权以后如何进行军队及国防建设的理论和实践问题，开创了一条农村包围城市、武装夺取政权的道路，建设了一支以农民为主要成分的无产阶级新型人民军队，实行灵活机动的人民战争的战略战术以及进行国防现代化建设等，极大地丰富和发展了马克思列宁主义军事理论，是无产阶级军事理论发展史上新的里程碑。

2. 毛泽东军事思想在世界上具有广泛而深远的影响

中国革命战争取得胜利后，毛泽东军事思想受到世界各国的普遍重视，特别是20世纪50年代后期，在世界范围内逐渐形成一个研究和学习毛泽东军事思想的热潮，许多国家还成立了毛泽东军事思想的研究会和学习会。美国、英国、法国、德国和日本等国家出版了不少关于毛泽东的军事著作。毛泽东军事思想在越南、莫桑比克、津巴布韦、安哥拉等亚非拉第三世界国家争取民族独立的斗争过程中起到了至关重要的作用。毛泽东军事思想作为人类优秀文化的成果，其理论和实用价值举世公认，在世界军事理论中地位举足轻重。美国著名学者巴特曼曾说过,“毛泽东是掌握打开这个时代军事奥秘之锁全套钥匙的一个时代人物”。1994 年尼克松逝世后,人们发现他在尚未出版的著作《超越和平》一书中,说毛泽东是“富有领袖魅力的共产党领导人,曾运用他的革命思想推动了一个国家并改变了这个世界”。

3. 毛泽东军事思想永远是我党我军克敌制胜的法宝

毛泽东军事思想运用辩证唯物主义和历史唯物主义的原理,吸取了古今中外优秀的军事思想精华,是最科学、最先进、最完整的军事理论。它既揭示了中国革命战争的特殊规律,又反映了现代战争和国防建设的一般规律,为正确地指导军事斗争、军队建设、国防建设的实践提供了最基本的立场、观点和方法,是经过实践检验的科学真理。尽管现在国际国内形势变幻莫测,战争威胁一刻都没有停止,但毛泽东军事思想对于我军打赢信息化战争仍具有重要的指导意义。无论过去、现在还是将来,毛泽东军事思想一直是我军克敌制胜的法宝。

毛泽东军事思想是我军的建军之魂、立军之本、制胜之道,在当代世界军事思想史上占有极其重要的地位。毛泽东军事思想在半殖民地半封建的社会条件与时代背景下,创造性地解决了中国革命武装斗争的指导问题,为被压迫民族和被压迫阶级在争取解放的正义战争中实现以小敌大、以弱胜强提供了成功的实践范例和理论武器。尤其是在创建农村革命根据地,坚持走农村包围城市、最后夺取城市的道路,建设以农民为主体的军队,实行积极防御和灵活机动的战略战术,以及在人民民主专政条件下加强国防现代化建设等重要方面,丰富和发展了马克思列宁主义军事理论,是中国共产党集体智慧的结晶。

二、邓小平新时期军队建设思想

邓小平新时期军队建设思想,是邓小平在社会主义现代化新时期关于国防和军队建设的系统理论,是一个科学的理论体系,是对毛泽东军事思想的继承与发展,是新时期国防和军队现代化建设的指导思想。其主要内容包括以下几个方面。

(一)科学判断和平与发展是当今时代主题

20 世纪 70 年代中期以后,世界格局进入冷战状态,和平力量的增长超过战争力量的增长,经济、科技日益成为世界各国竞争的重点。邓小平根据这三个方面,分析当时世界战略格局、军事态势、科学技术的发展变化,提出了战争危险依然存在,但世界大战可以避免的论断。这一判断是国防建设指导思想实行战略性转变的基本依据。20 世纪 80 年代后,国际形势出现了一些新变化,邓小平于 1985 年深刻指出:“现在世界上真正大的问题,带全球性的战略问题,一个是和平问题,一个是经济问题或者说发展问题。”苏联解体,两极格局的终结,世界向多极化格局发展,表明了“和平与发展”成为新的时代主题。他还指出,我国周边安全环境发生了根本性好转,但仍然存在着各种现实的和潜在的威胁,仍然要做好充分的军事斗争准备。

(二)军队和国防建设要服从于国家建设大局

邓小平明确指出了在新的历史条件下军队和国防建设与经济建设之间存在着一个谁先谁后、谁主谁次的问题。他曾说:“先把经济搞上去,一切都好办。”解决中国面临的问题,关键是把经济发展起来。经济基础决定军队建设的规模、速度、水平和质量。军队建设以国民经济为基础,国防建设要与国家经济建设协调发展。在国民经济不断发展的基础上,合理确定国防投入比例。在不影响国家建设大局的前提下，满足国家安全需要，满足军队改革和建设的需要，不断改善武器装备，加速国防现代化建设，促进社会主义现代化建设的全面发展。

(三)军队要担当起维护国家主权和安全的历史责任

邓小平指出："国家的主权、国家的安全要始终放在第一位，对这一点我们比过去更清楚了。"国家的主权和安全是一个国家和民族生存、发展的基础。20世纪70年代末80年代初，国际国内形势发生了前所未有的变化，邓小平对军事战略方针问题进行了重新审视，明确指出："我们未来反侵略战争，究竟采取什么样的战略方针？我赞成就是'积极防御'四个字。"实行积极防御的战略方针，要把立足点放在遏制战争的爆发上，注重研究现代战争。这是邓小平新时期军队建设思想极其重要的内容，是对毛泽东积极防御战略思想的继承和发展。

(四)建设一支强大的现代化、正规化的革命军队

建设一支强大的现代化、正规化的革命军队，是邓小平在新的历史条件下继承毛泽东军事思想，明确提出的新时期军队建设的总目标和总任务。中国人民解放军的性质是党的军队、国家的军队和人民的军队，三者高度统一。我们的军队要始终不渝地坚持自己的性质，这关系军队建设的全局、决定军队的发展方向，是军队革命化建设需要解决的根本问题。军队建设要以革命化为前提、现代化为中心、正规化为重点，全面加强"三化"建设。革命化是我军特有的政治性质和政治优势，是我军生命力和凝聚力的根本源泉，是我军区别于其他任何军队的本质所在，必须把革命化建设放在第一位。军队建设的中心是解决现代化问题，需要大力培养现代化的军事人才，改善武器装备，加速国防现代化，搞好军队体制编制改革，加强现代化军事理论研究。邓小平把正规化建设作为新时期我军建设总任务、总目标的一项重要内容，强调军队建设的所有领域、所有方面，都要订出章程，建立和健全必要的规章，并采取一系列的措施，这大大提高了我军正规化的建设水平。

(五)坚定不移地走中国特色的精兵之路

邓小平强调，军队要"讲真正的战斗力。搞少而精的、真正顶用的""减少100万，实际上并没有削弱军队的战斗力，而是增强了军队的战斗力"，在新时期军队建设过程中，邓小平始终坚持战斗力标准，提高战斗力是精兵的根本要求。兵贵精，不贵多，军队质量是影响战争胜败的因素，注重质量建设是实现精兵、军队现代化建设的主要途径。邓小平强调，在没有战争的条件下，提高官兵的素质，提高军队的战斗力，主要靠教育训练。和平时期，把教育训练提高到战略地位是锻造精兵的有效途径。

邓小平作为我党第二代中央领导集体核心、中国人民解放军最高统帅，以无产阶级革命家、战略家的远见卓识，深刻领会毛泽东军事思想精髓，紧紧把握住时代脉搏精准定位"和平与发展"战略方针，并稳步推进现代化国防建设，提出了一系列重要的军事战略思想和理论观点，系统地回答了我国军事战略的根本着眼点与出发点，以及指导战略力量建设与运用的基本要求。

三、江泽民国防和军队建设思想

江泽民国防和军队建设思想，是党的第三代中央领导集体在新形势下指导我军现代化建

设和做好军事斗争准备的集体智慧的结晶，是一个科学的理论体系。它是“三个代表”重要思想的军事篇，是对毛泽东军事思想、邓小平新时期军队建设思想的继承与发展，是新的历史条件下中国国防和军队建设的指导思想。其主要内容表现在以下几个方面。

(一)从国际战略全局和国家发展大局谋划国防和军队建设

江泽民高度重视国防和军队建设，明确指出：“实现国防和军队现代化，是全党全国人民十分关心的一件大事。在和平时期，在新的历史条件下，我们的眼光应该放得更远一些，要站在战略高度，把国防和军队现代化建设筹划好。”在复杂的国内外形势下，关注军事安全，提高安全保障能力，是维护国家生存和发展的必然选择。维护国家安全，保障国家发展利益，是谋划国防和军队建设的目标。江泽民指出：“把经济建设搞上去和建立强大的国防，是我国现代化建设的两大战略任务。”我们必须把维护国家安全和发展利益摆在战略位置，必须坚持国防与经济建设协调发展的方针，提高国家战略能力，提高军队打赢战争和遏制战争的能力，把经济建设搞上去，建立强大的国防，完成我国现代化建设两大任务。

(二)解决好“打得赢、不变质”两个历史性课题

江泽民指出，在军队建设上，我最关注的是两大问题：一是我军能不能跟上世界军事发展的趋势，打赢未来可能发生的高技术战争，切实捍卫国家的主权、安全和统一；二是我军能不能始终保持人民军队的性质、本色、作风，永远成为党领导下的革命军队。这是江泽民从战略全局的高度，着眼于时代发展，立足于中国军队实际情况，向全军提出的两个历史性重大课题——“打得赢、不变质”。要实现“打得赢”，必须用新时期军事战略方针统揽军队建设全局，贯彻积极防御的军事战略方针，提高信息化条件下的防卫作战能力。紧紧抓住我军现代化水平与打赢信息化战争的要求不相适应这个主要矛盾，着力解决我军信息化条件下防卫作战能力的关键性问题，整体推进国防军队建设。要做到“不变质”，必须坚持党对军队的绝对领导。这是人民军队建军的根本原则，是我军特有的政治优势和永远不变的军魂。保证党对军队的绝对领导，关系我军的性质和宗旨，关系社会主义的前途命运，关系国家的长治久安，因此始终是人民军队建设和发展的首要问题。

(三)积极推进中国特色新军事变革，按照信息化战争要求建设信息化军队

中国特色新军事变革，就是适应新军事革命发展趋势，从中国军情出发，走以信息化带动机械化、以机械化促进信息化的跨越式发展道路。江泽民指出，新军事变革有其历史的必然性，在给我们带来严峻挑战的同时，也给我们提供了历史机遇。建设信息化军队、打赢信息化战争，“要正确处理机械化和信息化的关系，以机械化为基础，信息化为主导，以信息化带动机械化，以机械化促进信息化，推动军队信息化加速发展。这是我们应对世界新军事变革挑战的必然要求，也是维护国家的安全、统一和日益拓展的战略利益的客观需要”。我军建设的现状和我国防御性国防政策，都决定了我们必须实施科技强军战略，必须走有中国特色的精兵之路，建立信息化军队，以适应信息化战争的要求。

(四)按照“五句话”总要求全面加强军队革命化、现代化、正规化建设

1990年12月，江泽民提出了“政治合格、军事过硬、作风优良、纪律严明、保障有力”这“五

句话”总要求。政治合格是军队建设的首要任务，是我军的光荣本色和最大的优势；军事过硬是全面加强军队质量建设的一项基本要求和奋斗目标；作风优良是我军的鲜明特色和特有的政治优势；纪律严明是全面加强军队质量建设的重要保证；保障有力是全面加强军队质量建设、提高战斗力的重要方面。五者缺一不可。按照“五句话”的总要求，加强军队的全面建设，把革命化、现代化、正规化建设的目标贯彻到军队各项工作中去。实现“五句话”总要求，要靠全军官兵团结奋进、共同努力，从各个方面加强部队的全面建设。

(五)坚持依法治军、从严治军，探索新形势下军队建设的特点和规律

江泽民指出：“正规化建设是现代化建设的必然要求，从一定意义上讲，没有军队的正规化，就没有军队的现代化。正规化建设的一项重要任务，就是把革命化、现代化建设的基本成果和经验，用法规和条令条例的形式确定下来，使军队建设都有明确的规范，做到依法治军、从严治军。”坚持依法治军、从严治军，要以加强纪律建设为核心内容，加强部队管理，依法实施正规化管理，积极探索新形势下治军、管理的特点和规律，把军队建设逐步纳入法制化轨道，提高治军、部队管理工作的科学性和有效性。

江泽民国防和军队建设思想进一步回答了新的历史条件下建设什么样的军队、怎样建设军队，未来打什么仗、怎样打仗的基本问题，是我军新时期革命化、现代化、正规化建设的纲领；结合毛泽东军事思想、邓小平新时期军队建设思想，深刻诠释了我党坚持和积极发展防御军事战略；提出全面贯彻新时期军队建设的总要求；推进了中国特色新军事变革，开辟了中国共产党军事理论的新境界。

四、胡锦涛国防和军队建设思想

胡锦涛国防和军队建设重要思想，是以胡锦涛为总书记的党中央，根据新世纪新阶段的国际战略格局、国家安全形势和经济全球化趋势而制定的我国国防建设和军队建设的纲领、路线、方针、政策。它是继承、发展毛泽东军事思想、邓小平新时期军队建设思想和江泽民国防和军队建设思想的成果。其主要内容表现在以下几个方面。

(一)坚持在国防和军队建设中贯彻落实科学发展观

科学发展观是我国经济社会发展的重要指导方针，是发展中国特色社会主义必须坚持和贯彻的重大战略思想，也是加强国防和军队建设的重要指导方针。切实把科学发展观贯穿于国防和军队建设的全过程，落实到国防和军队建设的各个领域，坚持以人为本，坚持国防建设与经济建设相协调，坚持国防与军队建设诸要素全面协调可持续发展。

(二)提高军队履行新世纪新阶段历史使命的能力

胡锦涛根据党的三大历史任务“实现推进现代化建设、完成祖国统一、维护世界和平与促进共同发展”要求人民军队肩负起“三个提供、一个发挥”的历史使命，即：为党巩固执政地位提供重要力量保证，为维护国家发展的重要战略机遇提供坚强的安全保障，为维护国家利益提供有力的战略支撑，为维护世界和平和促进共同发展发挥重要作用。这一历史使命进一步明确了人民军队在新世纪新阶段的基本任务，拓展了军队的职能，规定了军队建设的发展方向、奋斗目标和指导原则。人民军队的全部工作都要围绕有效履行新世纪新阶段历史使命来展

开,各项建设都要围绕、提高履行新世纪新阶段历史使命的能力来进行。要求全军忠于使命、献身使命、不辱使命,以增强打赢信息化条件下局部战争能力为核心,不断提高应对多种安全威胁、完成多样化军事任务的能力,确保在各种复杂形势下都能够有效应对危机、维护和平、遏制战争、打赢战争。

(三)按照革命化、现代化、正规化相统一的原则加强军队全面建设

胡锦涛强调指出,革命化、现代化、正规化,是一个相互联系的整体,必须全面加强、协调推进。革命化是军队建设的政治方向。弘扬我军优良传统,保持人民军队性质、本色和作风,使我军始终成为党绝对领导下的人民军队,是革命化建设的重大历史任务,是革命化建设的核心。现代化是军队建设的中心任务。推进现代化建设,要以建设信息化军队、打赢信息化战争为目标,坚持以机械化为基础,以信息化为主导,推进机械化和信息化复合式发展,充分发挥信息能力在战斗力生成中的主导作用。正规化是军队建设的基础。加强军队的正规化建设,坚持依法治军,完善军事法规,加强科学管理,把军队建设进一步纳入法制化轨道。革命化、现代化、正规化建设相互联系、相互促进,构成军队全面建设的基本内容。要树立全面建设的思想、辩证发展的思想和系统集成的思想。

(四)坚持国防建设与经济建设协调发展的方针

胡锦涛指出,国防和军队建设,在中国特色社会主义事业总体布局中占有重要地位。党在领导全国人民推进社会主义经济、政治、文化、社会建设的同时,高度重视并大力加强国防和军队建设,形成国防建设和经济建设相互促进、协调发展的良好局面。正确认识和处理经济建设和国防建设的关系,是中国共产党一贯坚持的一个重要战略思想。坚持以经济建设为中心,集中力量把经济搞上去,是解决包括国防建设在内的当代中国所有问题的前提和基础。发展社会生产力,建设雄厚的经济基础,实现富国;提高军队的战斗力,建立巩固的国防,实现强军。富国与强军紧密联系,共同构成国家富强的两大基石。要实现富国与强军的统一,就必须统筹经济建设和国防建设,促进国防建设与经济建设协调发展,使国防和军队发展战略与国家发展战略相适应。

(五)积极推进中国特色新军事变革

胡锦涛强调要切实转变军队的战斗力生成模式,就是因为我军现代化建设是在世界科技蓬勃发展、高新技术不断取得新突破的历史背景下进行的。当今世界,以信息技术为核心的高新技术的发展,有力地促进了世界新军事变革的发展。先进的军事理论,是军队建设发展的必要条件,是战争的重要制胜因素。提高信息化条件下的防卫作战能力,迎接世界新军事变革的挑战,关键是要培养和造就一大批思想政治素质和军事素质过硬的新型军事人才,为军队现代化建设和军事斗争准备提供人才保证。体制编制科学合理,可以更好地吸纳高科技发展成果,充分发挥人才的积极性、创造性,提高领导、指挥和管理效率,优化整个军队的系统功能,实现人和武器的最佳结合。进一步实施科技强军战略,依靠科技进步和创新,加快战斗力生成模式转变。围绕建设信息化军队、打赢信息化战争的目标,加快机械化和信息化复合式发展。要坚定不移地走中国特色的精兵之路,精既是对“量”的要求,更是对“质”的要求。要紧紧围绕建设一支革命化、现代化、正规化的人民军队这个总目标,体现“精兵、利器、合成、高效”的原则,

优化结构,加强管理,通过提高质量来提高部队战斗力。我们要加快军队的信息化建设,推进中国特色新军事变革。

胡锦涛国防和军队建设思想明确了新世纪军队现代化建设的主要目标,坚持将科学发展观落实到国防与军队建设的各个领域,全面履行党和人民赋予的新世纪新阶段的军队历史使命,实现在全面建设小康社会进程中富国和强军双目标齐头并进,促进国防建设与经济建设协调发展,为加快中国特色军事变革,做好军事斗争准备,提高军队应对多种安全威胁、完成多样化军事任务的能力,为开创国防和军队现代化建设新局面提供根本遵循与思想武器。

五、习近平强军思想

习近平强军思想,是以习近平同志为核心的党中央继承中国革命战争和社会主义条件下国防和军队建设的理论成果,运用马克思主义基本原理,观察和分析国家安全和军事问题,创造性地揭示和反映现代军事活动的本质与规律,并用于指导中国现代军事实践的科学理论体系,是指引强军事业发展进步的科学指南。党的十九大将习近平强军思想作为习近平新时代中国特色社会主义思想的重要组成部分,把习近平强军思想纳入新时代坚持和发展中国特色社会主义的理论体系、基本方略,全面部署新时代的强军事业,标志着党的军事指导理论与时俱进。

(一)习近平强军思想的主要内容

任何伟大思想都是一定时代的产物。习近平认为,当今世界形势正在发生前所未有之大变局,我国改革开放和现代化建设正进入发展的关键期和矛盾的凸显期,与此同时,我国国防和军队现代化水平与其所面临的挑战和承担的任务不相适应。习近平结合中国近代历史悲剧的总结与启示,以其全球视野、远见卓识,围绕强军兴军,对我国的国防和军队现代化建设做出了一系列重要论述,形成了习近平强军思想。

1. 强军使命

明确强国必须强军,巩固国防和强大人民军队是新时代坚持和发展中国特色社会主义、实现中华民族伟大复兴的战略支撑。

安不可以忘危,治不可以忘乱。由大向强、将强未强之际往往是国家安全风险高发期,我们越是发展壮大,面临的压力和阻力就越大。这是我国由大向强发展进程中无法回避的挑战,是实现中华民族伟大复兴绕不过的门槛。习近平指出:“强国必须强军,军强才能国安。”国防和军队建设是国家安全的坚强后盾,国防和军队现代化进程必须同国家现代化进程相适应,军事能力必须同实现中华民族伟大复兴的战略需求相适应。我军必须服从、服务于党的历史使命,把握新时代国家安全战略需求,为实现中华民族伟大复兴提供战略支撑。

2. 强军目标

明确党在新时代的强军目标是建设一支听党指挥、能打胜仗、作风优良的人民军队,必须同国家现代化进程相一致,力争到 2035 年基本实现国防和军队现代化,到 21 世纪中叶把人民军队全面建成世界一流军队。

建设强大的人民军队是我党的不懈追求。在各个历史时期,我党都根据形势任务的变化,及时提出明确的目标要求,引领我军不断向前发展。习近平提出“中国梦”不久后就提出了

“强军梦”，在做出全面建成社会主义现代化强国战略部署的同时，提出了实现党在新时代的强军目标。党的二十大报告提出如期实现建军一百年奋斗目标，加快把人民军队建成世界一流军队，是全面建设社会主义现代化国家的战略要求。旨在建设强大的现代化陆军、海军、空军、火箭军、信息支援部队、军事航天部队、网络空间部队、联勤保障部队和武装警察部队，建设绝对忠诚、善谋善战、指挥高效、敢打必胜的联合作战指挥机构，不断提高我军现代化水平和实战能力。

3. 强军之魂

明确党对军队的绝对领导是人民军队建军之本、强军之魂，必须全面贯彻党领导军队的一系列根本原则和制度，确保部队绝对忠诚、绝对纯洁、绝对可靠。

坚持党对人民军队的绝对领导是新时代中国特色社会主义基本方略的重要内容，是党和国家的重要政治优势。习近平反复强调：“抓军队建设首先要从政治上看，对党绝对忠诚要害在‘绝对’二字。”必须按照新时代党的建设总要求加强我军的建设，强化“四个意识”，严肃政治纪律和政治规矩，深入抓好军魂教育，主动、坚决地向党中央和中央军委看齐，坚决维护权威、维护核心、维护和贯彻军委主席负责制，坚决抵制“军队非党化、非政治化”和“军队国家化”等错误政治观点，确保全军在任何时候任何情况下都坚决听从党中央和中央军委指挥。

4. 强军之要

明确军队是要准备打仗的，必须聚焦能打仗、打胜仗，创新发展军事战略指导，构建中国特色现代作战体系，全面提高新时代备战打仗能力，有效塑造态势、管控危机、遏制战争、打赢战争。

习近平强调：“人民军队永远是战斗队，人民军队的生命力在于战斗力。”必须贯彻新形势下军事战略方针，把备战与止战、威慑与实战、战争行动与和平时期军事力量运用作为一个整体加以运筹，提高军事训练实战化水平，扎实做好各方向各领域军事斗争准备，聚力打造精锐作战力量，着力建设一切为了实战的支援保障力量，加快构建适应信息化战争和履行使命要求的武器装备体系，加快建设以联合作战指挥人才为重点的高素质新型军事人才队伍，发扬“一不怕苦、二不怕死”的战斗精神，锻造召之即来、来之能战、战之必胜的精兵劲旅。

5. 强军之基

明确作风优良是我军的鲜明特色和政治优势，必须加强作风建设、纪律建设，坚定不移正风肃纪、反腐惩恶，大力弘扬我军光荣传统和优良作风，永葆人民军队性质、宗旨、本色。

“作风优良才能塑造英雄部队，作风松散可以搞垮常胜之师”，这是习近平反复强调的重要观点。人民军队要恪守全心全意为人民服务的宗旨，牢记为人民扛枪、为人民打仗的神圣职责，始终做人民信赖、人民拥护、人民热爱的子弟兵，不断发展坚如磐石的军政军民关系。把理想信念的火种、红色传统的基因一茬茬、一代代传下去，加强党史、军史和光荣传统教育，永葆老红军的政治本色。军中绝不能有腐败分子藏身之地，要锲而不舍、驰而不息地把作风建设和反腐败斗争引向深入，努力铲除腐败现象滋生蔓延的土壤，积极培育风清气正的政治生态。严肃各项纪律，坚持严字当头、一严到底，下大气力治松、治散、治虚、治软，用铁的纪律凝聚铁的意志、锤炼铁的作风、锻造铁的队伍。

6. 强军布局

明确推进强军事业必须坚持政治建军、改革强军、科技兴军、依法治军，并且更加注重聚焦实战、更加注重创新驱动、更加注重体系建设、更加注重集约高效、更加注重军民融合，全面提高军队革命化、现代化、正规化水平。

政治建军是我军的立军之本，任何时候任何情况下都不能有丝毫松懈。改革是决定军队未来的关键一招，必须大刀阔斧实施改革强军战略，科学技术是核心战斗力，必须下更大气力推进科技兴军，赢得军事竞争主动。军队越是现代化越要法治化，必须厉行法治、从严治军。贯彻“五个更加注重”战略指导，必须强化作战需求牵引，提高军队建设实战水平，下大气力抓理论创新、科技创新、科学管理、人才集聚、实践创新，靠改革创新实现新跨越。坚持成体系筹划和推进军事力量建设，全面提高我军体系作战能力，坚持以效能为核心、以精确为导向，提高国防和军队发展的精准度。深入实施军民融合发展战略，加速国防和军队建设与经济社会发展融合，实现国防和军队建设更高质量、更高效益、可持续发展。

7. 强军关键

明确改革是强军的必由之路，必须推进军队组织形态现代化，构建中国特色现代军事力量体系，完善和发展中国特色社会主义军事制度。

习近平指出：“深化国防和军队改革，是为了设计和塑造军队未来。”领导管理和作战指挥体制改革，以重塑军委机关和战区为重点，强化中央军委集中统一领导和战略指挥、战略管理功能，形成决策权、执行权、监督权既相互制约又相互协调的运行体系，构建平战一体、常态运行、专司主营、精干高效的战略战役指挥体系。规模结构和作战力量体系改革，按照调整优化结构、发展新型力量、理顺重大比例关系、压减数量规模的要求，推动我军由数量规模型向质量效能型，由人力密集型向科技密集型转变，部队编成向充实、合成、多能、灵活方向发展。军队政策制度调整改革，营造公平公正的制度环境，使军事人力资源配置达到最佳状态，让军人成为受全社会尊敬的职业，把军队战斗力和活力充分激发出来。

8. 强军动力

明确创新是引领发展的第一动力，必须坚持向科技创新要战斗力，统筹推进军事理论、技术、组织、管理、文化等各方面创新，建设创新型人民军队。

习近平指出：“创新能力是一支军队的核心竞争力，也是生成和提高战斗力的加速器。”我们这支军队，靠改革创新走到现在，也要靠改革创新赢得未来。必须把创新驱动发展的引擎全速发动起来，善于运用新理念、新思路、新方法推进我军各项建设。要加快形成具有时代性、引领性、独特性的军事理论体系，依靠科技进步和创新把我军建设模式和战斗力生成模式转到创新驱动发展的轨道上来。大力弘扬创新文化，激励官兵争当创新的推动者和实践者，使谋划创新、推动创新、落实创新成为全军的自觉行动。

9. 强军保障

明确现代化军队必须构建中国特色军事法治体系，推动治军方式根本性转变，提高国防和军队建设法治化水平。

习近平指出：“一支现代化军队必然是法治军队。”强化法治信仰和法治思维，坚持依法治官、依法治权，军队领导干部带头遵法、学法、守法、用法，引导官兵把法治思想内化为政治信念和道德修养，外化为行为准则和自觉行动。构建系统完备、严密高效的军事法规制度体系、军事法治实施体系、军事法治监督体系、军事法治保障体系，坚决维护法规制度权威性，强化法规制度执行力。推动实现从单纯依靠行政命令的做法向依法行政转变，从单纯靠习惯和经验开展工作的方式向依靠法规和制度开展工作转变，从突击式、运动式抓工作的方式向按条令条例办事转变，形成党委依法决策、机关依法指导、部队依法行动、官兵依法履职的良好局面。

10. 强军路径

明确军民融合发展是兴国之举、强军之策，必须坚持发展和安全兼顾、富国和强军统一，形成全要素、多领域、高效益军民融合深度发展格局，构建一体化的国家战略体系和能力。

把军民融合发展上升为国家战略，是我们党长期探索经济建设和国防建设协调发展规律的重大成果，是从国家安全和发展全局出发做出的重大决策，是应对复杂安全威胁、赢得国家战略优势的重大举措。着眼经济实力和国防实力同步增长，强化统一领导、顶层设计、改革创新和重大项目落实，同步推进体制和机制改革、体系和要素融合、制度和标准建设，完善军民融合组织管理体系、工作运行体系、政策制度体系，努力开创经济建设和国防建设协调发展、平衡发展、兼容发展的新局面。

(二) 习近平强军思想的理论价值和实践意义

在习近平强军思想引领下，我军在中国特色强军之路上迈出了坚实步伐，推动政治生态重塑、组织形态重塑、力量体系重塑、作风形象重塑，实现体制一新、结构一新、格局一新、面貌一新，取得了历史性成就，发生了历史性变革，国防军队建设进入了新时代。习近平强军思想，植根强国复兴新时代，指引强军兴军新征程，在马克思主义军事理论中国化进程中，在党的军事指导理论创新发展中，在党治国理政实践中，具有重大的政治意义、理论意义、实践意义。

1. 立起了新时代维护核心、听党指挥的看齐基准

维护核心、听党指挥，最内在最根本的是自觉向以习近平同志为核心的党中央看齐，向党的基本理论、基本路线、基本方略看齐。习近平强军思想，作为习近平新时代中国特色社会主义思想的“军事篇”，集中体现了党的意志主张，反映了党和人民对我军的时代要求，指明了军队建设要坚定正确的政治方向；从新时代坚持和发展中国特色社会主义基本方略的高度，突出强调坚持党对人民军队的绝对领导，要求我军坚决维护党中央权威和集中统一领导，坚决维护和贯彻军委主席负责制，揭示了人民军队从胜利走向胜利的根本力量所在；始终坚持从政治上建设和把握军队，以党的政治建设为统领全面加强军队建设，确立了新时代政治建军的大方略，为我们提升政治站位、增强政治能力提供了根本遵循。

2. 实现了马克思主义军事理论中国化时代化的新飞跃

坚持用鲜活的马克思主义军事理论指导实践，是我们党建军治军的一条根本经验。面对世情、国情、军情深刻的变化对强国强军提出的时代新要求，习近平强军思想做出了系列新的重大判断、新的理论概括、新的战略安排，指出世界正发生前所未有之大变局，我国正处于由大向强发展的关键阶段，我军正经历着一场革命性变革，强调国防和军队建设进入了新时代。同时阐明新时代军队使命任务和强军的奋斗目标、建设布局、战略指导、必由之路、强大动力、治军方式、发展路径等重大问题，把党对军事力量建设和运用规律的认识提高到新水平。这些理论上的重大突破、重大创新、重大发展，为丰富和发展马克思主义军事理论做出了原创性贡献，开拓了当代中国马克思主义军事理论和军事实践发展的新境界。

3. 提供了大踏步走中国特色强军之路的根本遵循

新时代，习近平以巨大政治勇气和强烈责任担当，带领全军重振政治纲纪，坚定不移推进

政治整训,有效解决了弱化党对军队绝对领导的突出问题;重塑组织形态,大刀阔斧全面深化改革,有效解决了制约我军建设的体制结构突出问题;重整斗争格局,坚定捍卫国家核心利益,有效解决了军事力量运用方面的突出问题;重构建设布局,创新发展理念和方式,有效解决了我军建设聚焦实战不够、质量效益不高的突出问题;重树作风形象,强力推进正风肃纪反腐,有效解决了不正之风和腐败现象滋生蔓延的突出问题。只有全面贯彻习近平强军思想,我军才能跟上全面建设社会主义现代化强国进程,在世界新军事革命浪潮中勇立潮头、赢得战略主动,朝着世界一流军队扎实迈进。

4. 丰厚了培养"四有"新时代革命军人的精神内涵

习近平强军思想,坚守中国共产党人的初心和使命,充满道路自信、理论自信、制度自信、文化自信,为新时代革命军人立起了坚不可摧的精神支柱;坚持人民军队性质、宗旨、本色,发扬我党我军光荣传统和优良作风,为官兵传承红色基因、担当强军重任提供了思想政治营养;强调敢于斗争、敢于胜利,指出我军历来重视精气神的培养,一不怕苦、二不怕死的战斗精神永远都不能丢,为砥砺军人血性胆魄明确了努力方向;贯通中国梦、强军梦、我的梦,蕴含着观察世界、思考人生的科学方法,为书写军旅出彩人生提供了价值引领。用习近平强军思想铸魂育人,官兵心中就有了魂,脚下就有了根,培养"四有"新时代革命军人、锻造"四铁"过硬部队就有了根本保证。

习近平强军思想为建设"敢打仗,打胜仗"的新型人民军队提供了科学指南和行动纲领,深刻诠释了强军兴军的使命任务、目标方向、原则制度、根本指向、战略布局、重要路径等一系列根本性问题。习近平强军思想为党在长期革命和军队建设中形成的理论创造和实践经验赋予了时代内涵与创新发展,明确指出强军目标是取得国防和军队建设成就的核心支撑与根本动力,有力推进了我国的国防和军队现代化建设历史进程,为提升国防和军队建设提供新路径。习近平强军思想是一个逻辑严密、意蕴深远的科学军事理论体系,为党的军事理论创新做出了重大原创性贡献,开拓了当代中国马克思主义军事理论发展的新境界。牢固确立习近平强军思想在国防和军队建设中的指导地位,对于坚定不移走好中国特色强军之路,全面推进国防和军队现代化,具有重大的现实意义和历史意义。

学习测试:

一、单项选择

1. 军事思想来源于社会实践,在阶级社会中,人们为了各自阶级的利益,所奉行和推崇的军事思想,必然反映各个阶级对战争和军队建设的认识和立场,因此军事思想具有(　　)。

A. 鲜明的阶级性　　B. 强烈的时代感

C. 丰富的实践性　　D. 明显的继承性

2. 色诺芬(　　)一书,记述了希腊人途经整个小亚细亚向黑海沿岸撤退的历程,被认为是希腊第一部军事理论专著。

A.《长征记》　　B.《居鲁士传》

C.《希腊史》　　D.《高卢战记》

3. 卡尔·冯·克劳塞维茨的(　　)在战争理论上集中反映了资产阶级上升时期的进步精神,是 19 世纪热兵器时代著名的、最有代表性的军事理论经典著作。

A.《战争艺术》　　B.《克劳塞维茨战争语录》

C.《战争论》

D.《海权对历史的影响》

4. 马汉认为(　　)对民族、国家的命运起重要作用,这一理论对英、美等国的海军建设和海洋战略产生了重大的影响。

A. 海洋面积

B. 海军

C. 地理位置

D. 制海权

5.《孙子兵法》中强调"上兵伐谋,其次伐交",这体现了中国古代军事思想战备论中战备的内容是(　　)。

A. 政治上备战

B. 经济上备战

C. 思想上备战

D. 外交上备战

6.《孙子兵法》提到"知彼知己,百战不殆;不知彼而知己,一胜一负;不知彼,不知己,每战必殆"的"知彼知己思想",提醒我们在(　　)要知彼知己。

A. 战前

B. 战中

C. 战后

D. 战争始终

7. 不属于毛泽东军事理论创新的是(　　)。

A. 开创了一条农村包围城市、武装夺取政权的革命道路

B. 创建了一支新型的人民军队

C. 创造了适合中国特点的人民战争的战略战术

D. 建设了一支强大的现代化正规化的革命军队

8. (　　)提出"我们必须统筹经济建设和国防建设,走中国特色军民融合式发展路子,在全面建设小康社会进程中实现富国和强军的统一"。

A. 毛泽东

B. 邓小平

C. 江泽民

D. 胡锦涛

9. (　　)指出"现在世界上真正大的问题,带全球性的战略问题,一个是和平问题,一个是经济问题或者说发展问题",并科学判断出"和平与发展是当今时代的主题"。

A. 毛泽东

B. 邓小平

C. 江泽民

D. 胡锦涛

10. 习近平国防和军队建设重要论述的主要内容不包括(　　)。

A. 把以人为本作为重要的建军治军原则

B. 建设一支听党指挥、能打胜仗、作风优良的人民军队

C. 确保军队绝对忠诚、绝对纯洁、绝对可靠

D. 确保军队召之即来、来之能战、战之必胜

二、多项选择

1. 军事思想的特征有(　　)。

A. 阶级性

B. 继承性

C. 实践性

D. 时代性

2. 宋神宗时期,把(　　)等七部兵书作为武学必修课程,统称《武经七书》。

A.《黄石公三略》

B.《三略》

C.《尉缭子》

D.《太白阴经》

3. 拿破仑的军事思想主要内容有(　　)。

A. 把炮兵作为独立兵种编入师和军的建制
B. 消灭敌人的军队应作为主要目标
C. 在决定性地点上巧妙调遣部队造成相对优势
D. 彻底废除门阀观念,不拘一格选拔人才

4. 属于毛泽东军事理论创新的是(　　)。
A. 开创了一条农村包围城市、武装夺取政权的革命道路
B. 创建了一支新型的人民军队
C. 创造了适合中国特点的人民战争的战略战术
D. 科学地阐明了关于研究和指导战争的战争观和方法论

5. 属于邓小平新时期军队建设思想的内容是(　　)。
A. 军队和国防建设指导思想实行战略性转变
B. 实行积极防御的军事战略方针
C. 建设一支强大的现代化正规化的革命军队
D. 始终不渝地坚持人民军队的性质

三、名词解释

1. 军事思想
2.《武经七书》
3. 马汉“海权论”
4. 毛泽东军事思想
5. 习近平强军思想

四、思考题

1. 简述拿破仑的军队建设思想。
2. 论述中国古代军事思想的形成发展和主要内容。
3. 试述《孙子兵法》的军事思想。
4. 论述毛泽东军事思想的主要内容。
5. 简述习近平思想的理论价值和实践意义。

第四章 现代战争

学习目标

◆知识目标

1. 定义战争的内涵、特点；
2. 认出新军事革命的内涵、主要内容；
3. 识别机械化战争、信息化战争的定义、特征、典型战例。

◆能力目标

1. 能解释战争的内涵；
2. 能归纳新军事革命的要素；
3. 能叙述机械化战争、信息化战争的基本含义；
4. 能列举机械化战争、信息化战争的一些代表性战例。

◆情感目标

心系国家安危，保持战争警惕，树立打赢信息化战争的信心。

导读

进入21世纪，以信息技术为核心的高新技术迅猛发展和广泛应用，推动了武器装备的发展和作战方式的演变，促进了军事理论的创新和编制体制的变革，战争形态正由机械化战争逐渐向信息化战争转变。1917年俄国十月社会主义革命开辟了人类历史的新纪元，标志着世界现代历史的开端。因此，现代战争指的是1917年以来人类社会所发生的战争。本章就现代战争相关问题进行讲述。

第一节 战争概述

根据《中国人民解放军军语》的解释，“战争是国家或政治集团之间为了一定的政治、经济等目的，使用武装力量进行的大规模激烈交战的军事斗争。战争是解决国家、政治集团、阶级、民族、宗教之间矛盾冲突的最高形式”。

人类自进入阶级社会以来，战争是常态。据统计，在有记载的 5 560 年的人类历史中，共发生过大小战争 14 531 次。从公元前 1496 年到公元 1861 年这 3 357 年间，人类有 3 130 年在打仗，只有 227 年是和平的。第二次世界大战后的 37 年里，世界上爆发 470 余起局部战争，无任何战争的日子仅有 26 天。战争影响着人类安危、国家的存亡、民族的兴衰、社会的发展，因此，我们需要认识战争、研究战争、遏制战争和打赢战争。

一、战争的内涵

毛泽东给战争下了一个定义：“战争——从有私有财产和阶级以来就开始了的、用以解决阶级和阶级、民族和民族、国家和国家、政治集团和政治集团之间、在一定发展阶段上的矛盾的一种最高斗争形式。”我们可以从以下九个方面理解战争的内涵。

(一) 战争是一个历史范畴

战争不是从人类社会一开始就有的，也不是永恒存在的，而是人类社会在一定发展阶段上的历史现象。它既有其起源的历史，又有其发展的过程，在人类社会发展的一定阶段上是会被消灭的。

首先，战争是人类社会发展到一定阶段的产物。从种种迹象看，人类发展到旧石器时代晚期，即脱离了原始群，进入了氏族社会，随着母系氏族社会的发展和繁荣，战争这一现象便发生了。马克思在《摩尔根〈古代社会〉一书摘要》中指出，“由于武器的改良和更为残酷，野蛮人进行的战争比蒙昧人更能毁灭大量的生命”，已谈到了原始社会的这种“古老战争”。中国的史书也记载了“黄帝胜四帝”的传说，这时的战争无论在性质、规模还是组织上都不是现代意义上的战争，但却是人类社会发展的产物。

其次，战争随着社会的发展而发展。战争起源于原始社会，它以“古老的方式”存在了十分漫长的时期。其后随着人类社会由无阶级社会向有阶级社会的发展、过渡，这一“古老战争”蜕变为阶级社会“现代意义上的战争”，并在阶级社会里不断发展、演变。

最后，战争在社会发展的一定阶段上必然消亡。战争有产生、发展，也就有消亡，这是必然的，也是符合事物发展客观规律和辩证法的。马克思主义军事理论揭示了人类战争与私有制和阶级的联系，因而也就揭示了消灭战争的根本途径。毛泽东指出：“人类一经消灭了资本主义，便达到永久和平的时代，那时候便再也不要战争了，那时候将不要军队，也不要兵船，不要军用飞机，也不要毒气。从此以后，人类将亿万斯年看不见战争。”可见，随着社会的发展，消灭了私有制和阶级，随之也就消灭了战争。

(二)战争是政治的继续

克劳塞维茨在《战争论》中提出并论证了"战争是政治的继续"这一命题。他由"绝对战争"论述到了"现实战争",而"战争是政治的继续"正是由这两种战争的差别得出的。他认为,绝对战争,即纯概念中的战争,按其自然法则,总要趋向极端,达到无限使用暴力的绝对状态,但是现实战争并不总是如此,许多战争是不彻底的,总是有一股力量在影响、抑制战争走向极端,这就是政治。他形象地把政治比喻成"是孕育战争的母体",还说,"政治是头脑,战争只不过是工具"。所以,必须把战争看成"政治交往的继续,是政治交往通过另一种手段的实现"。

马克思、列宁、斯大林都充分赞扬和肯定了克劳塞维茨的这一观点。毛泽东在考察战争时,不仅运用了这一原理,而且表述得更加经典和接地气,他说:"政治是不流血的战争,战争是流血的政治""战争是政治的继续,在这一点上,战争就是政治,战争本身就是政治性质的行动,从古以来没有不带政治性的战争……战争一刻也离不了政治……如有轻视政治的倾向,把战争孤立起来,变为战争的绝对主义者,那是错误的"。因此,我们研究、考察和指导战争,必须从政治出发、为政治服务,也就是说军事观点必须服从于政治观点,用政治观点指导军事斗争实践。

"战争是政治的继续"是马克思主义军事理论关于战争本质的基本原理,也是马克思主义者分析、研究和指导战争的根本出发点和方法。虽然战争不断地发展变化,但是它仍然是人们认识战争问题的根本指南。

(三)战争的一般根源是私有制和阶级

战争的根源是战争现象产生的根本社会缘由,这一重要的理论问题,古今中外众说纷纭。"与民皆生论"认为战争是人类社会与生俱来的现象,有了人类时就有了战争;"天命论"认为战争的发生皆由于"上天"的旨意或"上帝"的安排;"战争人性论"认为战争的根源在于人的本性,认为人性"本恶",战争就根源于人的极端自私心、侵略本性、攻击本能、好斗天性、权力欲等。一些学者从国家、民族、种族、人口、地理等角度,提出"种族主义战争论""战争人口论""地缘政治学战争论"等,这些观点都没有从根本上阐明战争产生的根源。

战争是为了争夺和维护一定的利益,用利益或利益冲突来说明战争的根源,这是目前一些人的看法,但是战争的根源不在于利益本身,而在于侵略者对他人利益的占有和掠夺,引起战争的利益背后都有一个共同的动机——卑劣的贪欲,它的社会基础正是私有制和阶级。马克思和恩格斯说,由于阶级和私有制的出现,才使原始的部落对部落的战争蜕变为一种"正常的营生"和一种"经常的职业"。所以说,战争的一般根源是私有制和阶级。

战争的一般根源是私有制和阶级,在阶级社会的不同发展阶段有着不同的表现和特点。列宁说:"世界霸权是帝国主义政策的内容,而这种政策的继续便是帝国主义战争。"两次世界大战的策源地和罪魁祸首,就是帝国主义,帝国主义就是现代战争的根源。毛泽东、邓小平在战争根源问题上做出新判断,认为当代战争的主要根源是霸权主义和强权政治。第二次世界大战后,世界形成美苏争霸的"两极格局",它们为了巩固和扩展霸权,以第三世界国家为主要争夺对象,使世界战乱频发,局势动荡不安。"两极格局"解体,世界走向多极化,霸权主义和强权政治并未终结,反而更加肆无忌惮,成为世界和平与发展的主要威胁。如美国为了一己私利,常常打着"自由""民主""人权"的幌子,对一些主权国家进行"颜色革命",侵犯他国主权,干涉他国内政,破坏他国统一和民族团结等,导致当今世界局部战争频发。所以说,霸权主义和强权政治是当代战争的根源。

(四)战争的社会作用是双重的

从辩证的角度来全面考察研究战争在人类社会中所起的作用,可以看到战争的双重性:既有好的、积极的一面,也有坏的、消极的一面。

战争积极面主要有:一是战争促进了国家的形成与民族的融合。纵观人类历史,可以看到国家、民族与战争有着深厚的联系。例如自秦汉始,汉民族与北方游牧民族进行了无数次的战争,在这些战争中,汉民族征服过少数民族,少数民族也征服过汉民族,在征服的过程中,促进了民族融合,形成了“中华民族”。二是战争促进了社会革命。在历史上,许多侵略战争,给社会带来破坏和灾难的同时,也会“坏事变好事”,引起社会革命,建立新的制度、国家。例如第一次世界大战所激起的俄国无产阶级革命,就建立了世界上第一个社会主义国家。再如社会主义新中国也是在抗日战争和解放战争中诞生的。三是战争促进了经济和科学技术的发展。革命战争是为了打碎旧的、束缚生产力发展的生产关系,所以革命战争胜利之日,也是生产力获得解放和发展之时。另外,战争本身的巨大消耗能刺激消费和生产,尤其是军事工业,继而很自然地刺激了经济发展。战争不仅是军事、经济的较量,也是科学技术的较量,战争中人们千方百计地研究新技术、研制新武器,这在客观上促进了科学技术的发展。四是战争造就了军事文化。军事文化是人们在战争实践中所创造出来的与军事相关的物质产品和精神产品的总和,包括战场、烈士墓、纪念馆、纪念碑、军事博物馆、兵书、军事著作、战争史、战争文学、戏剧、电影、军事家、战斗英雄、不朽精神等。军事文化影响和塑造着民族精神和性格,影响着社会道德风尚,所以要正确地加以引导,发挥其积极作用,构建民族文化自信。

战争的消极面主要有:一是战争造成了人口的大量伤亡。第一次世界大战,卷入战争的人口在 15 亿以上,伤亡人数达 3 000 余万。第二次世界大战,更是人类历史上空前的大浩劫,伤亡人数超过 9 000 万,其中中国军民伤亡人数 3 500 万,占伤亡总数的 40%。二是战争造成社会经济的巨大损失。战争会消耗和破坏社会积累的物质财富。如 42 天的海湾战争,伊拉克直接经济损失达 2 000 亿美元,多国部队消耗达 610 亿美元,平均每天耗资 14.5 亿美元。三是战争会造成人类文明的倒退。战争打乱了人们和平安宁的生活,使大量的人力和物力不能投入生产,社会经济发展陷入停滞,影响了科学技术正常的发展,产生了残忍、野蛮、颓废、消极的军事文化,破坏了大量人类文明古迹等,从而导致人类文明的倒退。

(五)战争的性质有正义性和非正义性

战争性质是指它的社会性质,即战争是正义的还是非正义的、是进步的还是退步的。用马克思主义观点来看,战争性质既取决于它的政治目的,又取决于它的社会效果,而其根本原则在于是否符合广大人民群众的根本利益。具体来说,一切反抗反动统治阶级剥削和压迫的战争,一切反抗民族压迫、抵御外来侵略的战争,就是正义战争,反之就是非正义战争。

毛泽东说:“一切进步的战争都是正义的,一切阻碍进步的战争都是非正义的。”进步的战争能给广大人民群众带来利益,这在革命战争尤其是无产阶级革命战争中有鲜明的体现。例如由无产阶级中国共产党领导的抗日战争和中国人民解放战争就是正义战争。

当代战争的性质表现出了更为复杂、更难判定的特点,需要站在马克思主义的、人民大众的立场,用战争的政治目的标准来判定战争正义与否,依据这一标准,我们就很容易判断出当代一些战争的正义性与非正义性。美国主导发动的伊拉克战争、阿富汗战争，打着“民主”“自由”“人权”“反恐”的旗号谋求推翻叙利亚政权的战争等，从政治目的上都可以看出这些战争都是非正义的。我们要支持正义战争，反对非正义战争。

（六）战争的军事目的是保存自己、消灭敌人

战争是人类的社会活动，除了政治目的外，还有军事目的，其军事目的就是保存自己、消灭敌人，这也是战争的军事本质。克劳塞维茨在《战争论》中指出：“消灭敌人军队是一切军事行动的基础，是一切行动最基本的支柱，一切行动建立在消灭敌人军队这个基础上，就好像拱门建立在石柱上一样。”毛泽东对于战争的军事目的明确提出：“战争的目的不是别的，就是‘保存自己，消灭敌人’。”

毛泽东在考察战争军事目的时，进一步揭示了“保存自己”和“消灭敌人”的辩证关系。保存自己与消灭敌人相互依存、相互制约，既对立又统一；保存自己与消灭敌人有主次之分，毛泽东提出“消灭敌人是主要的，保存自己是第二位的，因为只有大量地消灭敌人，才能有效地保存自己”；保存自己与消灭敌人的主次地位可以相互转化，当战争双方力量对比悬殊时，力量弱的一方，在一定的时间和空间内，保存自己是第一位的，当力量强于敌方时，消灭敌人是第一位的。

（七）战争运动的基本形式是进攻与防御

战争是激烈的军事对抗活动，对抗就有进攻方和防御方。战争开始也就是攻与防对抗的开始，战争的过程就是敌对双方展开的进攻或防御的对抗行动。进攻与防御是贯穿于战争始终的，存在于所有战争形式中，所以说战争运动的基本形式是进攻与防御。

进攻与防御是辩证统一的，它们既相互依存，又相互对立，还相互转化。进攻与防御相互依存，没有进攻，只有防御，则不会构成战争。只有进攻，没有防御，则不能构成武装斗争，自然不能视为战争。进攻与防御是相互对立的。因为战争是敌对双方你死我活的斗争，所以进攻与防御的矛盾是极其尖锐对立的；进攻与防御在战争运动过程中并不是一成不变的，战争双方力量强弱是会发生变化的，这种变化会导致战争中的进攻与防御也随之变化，进而促使进攻和防御相互转化。

（八）战争胜负是综合因素相互作用的结果

战争是敌对双方综合力量的较量，综合力量主要由经济、精神、军事、自然等因素构成，而战争的胜负是这些因素相互作用的结果。

首先，经济是战争胜负的物质基础。经济包括经济制度、工业生产能力、科技水平、人力资源、地域大小、各种资源等。战争中，谁的经济实力强，谁就有雄厚的物质条件来满足战争的需要。

其次，精神是战争胜负的决定性因素，这与“人是战争胜负的决定性因素”是相通的。战争中的精神因素主要有军事思想、战争指导方针、军队的精神状况、纪律性、训练水平和指挥能力等。战争中精神因素是唯一“活”的因素，只有人具备精神属性，对战争的控制、领导、组织，以及对各种客观条件的运用，都取决于人。在物质力量大体相同的情况下，能充分发挥精神力量的一方必然占有优势，因此，精神因素决定着战争的胜负。

再次，军事因素是决定战争胜负的直接力量。战争中军事因素主要包括军队和武器装备的数量和质量、后勤保障能力、战争动员能力等。这些都是在战争中能否取得主动的基本条

件,也是直接的、核心的战争制胜条件。

最后,自然因素是战争胜负的制约因素。自然因素包括时间、地理、天候等。战争总是发生在一定的时间、地域之内,又在一定的天候条件下进行,那么在战争时就必须考虑、研究、利用它们,使其成为对己有利、对敌不利的因素,为取得战争胜利创造条件。

(九)强胜弱败是战争胜负的基本规律

战争胜负虽然是敌对双方综合因素相互作用的结果,但战争毕竟是力量的竞赛,在较量中,强胜弱败始终是战争胜负的基本规律。古今中外各种各样的战争,都遵循着强胜弱败这一基本规律。革命战争中我军提出的“以弱胜强”“以劣胜优”战争指导思想,实质上是对强胜弱败规律的运用。这是迫不得已但又是从实际出发的战略选择。在具体作战过程中,我军总是想方设法地集中优势兵力以强击弱;如果战略上做不到,争取战役上做到以强击弱,如果战役上做不到,争取在战术中做到以强击弱。战争初始时总体上处于弱势,但在局部战场上创造强于敌人的态势,打歼灭战,积小胜为大胜,慢慢地改变力量对比,最终使革命力量整体上变强,最后战胜敌人。

二、战争的特点

(一)战争具有暴烈性

战争的本质和军事目的决定了战争的暴烈性。战争的本质就是用暴力手段解决阶级、国家、民族、政治集团之间矛盾的最高斗争形式。战争的军事目的就是保存自己消灭敌人,直接表现为敌我双方的相互厮杀,导致军民的大量伤亡和财富的巨大损失,暴烈性特点显露无遗。战争是以武装斗争为基本标志的,人世间再没有比战争更为暴烈的社会活动了,因而暴烈性就是战争本质中固有的特点。孙武称战争是“死生之地”,有人把战争看成“食人的魔鬼”,有些人称战争是人间的“灾难”“悲剧”等,无一不反映出战争具有暴烈性。随着战争形态的发展,信息化战争的暴烈性有了新的表现形式,除了造成人员和物质的损失外,还会导致电磁、网络等信息领域的诸多损失。只要有战争存在,战争的暴烈性就不可避免。

(二)战争具有从属性

战争从属于政治,是为政治服务的。“战争无非是政治通过另一种手段的继续”,这是《战争论》中的至理名言。政治是母体,政治孕育、产生了战争;政治是整体,战争是整体的一部分;政治是头脑,政治支配着战争;战争是为了达到政治目的的一种手段,当使用经济、外交、文化等手段不能达到政治目的时,就有可能采用战争的手段去实现政治目的。现实中战争的规模和烈度都是受政治约束的,例如一些战争国际公约,禁止使用化学、生物等武器,客观上限制了战争的暴烈性,所以说战争具有从属性。

(三)战争具有偶然性

克劳塞维茨说过“战争是充满偶然性的领域”。这种偶然性主要是指那些战争过程中出现的极不稳定、常出人预料的情况,这类情况有可能发生,也有可能不发生,有可能在预料之中发生,也有可能在预料之外发生,总之难以把握、难以控制。战争中的偶然性,一方面体现在地形和天候等自然条件，另一方面体现在影响战争诸因素的不断发展变化。例如战争中的天候往往出现难以预料的极端天气，进而影响战争的进程和结局。因此，很多军事家都把战争看成充满迷雾的领域，只有靠“天才”和“幸运”才能把握，所以说战争具有偶然性。再如战争中的政治精神因素时常会发生重大变化，临阵倒戈的情况也会时有发生，导致战局急剧变化，这也使得战争充满了偶然性。

三、战争的发展历程

（一）冷兵器战争

冷兵器战争，是指从战争产生到火器出现这一时期的战争。它可分为三个阶段。第一阶段是石器时代。这一时期生产力发展和私有制萌发使原始社会解体，部落联盟向国家过渡，战争主要是部落联盟间的战争。使用的武器主要是用石、木、骨、角制作的兵器，作战方式主要是徒步混战，并采用偷袭和伏击等手段。第二阶段是青铜时代。从公元前 21 世纪的夏朝开始，中国进入青铜时代，经商、西周、春秋战国、秦、汉，延续了 2 000 多年，作战兵器主要用青铜制作，有刀、剑、斧、戈、矛、棒、箭等。作战方式出现了以步战、车战为主的阵法作战，同时骑兵作战不断发展。第三阶段是铁器时代。汉代时，铁兵器已基本取代青铜兵器。这一时期作战方式更加有组织、成规模，骑兵作战更加成熟。

（二）热兵器战争

10 世纪，火器的出现，标志着人类战争进入到热兵器时代。中国最早发明的火器有突火枪、火铳、霹雳炮、震天雷等，在宋金、蒙金和宋蒙战争中大量使用。17 世纪中叶，随着工业革命的兴起，热兵器在欧洲迅猛发展，枪、炮的制造技术逐渐成熟，枪、炮的射击精度、射程明显提高，杀伤力大大增强。这时，步兵取代骑兵重新主宰战场，炮兵作为一个新兵种在战争中发挥着越来越重要的作用。作战方式也快速发展，火力准备、正面突击、快速机动、迂回包围等战法广泛使用，海战中接舷战被炮战取代。军队的突击力、机动力有很大提高，军队的指挥机构、编制体制、作战理论和兵役制度都有了长足发展。

（三）机械化战争

机械化战争是人类历史上继冷兵器战争、热兵器战争之后的第三种战争形态。20 世纪初，内燃机的发明，在枪炮的基础上，坦克、飞机等机械化作战平台的出现，标志着人类战争进入机械化时代。这时快速的机动力和强大的火力成为战争的主要力量，战争的空间也由二维平面空间过渡到三维立体空间，战争中的各种力量进一步增多，新的兵种层出不穷，作战协同难度加大，战争的规模和烈度也发展到新高度。

（四）信息化战争

信息化战争是人类历史上的第四种战争形态。20 世纪中叶，以微电子技术、计算机技术为核心的信息技术迅猛发展，人类社会逐步由工业社会向信息社会转型。随着信息技术在军事领域的广泛应用，大量信息化武器装备的发明、制造和使用，使战争进入到信息化时代。这时信息成为战争中最重要的战争资源，制信息权的争夺成为继制海权、制空权之后新的军事制高点。

第二节 新军事革命

新军事革命,是特指在工业社会走向信息社会的时代,以信息技术为核心并得以广泛应用,从而引起军事领域武器装备、军事理论和组织体制等一系列的根本变革,导致战争形态和军队建设模式彻底改变的一场革命。具体是指 20 世纪末以来,以信息技术为核心的诸多高新技术在军事领域的广泛应用,导致战争形态由机械化战争向信息化战争转变的一场革命。随着新军事革命的兴起,世界各国在军事技术、武器装备、编制体制、军事理论、军事训练等方面发生了根本性变革,对世界军事形势、国际战略格局产生了深刻影响。

一、新军事革命的内涵

(一)军事革命

"军事革命"最早是在 1976 年版的《苏联军事百科全书》中提出的。苏联军事专家认为,第二次世界大战后由于科学技术广泛运用于军事领域,引起了战争形态和作战方式的根本变化,是一场"军事上的革命"。军事革命是指军事领域的根本性变革,主要包括武器装备体系、军队组织结构、作战方式、军事理论乃至战争形态等方面的根本性变革,是军事领域发展质的飞跃。

人类社会经历了四种战争形态,一是冷兵器战争,二是热兵器战争,三是机械化战争,四是信息化战争。因此,人类社会经历了三次军事革命:第一次军事革命就是由冷兵器战争向热兵器战争的转变,也叫火药化革命;第二次军事革命就是由热兵器战争向机械化战争的转变,也叫机械化革命;第三次军事革命就是由机械化战争向信息化战争转型,也就是正在进行的新军事革命。

军事革命发生的根本动因是社会经济的发展和科学技术的进步,这一进步为军事领域的变革提供了物质基础,再加上战争目的的驱动,各国为了争夺战争中的主动权,竞相大力发展军事技术,更新武器装备,改革军队的组织结构,研究新的军事理论、作战方式,从而引起军事领域发生质的飞跃。

(二)新军事革命

新军事革命,亦称新军事变革,是相对于已经发生的两次军事革命而言的,其实质就是由机械化战争向信息化战争转型的第三次军事革命。

"新军事革命",是从英文 revolution in the military affairs(RMA)翻译过来的。新军事革命的产生发展过程大概经历了以下四个阶段。首先,新军事革命概念的提出。1979 年苏军总参谋长奥加尔科夫元帅提出了"新军事技术革命"的概念,这是最早提出与新军事革命相关的理论。他认为,新兴技术将使军事学说、作战概念、训练、兵力结构、国防工业和武器研制重点发生革命性变化,并把这种变化概括为"新军事技术革命"。其次,新军事革命的理论雏形产生。20 世纪 80 年代初美国未来学家阿尔夫·托夫勒提出了"第三次浪潮"理论,认为人类进入信息革命时代,会引发人类社会各领域根本性的变革,给军事领域带来一场深刻革命。再次，新军事革命兴起。1991年海湾战争中，以美军为首的多国部队，仅用42天时间就击溃了当时号称“世界第四军事强国”伊拉克的军队，美军仅阵亡148人，展现出强大的远程精确火力打击能力、快速机动作战能力、初步的信息战能力，战争由机械化战争向信息化战争变革的雏形显现。这场战争使一些国家军队受到巨大震撼，促使这些国家竞相研究这场新军事革命。第四，新军事革命进一步发展。1999年科索沃战争，以美国为首的北约凭借绝对优势的空中力量和高技术武器，对南斯拉夫联盟的军事目标和基础设施进行了持续78天的轰炸，最终迫使南联盟妥协，达成了战争目的。这场战争是典型的非对称、非接触作战，展现出强大的精确作战能力和信息战能力，信息化特征明显。一些国家军队正视自身存在的差距，加大了军队改革和建设力度。最后，新军事革命深入发展。2003年伊拉克战争，美军更是展现出强大的指挥控制能力、精确火力打击能力、信息作战能力等，信息化战争形态走向成熟。世界其他国家军队危机感加剧，各国军队纷纷制定自己的改革发展目标，加大军事投入，加快军队转型步伐。如俄军“新面貌”改革进入调整完善阶段，力求实现“精干高效、机动灵活、装备精良、训练有素”的建军目标。日本提出了“机动防卫力量”构想，力求建设快反、机动、灵活、持续的多能型自卫队。欧盟主要国家提出了“建立一支规模小、装备精、轻型化、机动灵活、快速反应能力较强的实战型军队”的建军方针。

二、新军事革命的主要内容

（一）新军事技术

军事技术的进步是新军事革命发生的原动力。恩格斯说：“一旦技术上的进步可以用于军事目的并且已经用于军事目的，它便立刻几乎强制地，而且往往是违反指挥官的意志而引起作战方式上的改变甚至变革。”因此，以信息技术为核心的高新技术发展并应用于军事领域，直接催生了新军事革命的产生。当前对军事有重要影响的四大类技术分别是：一是以微电子技术、光电技术、计算机技术为代表的信息技术；二是以复合材料、生物材料、纳米材料等为代表的新材料技术；三是以核能、新型高能量密度材料、能量束为主的新能源技术；四是以航天航空技术、海洋技术、生物技术为代表的综合性技术。当今科学技术前沿正在发展的影响人类未来的颠覆性技术，主要有以下三类：一是以量子通信、量子计算机为代表的量子技术；二是人工智能技术；三是可控核聚变技术。这些新技术一旦应用于军事领域，会引起武器装备、作战方式、军事理论、组织体制的革命性发展，产生巨大的军事效能，进而改变战争形态。

（二）新武器装备

新武器装备的发明并使用是新军事革命的直接表现，军事革命的发生通常始于武器装备性能发生质的飞跃时期。随着以信息技术为核心的高新技术在军事领域的应用，世界各国按照“信息主导”“系统集成”的思路，研制生产了一大批高新武器装备，提高了武器装备的信息化水平，大大增强了武器装备的作战效能。如精确制导武器，包括各种导弹、制导炮弹、制导炸弹等；如先进的信息化作战装备，包括各种隐形飞机、坦克、舰艇、潜艇、无人机等；如各种信息系统，包括侦察、指挥、控制系统，数字通信系统，战术互联网系统，导航定位系统，预警系统，辅助决策系统等。武器装备正向数字化、精确化、隐形化、无人化方向快速发展，同时一些新概念武器也不断涌现，主要包括定向能武器、动能武器、微波武器、粒子束武器、高超声速武器、气象武器等，这些新概念武器能大幅提高作战效能，也将改变军队的作战方式，促使战争形态发生革命性变化。

(三) 新军事理论

军事理论的创新，既是新军事变革的重要内容，也是新军事革命深入发展的内在推动力。军事的发展主要受两个因素影响，一个是军事技术，一个是军事理论，这两个因素是军事不断向前发展的两条腿，有时军事技术走在前面，会带动军事理论发展，有时军事理论走在前面，会带动军事技术的发展，两者相互依存、相互促进，交替前进，从而推动军事不断向前发展。随着信息技术为核心的高新技术在军事领域的广泛应用，引起武器装备的发展，使传统的一些作战原则、作战方法、战略谋划、战役筹划、战术指导等军事理论随之发生变化，产生了一些新的军事理论。例如：1991 年海湾战争的"非线性机动作战"理论，1999 年科索沃战争以空袭为主的"非对称、非接触作战"理论，2003 年伊拉克战争的"空地一体战"理论、"信息战"理论、"网络中心战"理论、"联合作战"理论、"精确化作战"理论，以及后来产生的"智能化战争"理论等。这些新军事理论在几场局部战争中对夺取战争胜利、加快战争进程起着非常重要的作用，新军事理论在客观上也推动了世界各国的新军事革命深入发展。

(四) 新编制体制

一场军事革命的完成，是以军队的组织体系的重塑为标志的。进行编制体制的调整、改革，是实现人与武器的最佳结合，发挥人与武器最大作战效能的有效途径，也是完成新军事革命的关键。世界各国为适应新军事革命的发展，高度重视军队组织体系的优化，使军队的编制体制向着精干、高效、合成的方向发展。总体趋势是，编制上压缩一般常备军的规模，增加高技术、快速反应部队的编制，使军队的总体规模适度，结构优化，向小型化、多能化、一体化方向发展。体制上减少指挥层级，裁撤功能重复、低效的军事机构，增设联合作战指挥机构、新型作战力量指挥机构，使指挥机构更加扁平、精干、高效。例如我军已经完成的军队改革，指挥机构按照军委管总、战区主战、军种主建的思路进行改革，战区成立联合作战指挥机构，作战部队编制由原先的军、师、旅、团、营、连改为军、旅、营、连的编制，减少了指挥层级，作战时指挥信息的传递环节相应减少，从而提高了指挥效率。通过改革我军的组织体系实现了重塑，通过训练、演习、实战检验，我军新的编制体制能较好地适应信息化作战。

三、新军事革命的特征

当前世界新军事革命深入发展的突出特征：一是深刻性。主要国家军事改革正在从军事技术层面、军事组织层面、作战理论层面，深入到军事文化层面，提出了军事转型文化、联合文化和理论创新文化等。二是全面性。世界主要国家军事改革和军事转型不仅涉及信息化军事技术形态、联合化组织形态和高效化管理形态，而且包括了军事理论形态、作战形态、保障形态、教育形态等各个领域。三是务实性。世界主要国家军事改革着力提升指挥控制能力、情报能力、火力打击能力、机动能力、防护能力、保障能力、信息能力、国际交流能力。例如俄军着眼于提高应对各种安全威胁的能力，重点提高了应对大规模空天袭击和地区战争的能力。四是不平衡性。美国始终处于新军事革命的领先地位；英、法等其他发达国家紧随其后，积极跟进，加快推进军事转型；印度、巴西等新兴国家以改善武器装备为重点，正在进行有选择的军事改革。

四、新军事革命的发展趋势

(一)技术形态

军事技术形态正在向智能化、网络化、微型化、高超声速的方向发展,主要国家着力发展各种新型武器装备。美军计划到2030年全面完成C^4KISR系统建设。俄军计划在2020年底前建成全军统一的自动化数字通信网络系统。美国、英国、法国、俄罗斯等国都在研制人工智能作战系统,包括无人飞行器、地面机器人、水面和水下机器人作战系统等。一些国家已正式把网络空间定义为继陆、海、空、天、电之后的第六维作战空间。美国正在研发各种网络侦察、网络防御和网络进攻等武器系统,俄罗斯网络攻防武器研制取得了突破性进展。目前,全球有100多个国家具有开发网络武器的能力。美国已成功进行50多次导弹拦截试验和数次电磁轨道炮试射,正在研制可攻击敌方卫星的XSS-11微型卫星;俄罗斯加紧研制空天飞行器;英法等国均有空天飞行器研制计划;日本和韩国加紧部署导弹防御系统;我军高超声速常规中程导弹东风-17已列装部队。

(二)组织形态

军事组织形态正在向优化结构、减员增效、模块组合、“去重型化”的方向发展。具体体现在以下三点:一是优化结构,完善联合作战体系。美国将联合作战层级由旅战斗队下沉至营战斗队;俄罗斯建立了4个联合战略司令部;日本成立了联合参谋部,形成了联合作战指挥体制;印度成立了联合国防参谋部和三军联合的战区司令部;我军改革后成立了战区联合作战指挥机构。二是压缩规模,增加基本作战单位数量。主要国家军队在减少员额的同时增加基本作战单位数量。美陆军基本战术行动单位从33个增加到73个作战旅;俄陆军基本战术兵团从36个增加到113个常备旅;我军的陆军由原18个集团军为基础,调整组建了13个集团军,减小了陆军规模。三是“去重型化”,提升作战部队的机动能力。美军积极增加组建斯特瑞克旅,该旅是陆军数字化程度最高、机动性最强、可遂行多种任务的主要作战部队;俄军实行新编制,按照不同任务分类建设轻型、中型和重型常备旅;英军和德军裁减了陆军重型装甲部队,组建了更加机动、灵活、轻便的,可遂行多样任务的新型作战旅。

(三)作战力量

作战力量正在向一体化、无人化、网络化、太空化的方向发展。美俄等国军队正在大力发展新型作战力量,并在实战中运用和检验新的作战理论和方法。一是无人化作战部队应运而生。目前,世界主要国家十分重视发展无人武器系统,正在积极着手建设无人作战力量。2019年全球在机器人和无人机上支出达到1 157亿美元。据估计,2020年美军战斗力将有1/4来自无人化平台。俄军预测,到2025年左右,人工智能机器人武器装备将成为未来战场上的主战武器装备,将彻底改变传统作战方式,带来军事领域的真正革命。二是网络攻防部队成为重要作战力量。美国防部宣布组建40支网络部队,其中13支用来攻击对手。俄罗斯也建立了网络作战部队,其破网技术取得了突破性进展。目前,全球网络军备竞赛掀起高潮,超过40个国家组建了网络战力量。三是新型特种作战力量作用增大。新型特种作战部队在规模数量、职能任务、作战方式和行动样式上发生了很大变化,成为可达成战略目的的新型作战力量。四是空天作战部队正在酝酿建立。美国已研制可攻击敌方卫星的微型卫星和空天飞机,目前可实施反导、反卫星等太空攻防作战行动。俄罗斯拥有相当规模的太空武器,并明确将空天战略性行动作为在未来战争中首先实施的战略行动之一。2019 年 12 月 20 日美国宣布成立太空军。日本宣布将组建太空部队,积极准备实施空天作战行动。全世界 50 多个国家拥有空间飞行器,外层空间已经成为世界各国战略竞争的制高点。

(四)国防管理

国防管理正在向注重战略规划、提高军费使用效益、增强科研创新能力、提高军队职业化水平的方向发展。主要国家十分重视国防改革,积极转变国防管理方式。一是提高战略规划水平。美国不断推动战略管理制度化、标准化和程序化建设,提高国防管理运行效率和国防投入效益。法国国防部制定了《六年军事规划法》和军队发展中期、长期计划。二是提高国防投入效益。美国更加强调优化军费投向投量,对关键地区、关键领域和关键力量的投入不减反增。俄罗斯近五年军费预算平均增长率为 20%左右,装备采购费比重不断加大。三是提高科技创新能力。美国不断加强对军事前沿技术、高技术装备和高风险项目进行总体规划及跟踪研究。俄罗斯积极调整优化国防科技布局和军工体系,提升国防科技竞争力。四是提高军队职业化水平。法军暂停义务兵役制,实行全面职业化。德国从混合兵役制转向全志愿兵役制。俄军始终把职业化作为军队建设的发展方向,其合同兵比例不断提升。

第三节　机械化战争

根据《中国人民解放军军语》的解释:机械化战争,是指主要使用机械化武器装备及相应作战方法进行的战争。它具有机动速度快、火力毁伤强、战场范围广、战争消耗大等特点。机械化战争是工业时代战争的基本形态,也是信息化战争发展的前提和基础,所以认识机械化战争,对于把握战争规律,更好地指导未来信息化战争实践,具有十分重要的意义。

一、机械化战争的内涵

机械化战争是人类战争史的一个重要阶段,是随着人类社会进入工业时代产生和发展的。19 世纪末,科学技术的进步,内燃机的发明,新工业革命迅速发展,人类社会进入工业时代。随着速射机枪、坦克、飞机、潜艇、航空母舰、无线电设备等一大批机械化武器装备相继问世,坦克兵、潜艇兵、防化兵等新兵种的出现,空军诞生并发展成为独立军种,军队的编制体制走向大型化、合成化,新的作战方式产生,如坦克战、化学战、电子战以及空中作战等。这些军事领域的发展使得战争面貌发生重大变化,人类战争由此步入机械化战争时代。机械化战争产生于第一次世界大战,成熟于第二次世界大战,并延续到 20 世纪 90 年代,直至现在,世界上发生的局部武装冲突和战争仍然具有一定的机械化战争特点,它对近现代世界军事发展和世界格局产生了巨大影响。

经典战例

第四次中东战争

第四次中东战争(又称赎罪日战争、斋月战争、十月战争)发生于1973年10月6日至10月26日,是阿以之间爆发的第四次战争。这次战争是中东地区规模最大的现代化局部战争。战争初期打破了以色列不可战胜的神化,最终给阿拉伯国家和以色列都造成了巨大损失,改变了中东地缘政治格局。

1973年10月6日,当以色列全国都沉浸在宗教节日的气氛中,全国暂停一切日常活动时,埃及200多架飞机和2 000多门大炮打破了这一节日的宁静氛围,轰鸣的炮声拉开了第四次中东战争的大幕。

埃及军队实施了先发制人的作战计划,很快就撕开了以色列坚不可摧的巴列夫防线,以色列3个装甲旅和1个步兵旅沦为炮灰,数百辆坦克被击毁。短短的3天时间,埃及控制了苏伊士运河东岸纵深十几千米的地区,初战告捷。同时,叙利亚从北侧发动攻势,开辟第二战场。叙利亚在1 500门大炮和100架飞机的配合下,很快收复了戈兰高地东部大部分地区。

在阿拉伯国家军事和财政上的支持下,埃及和叙利亚在开战初期取得了战场上的优势,以色列处于被动地位。然而,埃及出现一个致命错误,在10月9日突然停止攻势,转而修筑阵地和防线,以色列因此获得喘息之机。9日以色列开始反攻,重点进攻叙利亚,13日以色列军队距大马士革仅34千米。叙利亚形势危急,埃及军队为减小叙军压力,贸然出动1 000辆坦克,离开防空导弹的保护区域,主动进攻吉迪山隘,从而陷入一场坦克大战,结果损失250多辆坦克,无功而返。

以色列根据美国提供的情报,找到埃及军队的防守薄弱点。10月16日,以色列将军沙龙率领200人的小部队,迂回到埃及后方破坏了埃及导弹发射场,随后大批以色列军队深入运河西岸,切断了埃及军队退路,从而取得了战争主导权。最后,在联合国和美苏的干预下,埃及、叙利亚和以色列三国在24日停火,第四次中东战争结束。

这次战争的规模远远超过前三次中东战争的总和,战争双方投入了近百万的兵力,大约6 000辆坦克、1 500架飞机和4 000枚导弹。在短短的18天中,双方在兵员、战备和财力方面都损失惨重。这次战争是首次利用卫星进行战场侦察的战争。以色列充分展示了强大的国防动员能力和战争潜力。阿拉伯国家空前团结,建立了统一战线,掌握了解决中东问题的主动权。

二、机械化战争的基本特征

(一)主导要素是物质力量

机械化战争的物质力量是人和武器装备,军队的强弱主要体现在人和武器装备的数量叠加。战斗力主要反映在人的训练水平,武器装备的射程、速度、精度、杀伤半径、毁伤效果等,人与武器装备的结合水平,以及作战理论的先进与否等。战争的胜负往往取决于军队的数量、规模,也就是具体有多少人、坦克、飞机、大炮、军舰等。机械化战争的制胜机理是依靠火力、兵力实施大规模的“硬摧毁”,歼灭敌方全部或大部分有生力量而取得战争胜利,战争胜负取决于能否大量摧毁对方的物质力量。20世纪是机械化战争主宰人类战争的世纪,从两次世界大战到朝鲜战争、越南战争、中东战争等，都是机械化战争，主导战争结果的无不是战争双方的物质力量。

(二)指挥控制是纵向树状结构

机械化战争指挥控制是纵向树状结构，其特征是下大上小，最高指挥官处于树尖位置，所有来自战斗一线的情报信息，必须从树的底层末端逐级向上报告，直至最高层。最高层和上级的命令指示也是逐级向下传达，直至到达底层战斗一线。树状指挥控制结构优点是结构稳定，统一性、执行力强。缺点也显而易见：一是指挥信息是逐级传递，信息传递相对滞后，信息的保真度受层级影响，导致指挥官对战场情况不能实时掌握，指挥控制的实时性、应变能力不足。二是随着军队规模的增大指挥机构就必须要扩大，且指挥机构相对集中，所以指挥机构的灵活性、抗毁能力不足。三是指挥控制的树状结构，信息只能“上下相连相通”，横向不能做到“互连互通”，造成信息流程长、共享范围小、利用率低，指挥效率不足。

(三)作战方式是线性攻防作战

线性作战也叫线式作战，是指作战双方的战场具有清晰的交战线，作战方法以近乎线性规则的方式来运行，交战过程中双方的战场呈现出相互对峙的线状界线，而且有明确的前后方。机械化战争中，机枪射程从几十到几百上千米，火炮射程从几千米到几十千米，坦克火炮射程从几百米到几千米，航空兵飞行几百千米以临空轰炸的方式进行作战，作战双方在战场上形成了比较明确的进攻线和防御线，也被作战双方称为“前线”。在具体作战过程中，机械化战争中无论进攻方还是防御方，作战方法基本上按照线性步骤有序进行。如进攻方的作战方法，首先利用火炮、飞机等进行火力准备，摧毁和消耗敌人的防御力量；其次地面部队装甲兵、步兵等进行冲击，层层突破敌人防御阵地；然后夺占阵地，打扫战场，清剿残敌；最后巩固阵地，转入防御，或准备下一轮进攻。所以说机械化战争的作战方式是线性攻防作战，当然这种线性作战的战场范围比起以前的战争扩大了很多。

(四)战争的规模、损失、消耗巨大

机械化战争，随着武器装备的发展和军队编成不断扩大，战争的规模持续扩大，直接后果就是战争中的损失、破坏、消耗随之增大，往往一场大规模战役就要损失飞机数千架、坦克数千辆、火炮数千门、舰艇几十艘，弹药、油料等作战保障物资不计其数。例如第一次世界大战历时4年，30多个国家、15亿人口卷入战争，伤亡人数约3 000万；第二次世界大战历时6年，56个国家、20亿人口卷入战争，伤亡的人数约9 000万。在两次世界大战后发生的几场较大规模的局部战争中，战争损失、消耗巨大的状况仍在继续，这是机械化战争的一个重要特征。

三、机械化战争的代表性战例

(一)苏德战争

苏德战争是第二次世界大战期间苏联为抵抗纳粹德国及其仆从国侵略进行的战争，是世界反法西斯战争的重要组成部分，也是第二次世界大战中规模最庞大、战况最激烈、伤亡最惨重的战场。

1. 战争初期

1941 年 6 月 22 日,纳粹德国撕毁《苏德互不侵犯条约》,伙同仆从国匈牙利、罗马尼亚、芬兰,以事先拟订好的一份代号为“巴巴罗萨”的计划,集结了 190 个师 550 万人、4 900 架飞机、3 700 辆坦克、47 000 门大炮、190 艘军舰,分成 3 个集团军群,从北方、中央、南方三个方向以闪击战的方式对苏联发动突然袭击,苏德战争全面爆发。

由于情报问题,在开战前一天,苏联最高统帅部才知道德军的具体进攻时间,苏军未能做好充分准备,在短短 18 天之内,德军突进苏联 600 千米。仅第一天的战斗,苏联空军就损失 1 200 架飞机,其中 800 架还未起飞就被炸毁。大量苏军边境据点被德军迅速包围,苏联红军边防守军陷入孤军作战,拼死抵抗(如布列斯特要塞之战)。

北方战线由威廉·里特尔·冯·勒布元帅指挥的北方集团军群负责进攻。两个星期内苏联红军败退 400~450 千米,放弃了整个波罗的海沿海地区,苏联红军 24 个师被彻底击溃,20 个师损失 60%的人员和装备,德军北方集团军群很快抵达列宁格勒城下。

中部战线是德军突击的重点地区,费多尔·冯·博克元帅指挥的中央集团军群从格罗德诺和布列斯特要塞方向进攻,通过一个双钳攻势完成了对苏联西部军区的合围,白俄罗斯首府明斯克沦陷,苏联红军败退 350 千米,30 个师被歼灭,70 个师损失 50%以上的人员。随后,德中央集团军群又在斯摩棱斯克地区展开了第二个钳形攻势,由于苏联红军有效地组织了防御,德军进展缓慢。但是战役在历经两个月后,德军还是完成了合围,歼灭了苏联红军 30 万人。

南方战线由伦德施泰特指挥的南方集团军群负责进攻,主要目的在于占领苏联在乌克兰的农业和工业基地,并获得黑海港口作为补给站。德军面对的是苏联基辅特别军区(即西南方面军)和敖德萨军区(南方面军),西南方面军是苏联实力最强的一个军区,苏联红军在兵力和装备上对德军有明显的优势,德军在这个方向的进展较为缓慢。但德军的作战素质远在苏联红军之上,因而德军依然长驱直入抵达第聂伯河。

为了使德军得不到占领区的物资,斯大林于 1941 年 7 月 3 日令苏联红军实行焦土抗战,在撤离和疏散民众后,尽可能地减少德军可能的落脚点。命令游击队在占领区要尽可能地使德军无法获得物资补给。1941 年 8 月 18 日,苏联炸毁了第聂伯河上的水电站大坝。

1941 年 9 月 15 日,德军中央、南方两个集团军群合作,在基辅战役中将苏联西南方面军主力包围。苏联军队 70 个师血战 10 天,苏联红军少数突围,66 万余人被歼灭,其中包含 6 万名军官。希特勒将这次围歼战称为“史上最大的围歼战”,但是随后,在攻击顿河河畔罗斯托夫的战役中,由于主力部队都被调往了莫斯科地区,德军遭到了失败。

1941 年 9 月 30 日,德军集中 74 个师约 193 万人,在 1 700 辆坦克、11 000 门火炮的支援下,发起了莫斯科会战。战役的第一阶段以德军在维亚济马地区歼灭苏联红军 60 余万人的全面胜利而结束。随后德军迅速占领了莫斯科外围,摧毁了数道苏军防线。

1941 年 11 月 7 日,在德军迫近莫斯科之时,苏联依然按时组织了红场阅兵,这是历史上最著名的阅兵之一,受阅部队在阅兵结束后直接开赴前线,包括斯大林在内的苏联主要领导人坐镇莫斯科以表明坚守首都的决心。

1941 年 12 月 6 日,苏联发起反击,突破德军防御并将其击退 200~300 千米,莫斯科会战以苏联胜利而结束,德军损失了 50 多万人和大量的技术装备,这是德国陆军在第二次世界大战中第一次受到重大损失,希特勒“三个月灭亡苏联”的狂言彻底破灭。莫斯科局势得以稳定。

1941 年冬天,苏联红军在各条战线上发动冬季攻势。在南部,苏联红军越过刻赤海峡,在克里米亚半岛登陆;在北部,苏联红军试图解围列宁格勒,但是由于苏联红军的训练拙劣,准备不足,指挥失当,这两个方向的攻势均以失败告终,苏联红军损失巨大。

1942 年 5 月,苏联红军又仓促发起第一次哈尔科夫战役,试图收复哈尔科夫,但被德军分割包围后歼灭。同时,曼施泰因指挥的德军席卷克里米亚半岛,攻克塞瓦斯托波尔要塞,并在刻赤战役中将苏联红军彻底击溃。最终,苏联红军的冬季攻势以失败告终。

2. 战争转折

成功击退了苏联红军的冬季攻势后,德军认为占领莫斯科十分困难,因此转变进攻重点,改为向苏联的高加索地区展开进攻。进攻初期,德军先在哈尔科夫歼灭了苏联红军 30 余万人,并迅速南下,席卷整个高加索地区。但是,由于苏联红军在前一年的大溃败中吸取了足够的教训,德军没能在高加索地区大规模歼灭苏联红军,苏联红军虽然无法抵挡德军装甲部队的进攻,但是得以保全力量。

随后,为掩护南下高加索的德军(为了获取巴库油田的石油),德军意图占领伏尔加河畔的斯大林格勒,随之与苏联红军在斯大林格勒展开了旷日持久的大会战。德军在战役开始前对斯大林格勒展开了大规模轰炸,德南方集团军群主力突入城市。崔可夫将军率领的苏联第六十二集团军在斯大林格勒城内迅速组织起了有效的抵抗。战役主要在斯大林格勒城内和接近地展开,战斗极为残酷和血腥,双方投入的总兵力在 300 万人以上,苏联红军顽强抵抗,使德军每前进一步都要付出惨重的代价。而此时苏联上百万的预备队已经在两侧集结,于 1942 年年末包围德军第六集团军主力 27 万人,并于 1943 年 2 月 2 日将其全部歼灭,苏联红军取得了决定性胜利。

1943 年 7 月 5 日,库尔斯克会战打响。12 日,双方在库尔斯克南部奥博扬方向的普罗霍洛夫卡进行坦克大会战,德军装甲部队和以第五军为首的苏军装甲部队发生遭遇战,激烈的战斗持续了一整天,虽然苏军损失高于德军,但德军始终无法推进。8 月 23 日,苏军收复哈尔科夫,库尔斯克战役以苏军胜利而结束。

至此,德军再也没有在苏德战场上发动过战略进攻,而是转向了战略防守,斯大林格勒战役和库尔斯克战役可谓是苏德战场的转折点。

3. 苏联红军反攻

随着德军在库尔斯克战役的失败,德军南方集团军群被迫后撤,越过了第聂伯河,同时实施“焦土政策”。此后,苏联红军相继发动了 10 次大型反击战役(史称十次斯大林突击),将德军完全赶出了苏联国土。之后,苏联红军横扫东南欧,在盟军于 1944 年 6 月 6 日发动诺曼底登陆后,德军不得不从东线调出大量部队以守卫西线,苏联红军更加势不可当,并且相继解放了罗马尼亚、保加利亚、匈牙利、南斯拉夫、捷克斯洛伐克、波兰等国。

1945 年 4 月 16 日苏联红军在渡过奥得河之后开始了进攻柏林的战役,4 月 21 日苏联红军攻入柏林市区,25 日完成了对柏林的包围,27 日突入市中心,30 日苏联红军的三名士兵将苏维埃红旗插在了柏林国会大厦的楼顶,同一天希特勒自杀。

1945 年 5 月 9 日 0 点 30 分,德国政府在柏林签署了无条件投降书,投降书即时生效。苏联获得了苏德战争的最后胜利,也标志着第二次世界大战在欧洲战场的结束。

4. 战争影响

这场战争中,苏联用巨大的牺牲彻底打败并摧毁了纳粹德国的法西斯政权,为世界反法西斯战争胜利做出了不可磨灭的贡献,改写了战后世界格局,苏联一跃成为超级大国。

(二)朝鲜战争

朝鲜战争指1950年6月爆发于朝鲜半岛的军事冲突。朝鲜战争原是朝鲜半岛北、南双方的民族内战,后因美国、中国、苏联等多个国家不同程度地卷入而成为一场国际性的局部战争,是第二次世界大战结束后爆发的一场大规模局部战争。

1. 战争爆发

1949年1月至1950年6月,朝鲜、南朝鲜在三八线附近共发生2 000多起纠纷,冲突不断升级,最终朝鲜战争于1950年6月25日在三八线上爆发。

2. 美国参战

1950年6月26日,美国总统杜鲁门命令驻日本的美国远东空军协助韩国作战,27日再度命令美国第七舰队驶入基隆、高雄两个港口,在台湾海峡巡逻,阻止解放军解放台湾。美国驻联合国代表还向安理会提交了动议案,在苏联代表缺席的情况下,以13∶1(南斯拉夫投了反对票)的情况动议得到通过,派遣“联合国军”出兵朝鲜。“联合国军”以美军为主导,其他15个国家也派小部分军队参战。英国、土耳其、加拿大、泰国、新西兰、澳大利亚、荷兰、法国、菲律宾、希腊、比利时、哥伦比亚、埃塞俄比亚、卢森堡、南非与南朝鲜军队均归驻日美远东军指挥,其司令为五星上将麦克阿瑟。7月5日,美军参加了第一场对朝鲜的战役。

1950年9月15日,麦克阿瑟登上旗舰“麦金利山”号亲自督战,在美英两国300多艘军舰和500多架飞机的掩护下,美军第十军团成功登陆仁川,从朝鲜军队后方突袭,切断朝鲜半岛的蜂腰部一线,迅速夺回了仁川港和附近岛屿。1950年9月22日,撤退到釜山环形防御圈的“联合国军”乘势反击。1950年9月27日,仁川登陆部队与釜山部队于水原附近会合,一日之后重夺汉城。

3. 中国参战

仁川登陆后,朝鲜半岛局势逆转,中国政府几乎每天都通过广播警告美国,如果跨过三八线,中国就会出兵。9月30日,周恩来总理在国庆大会上发表讲话:“中国人民决不能容忍外国的侵略,也不能听任帝国主义对自己的邻人肆行侵略而置之不理。”10月3日凌晨,美军大规模进入朝鲜半岛北部前,周恩来召见印度驻华大使潘尼迦,要他转告美国政府:“若美军跨过三八线,侵略朝鲜,我们不会坐视不顾。”这番警告被杜鲁门视为中国对美国的“外交讹诈”,没有被重视。

中国虽然做出强硬声明,但内部意见却不一致,大部分倾向于不参战,因为中国历经多年战乱,百废待兴,卷入这场战争对国家发展不利。苏联解密档案表明,斯大林指示中共派兵介入。周恩来赶赴莫斯科与苏方讨论参战问题。1950年10月4日,中国西北军政委员会主席彭德怀奉命抵北京商讨朝鲜问题。1950年10月8日,中国共产党中央政治局扩大会议最终决定中国介入朝鲜战争。

4. 苏联秘密介入

1950年11月初,即中国人民志愿军入朝一周后,苏联空军参战。1951年6月,中国和苏联空军的米格-15战机多次与联军战机交战,在鸭绿江南岸平原上空形成了著名的“米格走廊”,是整个朝鲜战争期间绝大多数空战的区域。为避免苏联公开参战而扩大战事,当时美国国防部部长范登堡在发布会上说:“中国几乎在一夜之间成为空军强国。”

2000 年,中国人民解放军空军原司令员王海在其自传《我的战斗生涯》中写道:“朝鲜战争初期,中国人民志愿军空军还相当年轻、弱小,空战主要是苏联空军打的。”在整个战争期间,先后有 12 个苏联空军师投入了空战,轮番参战的空军人数总计为 72 000 人,1952 年最多时达到 25 000~26 000 人。苏联空军的歼击机总共击落了 1 097 架敌机,高射炮兵总共击落了 212 架敌机。根据俄罗斯联邦武装力量总参谋部的统计数字,苏联航空兵在朝鲜战场损失了 335 架飞机和 120 名飞行员。在这场战争中苏联军人牺牲了 299 人。

5. 第一、二次战役

1950 年 10 月 19 日,中国人民志愿军第三十八军率先从辑安(今集安市)渡过鸭绿江入朝作战。入朝后的第一次战役在 1950 年 10 月 25 日打响。当天,中国人民志愿军第四十军一一八师在北镇对“联合国军”发起突袭,用了一个多小时夺回了温井,“联合国军”并未料到中国军队会参战,也没有收到中国军队跨过鸭绿江的情报,被打得措手不及,全面撤退至清川江以南。

1950 年 11 月 25 日,第二次战役打响,中国人民志愿军第十三兵团在清川江战役中击退南朝鲜第二集团军,然后击退美军第二师。联合国指挥部、美国第八集团军在土耳其旅掩护下成功撤退。11 月 27 日,在东面战线,中国人民志愿军第九兵团在长津湖战役中突袭美国第七集团军团战斗队(3 000 名士兵)和美国海军陆战队第一师并加以包围,但美军仍在空军掩护下成功突围循海路撤退。11 月 30 日,美军第八集团军被志愿军第十三兵团驱离朝鲜半岛的西北部。12 月 6 日,中朝军队收复平壤,并将“联合国军”赶回到“三八线”附近,初步扭转了朝鲜战局。

6. 第三、四次战役

1950 年 12 月 31 日,中朝联军发起第三次战役。1951 年 1 月 2 日中国人民志愿军已突入“联合国军”防御纵深 15~20 千米,将“联合国军”部署打乱,“联合国军”被迫全线撤退。1 月 7 日“联合国军”已退至三七线,作战过程中大批南朝鲜军队和少量美军因撤退不及被中朝军队歼灭,但是“联合国军”的重兵集团仍未被歼灭,彭德怀认为“联合国军”是在有计划地南撤,企图诱敌深入,重演仁川登陆伎俩,故命令志愿军停止追击,战役遂于 1 月 8 日结束。

1951 年 2 月 11 日晚,志愿军发起横城反击战,进攻横城的南朝鲜第八师,由此打开缺口,向原州的美军防线进攻,志愿军取得胜利。志愿军利用横城反击战迫使南朝鲜第三、第五、第八师以及美军第二师一部和空降一八七团开始后撤,在一定程度上缓解了志愿军在整个战场上面临的压力。

1951 年 3 月 7 日—4 月 4 日,美军发动撕裂者行动。在 3 月 14 日晚至 15 日,南朝鲜第一步兵师和美军第三步兵师重占汉城,标志着 1950 年 6 月以来该城市第四次也是最后一次易手。志愿军放弃仁川和汉城,被迫全线后退了 100 多千米,撤回到了三八线以北。

7. 第五次战役

1951 年 4 月 22 日至 29 日,中国人民志愿军进行了第五次战役。其间,“联合国军”发动第二次春季攻势,逼近铁原、涟川,志愿军六十三军开始层层死守,“联合国军”第二次跨进三八线,志愿军被迫全线后撤约 40 千米才勉强阻止住“联合国军”的进攻,美军的弹药量是平常的五倍(范佛里特弹药量),中国人民志愿军损失惨重,负伤、阵亡和情况不明的总数为 7 644 人。第五次战役中“联合国军”也损失了 8 万多人。之后,双方转入战略相持。

8. 双方僵持

1951 年 8 月 18 日—9 月 18 日的夏季攻势中，为了确保休战后获得更为有利的阵地线，自 8 月 18 日起，美韩军队对喋血岭和昭阳江东岸地区同时开始了攻击，遭到了朝军的坚决抵抗。8 月 27 日，南朝鲜军被迫撤退，所夺取的各个阵地又被朝军占领。美军第二师第九团接替南朝鲜军队第三十六团攻击喋血岭，该团于 8 月 31 日和 9 月 1 日从正面攻击，朝军躲在反斜面的坑道内，在美军将要进攻到山顶阵地时，突然予以猛烈打击，因此每次美军进攻都遭到重大伤亡。9 月 5 日，喋血岭终被美军攻下。

1952 年 10 月 14 日凌晨，“联合国军”第八集团军司令范佛里特发动金化以北的上甘岭战役，双方在表面阵地进行多次反复争夺，结果双方皆伤亡惨重。上甘岭战役前后历时 43 天，在 3.7 平方千米的范围，共发射炮弹超过 230 万发。中国人民志愿军伤亡剧增，但是坚决阻止了美军的攻击。美军伤亡也剧增，环岭遭击毙的美军尸体超过千具。范佛里特不能夺取上甘岭后，美军再没有发动过营以上规模的进攻，因为美军已意识到最后仍要靠谈判才能结束战争，双方转入战略僵持。

9. 正式停战

1953 年 4 月 26 日，停战谈判恢复。1953 年 6 月 8 日，战俘遣返问题终于达成协议。

1953 年 7 月 27 日上午 10 时在板门店，朝、中、美三方签署了《朝鲜停战协定》及《关于停战协定的临时补充协议》。

10. 战争影响

朝鲜半岛：战前的北南分裂局面，通过战争不仅没有解决，还进一步恶化，朝鲜半岛作为世界军事舞台上的一个热点持续至今。

韩国：韩国经济在战后遭到严重破坏，其领导人仍然以统一为目标，不重视经济发展，计划随时和朝鲜方面开战，双方的敌对状态一直没有改变。

朝鲜：朝鲜在战争中遭受严重损失，1945 年至 1950 年和平建设时期所积累的社会财富消耗殆尽。此战虽然为朝鲜赢得了稳定的发展环境，但由于朝鲜是以苏联为中心的社会主义阵营的一环，经济结构单一，在苏联解体后，朝鲜经济面临崩溃。现在，国际社会包括中国、韩国不断对朝鲜提供经济援助。

美国：战争削弱了美国实力，促进了美军内部的民族融合，有超过 10 万名黑人士兵在朝鲜半岛作战，这是美军首次大规模地将黑人士兵与白人士兵混编。通过朝鲜战争，美国认识到自己难以打赢地面局部战争，战争结束后便实行“大规模报复战略”，把军备重点转到发展核武器和空军方面。美国的年度军费由战前的每年 150 亿美元，飙升至战后的每年 400 亿美元以上，同苏联展开了持续的军备竞赛，导致冷战局面进一步加剧。

苏联：战争对苏联的影响十分复杂。一般认为苏联是最大赢家，斯大林成功地让中国出兵对抗美国等盟军，也借此出售大量第二次世界大战剩余军事物资赚取经济利益，中国直到 1965 年才清偿完所有欠款。苏联未正面介入战争，因美国对欧洲的争夺转移到朝鲜，为苏联在第二次世界大战后的废墟上治疗战争创伤争取了时间，发展国防尖端技术，缩小了与美国的差距。

日本：日本虽然没有参战，但是战争期间美军在日本采购了大量的物资，对日本第二次世界大战后的经济复苏起了很大的促进作用，奠定了日本成为经济强国的基础。战时美国为巩固后方，又允许日本以“自卫队”名义重组军队，美日军事同盟的基础也在此时奠定。

中国:由于朝鲜战争,中苏关系进入蜜月期,从1952年起苏联开始大规模援助中国,援建了156个重点项目,这些项目被合称为第一个五年计划,为中国打下了独立自主、门类齐全的工业基础。后来,借助苏联的技术,我国自主成功研制出核武器。因朝鲜战争,我们从苏联手中拿回了雅尔塔协议中牺牲的中国主权利益,大连港、旅顺港、哈大铁路等都归还了中国。

朝鲜战争的结果使中华人民共和国获得了巨大国际威望,中华民族的自信心大大增强。中国人民志愿军司令员彭德怀就此形容:“西方侵略者几百年来,只要在东方一个海岸上架起几尊大炮,就可霸占一个国家的时代,一去不复返了。”

第四节　信息化战争

根据《中国人民解放军军语》的解释:信息化战争,是指依托网络化信息系统,使用信息化武器装备及相应作战方法,在陆、海、空、天和网络电磁等空间及认知领域进行的以体系对抗为主要形式的战争。信息化战争是信息时代战争的基本形态。随着人类社会由工业时代向信息时代迈进,战争的方式发生了重大变化,信息化战争作为一种全新的战争形态开始登上现代战争的舞台。

一、信息化战争的内涵

中国人沈伟光第一次提出“信息战”的概念。沈伟光的《信息战》于1990年3月由浙江大学出版社出版,比未来学家阿尔夫·托夫勒在《权力的转移》一书中提及社会生活范畴内的信息战早了8个月。而“信息化战争”这一词汇是由我国科学家钱学森在1995年提出的:“现阶段即将到来的战争形式是核威慑下的信息化战争。”在美军军语中类似的概念有“信息战争”、“以信息为基础的战争”和“信息时代的战争”。

20世纪70年代以后,以微电子技术为核心的信息技术迅猛发展并在社会各领域广泛应用,人类社会逐步由工业社会向信息社会转型。与此同时,信息化也成为军事技术发展的重要内容,美、苏等军事强国在20世纪70年代基本实现了指挥自动化,武器装备也逐渐向信息化方向发展。1972年,美军在越南战争中首次使用激光制导炸弹,显示出巨大威力,引起军事界极大关注。1973年,第四次中东战争中,以色列和叙利亚在戈兰高地的交战引起美军的关注,因为在这场交战中传统的机械化战争原则和规律失去了作用,以数量优势战胜敌人不再灵验,叙、以兵力对比,人员7.5∶1,坦克8.2∶1,火炮16.6∶1,然而,战争结果叙利亚损失坦克1 300辆、阵亡3 500人,以色列仅损坏坦克100辆、阵亡772人,最终以军凭借着信息优势以少胜多、以弱胜强。1976年,美国陆军开始探索陆军和空军联合作战理论,此后美军又创新出“抵消战略理论”“发现摧毁理论”“技术融合理论”等,这些理论促成美军1981年提出了“空地一体战”理论,成为美军信息化建设的指导理论。1982年的英阿马岛战争是世界上第一次大规模使用精确制导武器的战争,初步显示出精确制导导弹、预警机、电子干扰机等信息化武器装备在战争中的重要地位。1991年的海湾战争是机械化战争向信息化战争的过渡,信息化武器装备在战争中发挥出整体作用,制信息权成为继制海权、制空权之后新的军事争夺制高点。2003年的伊拉克战争是一场信息化水平最高的信息化战争。这场战争表明,美军已经基本实现了从机械化向信息化的转型,具备了信息化战争能力。战争实践使人们深刻认识到,人类战争形态正在由机械化战争向信息化战争转变。

信息化战争本质上是以信息为核心资源,以信息系统和信息化武器装备为基础,以信息化战场为依托,以信息化军队为主体,以争夺制信息权为基本目标,以信息战为基本作战形式的战争。

二、信息化战争的基本特征

(一)信息资源主导化

在机械化战争中,物质力量的地位更为突出,是主要的战略资源;但是在信息化战争中,信息处于首要的位置,成为最重要的战略资源。以信息资源为目标展开的争夺是信息化战争的基本内容。信息主导了物质力量的整合、运作和发挥。信息化战争的关键就是及时准确地获得战场信息并把信息快速用于决策和控制,谁占有信息优势,谁就有可能获取战场的主动权进而取得战争的胜利。

信息化战争中,对信息的争夺将发挥核心作用,会取代以往战争中对地理位置的争夺,攻城略地已经成为机械化战争的历史。在信息化战争中,地理目标将日趋贬值,信息资源将急剧升值。制信息权必然成为凌驾制空权、制海权和制陆权之上的对抗制高点。拥有信息资源优势,是取得战争胜利的先决条件。

信息化战争中,制信息权的斗争是在全时空实行的,战争双方将倾全力去争夺信息优势。在科索沃战争、阿富汗战争、伊拉克战争中,美军凭借着强大的 C^4KISR 系统,全面保持着战场信息优势,因而以很小的代价夺取了战争胜利。近几场局部战争的实践,使人们认识到信息在战争中的作用正发生革命性变化,信息、信息系统和信息化武器装备在战争中发挥着巨大作用。虽然传统的物质力量仍是战斗力的重要组成部分,但已经不具有核心地位,取而代之的是信息系统和信息化武器装备。

(二)武器装备信息化

武器装备信息化主要包括信息化弹药、信息化作战平台和指挥信息系统。信息化弹药主要是指各种精确制导弹药;信息化作战平台主要是指利用信息技术和计算机技术使作战平台的控制、制导、打击等功能形成自动化、精确化和一体化的各种武器装备系统;指挥信息系统以计算机网络为核心,由指挥控制、情报、通信、信息对抗、综合保障等分系统组成,可对作战信息进行实时的获取、传输、处理,用于保障各级指挥机构对所属部队和武器实施科学高效指挥控制的军事信息系统。

从信息化战争的实践来看,信息化武器装备已经成为信息化战场的"主力军",在战场上发挥着机械化武器装备无法替代的主导作用。如海湾战争中信息化弹药使用量虽然只占 8%,但是完成了 80%的目标打击任务;科索沃战争中,信息化弹药使用量达到 35%;阿富汗战争中,美军使用的信息化弹药占到了 56%;伊拉克战争中,信息化弹药使用量更是达到了 80%。

武器装备信息化一般有两个途径:一是对机械化武器装备进行信息化改造。就是把计算机和信息技术以模块的形式嵌入机械化武器装备中,使机械化武器装备具备信息化功能,具体来说,就是给坦克、装甲战车、大口径火炮、作战飞机、直升机和舰船等主战装备加装数字化通信设备、先进雷达、敌我识别装置和全球卫星定位系统等,使得这些武器的信息化水平明显提高,从而提高其综合作战效能,适应信息化战争的需要。二是研制新的信息化武器装备,如C^4KISR 系统、察打一体无人机、军用智能机器人、计算机网络病毒等。

(三)作战空间多维化

信息化战争与机械化战争相比,战场空间已由地面、海洋和空中向外层空间、电磁空间、网络空间及心理空间等领域扩展,形成全新的、立体多维的战场空间。在外层空间领域,信息化战争中,战场侦察、目标监控、信息传输、导航定位等都需要外层空间卫星的支持。美军在海湾战争中使用了 60 多颗卫星,在科索沃战争中使用了 89 颗卫星,在阿富汗战争中则使用了 94 颗卫星,在伊拉克战争中使用了 116 颗卫星,70%~90%的情报信息都是由太空侦察卫星提供的,这些卫星为美军提供了近实时的情报支援。这些都表明,未来信息化战争中,太空必将成为战争双方争夺的新的制高点。在电磁空间领域,电子战成为信息化战争中新的作战样式,主要是指敌对双方利用电子技术设备进行的电子侦察与反侦察、电子干扰与反干扰、电子摧毁与反摧毁等行动,目的是削弱、破坏对方电子设备的正常工作,使其通信中断、雷达致盲、武器失控、指挥瘫痪,最终丧失作战能力。在网络空间领域,随着网络信息技术的不断发展,网络空间战已经成为信息化战争的一种全新的作战样式。交战双方在网络空间里,通过计算机病毒、黑客入侵等手段,进行网络攻击,达到瘫痪、破坏敌方指挥信息系统的目的,从而削弱对方战斗力。在心理空间领域,心理是控制和决定人行为的重要因素,心理战已经成为信息化战争中又一种新的作战样式。按《中国人民解放军军语》的解释,心理战是指根据战略意图和作战任务,为促进政治、军事斗争目标实现,运用特定的信息和媒介,对目标对象的心理及行为施加影响的作战行动。美军有专门的心理战部队,在近几场局部战争中,美军都成功地实施了心理战,打击和瓦解了敌方军民的信心和士气,为后续的军事行动创造了良好条件。

(四)作战节奏快速化

时间是战争的基本要素。随着信息技术和信息化武器装备的发展,信息化战争的作战节奏比机械化战争明显提高,持续时间明显缩短,呈现出突然、短暂、速决的特征。信息化战争作战节奏快速化的主要原因有以下几方面:一是战场信息流动加快,作战周期缩短。信息化战争中,信息技术被广泛应用于侦察、通信和指挥控制等环节,实现了信息的实时获取、实时传输、实时处理,使得信息流动速度空前加快。在信息化战场上发现目标、做出决策、下达命令和实施作战行动等几乎是实时、同步进行的。二是广泛使用信息化弹药实施精确作战,极大地提高了对目标的毁伤效能,从而能快速地达成作战目的,战争持续时间大大缩短。三是信息化军队的快速机动能力,信息化武器装备的快速反应能力,也是促使战争进程逐渐加快的重要原因。

(五)作战要素一体化

信息化战争中作战要素的一体化体现在以下几个方面:一是作战力量一体化。通过信息网络和信息技术,可以将处于不同空间位置的各种作战力量联结成一个有机整体,形成一体化作战力量。在机械化战争中,陆、海、空各军兵种的作战任务有着严格的区分,作战时一般以一个军兵种为主,其他军兵种配合,进行合同作战;信息化战争中,陆、海、空、天、电等各军兵种没有主次之分,可以通过指挥信息系统相互配合,联合作战,形成一体化作战力量。二是作战行动一体化。信息化战争中,作战行动一体化是一体化作战的核心。一方面战略、战役、战术的层次界限越来越模糊,所有的作战行动融为一体,有时甚至战术行动就能达成战略目的,大大加快了战争进程。另一方面,非接触、非线性作战行动融为一体。远程精确制导武器的使用,突破了传统战场的前、后方界限,也改变了传统面对面的攻防作战形式,使作战行动呈现出非接触、非线性的特征。三是作战指挥一体化。信息化战争中,作战主要是依托指挥信息系统来进行指挥,也就是各军事强国竞相发展的 C^4KISR 系统,该系统对各种战场信息进行一体化处理,为指挥员提供指挥、决策辅助,减少失误的发生,从而大大地提高了指挥效率。四是综合保障一体化。在信息化战争中,各军兵种种类繁多,作战任务多样,作战空间广阔,作战时效性加快,保障任务艰巨,对作战保障的要求空前提高,必须借助信息系统进行一体化保障,就是对作战需要的武器弹药、物资器材等进行精确计算,准确做出计划,合理调配保障力量,对作战部队实行综合、实时、精确保障。

(六)指挥控制扁平化

机械化战争的指挥控制结构是树状结构,信息化战争的指挥控制结构采用的是扁平化结构。扁平化是对指挥控制结构跨度增大、层级减少的形象描述。扁平化结构减少了冗余信息节点,缩短了信息传递环节,因而能优化信息流程。扁平化结构主要体现以下两方面:一是指挥层级减少。如我军在改革前的指挥层级是:军委—总部—军区—集团军—师—旅—团—营—连,军改后我军的指挥层级是:军委—战区—集团军—旅—营—连,取消了总部一级,逐渐取消师、团两级。二是指挥跨度增大。随着信息化水平的提高,军队合成的层级逐渐降低,如陆军由过去的师、旅、团级合成降至现在的营一级合成,那么合成营指挥的对象范围扩大。各级因平行单位增多,指挥范围都在增大。

随着高速网络和人工智能技术的发展应用,作战指挥控制越来越实时、精确、智能,也为构建扁平化指挥控制体系奠定了物质基础。

(七)作战行动精确化

信息化战争,武器系统的信息化程度不断提高,在多层次、全方位、全时空的情报、侦察和监视网络的支持下,大量精确制导武器的使用使作战行动精确化程度越来越高,主要体现在以下几个方面:一是目标选择精确。大量先进的电子侦察设备、传感器系统的使用,对目标能够做到精准侦察、精确定位,从而为精确打击奠定基础。二是目标打击精确。精确打击是信息化战争精确化的核心内容,精确制导弹药的使用,极大地提高了火力打击的精度,作战行动中基本上可以实现"点对点"打击。三是力量使用精确。机械化战争,为了确保取得战争胜利,往往最大限度地集中优势兵力对敌人实施打击。信息化战争,可以根据作战目标的性质特点,精确地投入作战力量,避免盲目性,从而提高作战力量的使用效率。四是力度打击精确。信息化战争,为了达到作战的最佳效果,最大限度地减小附带损伤,作战时对目标打击强度、打击时间、选用弹药,都控制得十分精确。

三、信息化战争的代表性战例

(一)科索沃战争

科索沃战争,是一场由科索沃地区的民族矛盾直接引发,以美国为首的北约发动的,发生在20世纪末的一场重要的信息化局部战争。其持续时间从1999年3月24日至1999年6月10日,历时78天。

1. 战争背景

1980年,铁托去世后,以科索沃独立为目标的民族主义运动逐步兴起,并得到阿尔巴尼亚的支持,阿尔巴尼亚族与塞尔维亚族的矛盾日益尖锐。

1996年,阿尔巴尼亚族激进分子成立武装组织"科索沃解放军",开始从事暴力手段的分裂活动。以米洛舍维奇为首的南联盟和塞尔维亚当局采取强硬镇压措施,派遣大批塞族军队和警察部队进驻科索沃,试图消灭"科索沃解放军"。

1997年以后,科索沃地区不断发生武装冲突事件,伤亡人员日趋增多,约30万人流离失所,沦为难民。

科索沃危机使力图控制巴尔干局势的美国等西方国家感到不安,它们不能容许南联盟的行动干扰冷战后构建的世界格局,同时图谋借这一危机排除东南欧地区最后一个被西方视为异己的米洛舍维奇政权。

2. 作战过程

1999年3月24日,北约秘书长哈维尔·索拉纳在布鲁塞尔宣布,由于"最后外交努力"失败,以"保护人权"之名,对南联盟发动代号为"盟军"的空袭行动。

1999年3月28日,北约开始了第二阶段空袭,目标转为对北纬44°以南的南斯拉夫人民军地面部队和军用设施进行攻击,企图破坏南联盟的战争机器,迫使南联盟屈服。

1999年4月13日,美国总统克林顿宣布对南联盟的空袭进入第三阶段,扩大了空袭范围,增大了空袭强度。北约对南联盟境内的所有军事目标进行二十四小时不间断轰炸;为了削弱南联盟人民的抵抗意志,北约还对南联盟的民用设施,如桥梁、铁路、公路、工厂、电视台、通信系统和电力系统等进行了狂轰滥炸。此外,美国还向巴尔干派遣了地面部队和"阿帕奇"攻击直升机,为地面进攻做准备。

1999年5月7日,美军出动B-2轰炸机,用5枚精确制导炸弹袭击了中国驻南联盟大使馆,造成3名记者死亡、20多位外交人员受伤,大使馆遭到严重毁坏。

1999年5月28日,北约对南联盟发动第四阶段空袭行动。北约扬言,如果南联盟在未来3周内不接受北约提出的条件,北约将考虑实施地面作战。但出于政治考虑,北约一直没有发动地面攻击。

1999年6月2日,南联盟总统米洛舍维奇接受了由俄罗斯特使切尔诺梅尔金、芬兰总统马尔蒂·阿赫蒂萨里、美国副国务卿斯特普·塔尔博特共同制定的和平协议,该协议在坚持"朗布依埃方案"的同时,强调了通过联合国机制解决问题的必要性,并对此做了具体规定。根据这个协议,进驻科索沃的多国部队将按照联合国宪章精神建立,科索沃未来自治地位将由联合国安理会决定,难民返回家园的安排也将在联合国难民事务高级专员的监督下实施。

1999年6月3日,南联盟塞尔维亚共和国议会通过了接受上述协议的决议。

1999年6月9日,北约代表和塞尔维亚代表在马其顿签署了关于南联盟军队撤出科索沃的具体安排协议,南联盟军队随即开始撤离科索沃。

3. 战争特点

科索沃战争,其信息化战争特征十分明显,呈现出战场空间扩大、持续时间压缩、人力密度减小、战略指导直接等新特点，也展示出作战行动突然性、集中火力、精确行动、联合作战等作战原则，对战场感知力、作战指挥效率、战场生存力、后勤保障能力提出新的要求，促进了军事理论的发展。

科索沃战争是以美国为首的西方国家利用绝对空中优势，对弱小的南联盟进行的一场非正义战争。北约联军采取空袭的方式，以巡航导弹、制导炸弹、联合攻击弹药等精确制导武器对南联盟的军事、经济、民生目标进行轰炸，造成南联盟经济崩溃，彻底失去抵抗能力。其作战样式是一种典型的非对称、非接触式作战，以美国为首的北约没有使用地面部队，交战双方从始至终都没有在战场上近距离交战，这在世界战争史上极为罕见。

在作战过程中，北约主要采用三种战法：一是在距离战场上千千米外发射巡航导弹进行攻击；二是从美国本土或盟军基地出动隐形轰炸机，在电子干扰机的伴随支援下，深入战区，投射精确制导炸弹；三是在掌握战区制空权的前提下，使用有人驾驶作战飞机从防区外发射精确制导武器，攻击预定目标。

依托现代信息技术，北约指挥机构向一线部队下达命令只需 3 分钟，越级向导弹部队下达命令仅需 1 分钟，战争中使用 GPS 制导的巡航导弹、激光制导炸弹和联合攻击弹药，实现了信息与火力一体化，基本做到了“发现即摧毁”。

作为弱小一方的南联盟在战争初期，利用山多、洞多、地形复杂的地利特点，在全国修建了许多洞库和地下设施，在北约空袭前就将大部分飞机、坦克、导弹等重装备藏于地下，躲过了大规模空袭，达到了保存主战装备和作战部队实力的目的。虽然南联盟进行了积极的抗击，但却没有有效的反击手段。

4. 战争结果

1999 年 6 月 10 日，联合国安理会以 14 票赞成、1 票弃权(中国)的表决结果通过了由西方 7 国和俄罗斯提交的科索沃问题决议。表决之前，南联盟开始从科索沃撤军，北约宣布暂停对南联盟的空袭。

1999 年 6 月 20 日，北约正式宣布结束对南联盟的军事行动，“盟军行动”的空袭正式结束。科索沃战争以南联盟的失败而告终。

北约 19 个国家中有 13 个国家(美、英、法、德、意、加、荷、挪、比、土、葡、西、丹)直接参加了对南联盟的空中打击，付出了约 130 亿美元的高额战争费用，共派遣飞机 1 000 多架、舰艇 40 多艘。共出动飞机 32 000 架次，投弹 13 000 吨，使用了大量杀伤性能极强的新式武器。连续 78 天的轰炸造成南联盟平民 1 800 多人丧生，6 000 多人受伤，近百万人沦为难民，20 多家医院被毁，300 多所学校遭破坏，还有 50 多座桥梁、12 条铁路、5 条公路干线、5 个民用机场被炸毁，39%的广播电视线路瘫痪，大批工厂、商店、发电厂被毁，直接经济损失达 2 000 多亿美元。

南联盟击落了包括 F-117A 隐形战斗机在内的 61 架北约飞机，以及无人机 30 架、直升机 7 架、巡航导弹 238 枚。

科索沃战争表明，美国恃强独霸力不从心；联合国的地位受到严重挑战，但联合国仍是当今世界不可或缺的国际安全机构组织；国际法准则受到美国“新干涉主义”的严重践踏，但认同“人权高于主权”的国家并不多；世界和平遇到新的严峻挑战，但和平与发展仍是时代的主流。

(二)伊拉克战争

伊拉克战争，是以英美军队为主的联合部队在 2003 年 3 月 20 日对伊拉克发动的军事行动,美国以伊拉克藏有大规模杀伤性武器并暗中支持恐怖分子为由,绕开联合国安理会,单方面对伊拉克实施军事打击。到 2010 年 8 月美国战斗部队撤出伊拉克为止,历时 7 年多,美方最终没有找到所谓的大规模杀伤性武器,最后以萨达姆政权早已销毁文件和人证为由,结束了战争。伊拉克战争中美军使用了大量的信息化武器装备,较好地诠释了信息化战争的特点。

1. 战争原因

美国"9·11"恐怖袭击事件发生后,小布什总统宣布向恐怖主义作战,并将伊拉克等多个国家列入"邪恶轴心国"。美国对伊拉克开战的主要理由是认为萨达姆政权拥有大规模杀伤性武器、伊拉克当局政府践踏人权。

但是部分美国人士和很多舆论认为目的并不单纯。如《伊斯兰共和报》等媒体表示:"美国已经被犹太集团操纵,占领伊拉克仅仅是庞大侵略计划的序曲而已。"美国联邦储备局前局长格林斯潘在其回忆录中称"美国进攻伊拉克是为了石油资源"。当年向美国及德国透露伊拉克藏有大规模杀伤性武器的伊拉克叛徒承认这一切均为谎言。伊拉克战争实质上是美国借反恐时机,以伊拉克拒绝交出子虚乌有的生化武器为借口,趁机清除反美政权的一场战争。

2. 战争经过

(1)战争开始阶段。从 2003 年 3 月 20 日起,美英联军向伊拉克发起代号为"斩首行动"和"震慑行动"的大规模空袭和地面攻势。在战争打响后小布什向全国发表电视讲话,宣布推翻萨达姆政权的战争开始,强调战争将"速战速决"。在这一阶段,美英联军先后向巴格达、巴士拉、纳杰夫、摩苏尔、基尔库克、乌姆盖斯尔等十余座城市和港口投掷了各类精确制导炸弹 2 000 多枚,其中"战斧"巡航导弹 500 多枚。与此同时,萨达姆也向全国发表讲话,号召伊拉克人民抗击美国侵略,击败美英联军。

(2)战争僵持阶段。由于供给线太长和伊拉克方面的抵抗,美英联军"速战速决"的目标未能实现,地面进攻曾一度受阻。伊军在伊中部的卡尔巴拉、希拉、欣迪耶等地与美英联军展开激战。与此同时,每天都有数百名伊拉克人从约旦等国家返回伊拉克,加入抵抗美英联军的作战行动。

(3)战争转折阶段。美英联军凭借空中优势和机械化部队,兵分几路发起强大攻势,先后攻陷伊南部巴士拉等重要城市和战略要地,并对巴格达形成合围,从而使战事呈现一边倒的态势。2003 年 4 月 8 日,美军从北部和南部两个方向推进到巴格达,并夺取了巴格达东南的拉希德军用机场。美军坦克开进巴格达,占领了萨达姆城。面对美军长驱直入巴格达和提克里特,萨达姆号召军队和人民对美英联军采取"同归于尽"式的袭击行动。在劝说百姓与敌人同归于尽后,其本人与少数亲信为了生存藏匿了起来。

(4)战争收尾阶段。2003 年 4 月 15 日,美军宣布伊拉克战争的主要军事行动已经结束,联军"已控制了伊拉克全境"。据美国官方公布,在伊拉克战争中死亡的美军人数为 262 人,其中 139 人阵亡,123 人死于事故。英军士兵死亡 33 人。战争消耗了美国 230 亿美元。但是从 2003 年 3 月至 2011 年 12 月 31 日,伊拉克战争持续近 9 年时间,共有 4 869 名美军阵亡、4 403 名美军死于事故。

2010 年 8 月,在撤走作战部队之际,奥巴马宣布伊拉克战争结束,但仍将约 5.6 万名美军留在伊拉克。据五角大楼统计,现阶段驻伊美军人数减至 3.9 万人,如果全部撤离,还需把上百万件武器装备处理完毕。至今美军仍在伊拉克有驻军。

2011 年 12 月 14 日，美国总统奥巴马在北卡罗来纳州布拉格堡军事基地发表演讲，称伊拉克战争正式结束。

3. 战争特点

伊拉克战争是迄今为止信息化程度最高的一场信息化战争。

一是战争中，美军利用 100 多颗卫星、侦察机、地面站以及特种部队人员，构建了完备的信息、侦察、预警体系。通过数字化设备将指挥、控制、通信、情报和侦察监视等系统连成功能强大的战场信息化网络，使美英能够获取所需要的各类作战信息，并进行实时传递和处理，侦察目标位置平均误差不超过 3 米，实现了战场的高度单向透明，掌握了绝对主动权。相反，伊军无线指挥系统自美军空袭开始就被干扰或摧毁，又无法用有线系统对军队实施有效的指挥控制，成了“聋子”和“瞎子”，只能下放指挥权，各自为战，处于被动挨打的境地。

二是美军大量使用信息化武器装备，而伊军仍以机械化、半机械化武器为主战装备，前者比后者领先了一二代，也正是透过这种“代差”，凸显了美军的武器装备优势，尤其在精确制导武器方面。据统计，美军投掷的精确制导弹药占全部投掷弹药的 80% 以上，摧毁了绝大部分伊军目标。

三是美军全程实施了心理战，积极谋求持续“威慑”，取得了良好的效果。美军凭借自己最先进的传媒体系，在战争中使用庞大的宣传机器和心理战系统，通过各种方式瓦解伊拉克军队，动摇其军心。同时，通过投放传单和无线电广播，宣传美军行动是针对萨达姆政权，是为了“解放伊拉克人民”，唤起伊拉克民众反对萨达姆政权，动摇其民心。

四是“快速决定性作战”思想的运用。在作战指挥方面，美军中央司令部依托移动的“战术行动中心”对部队实施快速、高效、协调的指挥控制，确保 C^4KISR 系统随时畅通无阻。在作战行动方面，美军综合运用快速主导、精确打击和信息作战行动，实现联合作战的最佳效果。

4. 战争结果

在持续 9 年多的伊拉克战争中，美军有超过 9 000 名官兵丧生，5. 6 万人受伤，其他国家也有近 250 名军人死亡，其中英军死亡人数最多，达 132 人。截至 2010 年 8 月 19 日，美国已经在伊拉克战争上耗资 7 423 亿美元。伊拉克超过 10 万人死亡，产生了 480 万难民。战争造成了伊拉克大量基础设施损毁或瘫痪。战后伊拉克持续动乱，经济重建也难以开展。2017 年 11 月，伊官方数据显示，伊拉克失业率为 28%，全国 3 070 万人口中约有 23%生活在贫困线以下。而当地专家认为失业率可能高达 50%，贫困人口达 1 000 万。阿拉伯国家联盟信息机构公布的一份调查报道显示，伊拉克战争对世界经济造成的间接损失可能会达到 10 000 亿美元。

随着伊拉克战争的硝烟逐渐散去，美国“倒萨控伊”的目标似乎已经达到，但是美国政府很快发现，他们有可能被拖入了一场旷日持久的游击战中。越来越复杂的战争形势和巨额的军费开支，让美国政府渐渐感到力不从心。一直对伊拉克战争持反对立场的奥巴马说：“结束一场战争较开始一场战争更难。”

关于伊拉克战争，似乎是美国胜利了，但是也有人说美国失败了。从军事角度看，美国已经打败了萨达姆，最初的目的达到了，因而美国算是胜利了。但是从战略全局，以及政治、军事、经济、社会、道义等综合角度看，美国其实在很大程度上失败了。至今，伊拉克局势仍旧动荡，战争对该地区及世界经济的打击正日益显现。

四、信息化战争的发展趋势

当前,世界新军事革命正在兴起,战争形态正在由机械化战争向信息化战争转型,想要准确地预测信息化战争的发展趋势还比较困难,但是根据新军事革命的发展趋势,可以大致描绘出信息化战争的发展趋势。

(一)战争主体向多元化方向发展

传统的战争主要发生在国家、政治集团、阶级、民族、宗教之间,战争打击的目标主要是对方的军事力量和战争潜力,战争的主体是军队。在信息化战争时代,由于信息技术和信息系统高度发展,计算机网络联通了整个世界,使得政治、经济、科技和文化的联系日益紧密,国家的安全受到来自多方面、多种势力的威胁,表现出易遭攻击的脆弱性。信息技术的发展,使一些军事技术和能力呈现出扩散的态势,普通民众、团体、组织和个人不仅可以掌握和使用常规武器,而且也有可能掌握和使用一些大规模杀伤性武器、网络信息武器等,这种情况下由于政治、经济、宗教等原因,爆发战争的可能性逐渐增大,也使战争的主体呈现出多元化、复杂化的趋势,实施战争的主体既可能是军队,也可能是社会团体,还可能包括恐怖组织、犯罪集团、极端分子,甚至是某个人。当战争爆发时,受到攻击的一方可能难以判断谁是真正的对手,给战争带来更大的不确定性和偶然性。

(二)战争形态向智能化方向发展

随着信息技术的发展,人工智能技术不断取得突破性的重大进展,并加速向军事领域转移,这必将对战争形态产生冲击甚至颠覆性影响,直接影响就是使战争向智能化方向发展。智能化战争主要有以下特点:一是作战平台无人化。信息技术发展,无人化作战平台大量产生,并广泛应用于战场,大大减少了作战人员的伤亡,同时也提高了作战效率,加快了战争进程。二是作战行动自主化。人工智能的发展,使无人装备能够自主、能动地执行作战任务,从而使作战行动出现自主化的趋势。三是作战指挥智能化。未来的作战指挥系统将在现有的指挥信息系统上得到升华,是一种综合集成模式的智能系统,将成为人脑的外延,并与人脑融为一体,形成一体化的"作战指挥脑",从而实现作战指挥智能化。四是作战编组集群化。智能化战争面对的将不再是有血有肉的士兵,而是成群结队的智能机器人联合集群。2018 年 1 月 6 日凌晨,驻叙利亚境内的俄军防空系统发现 13 架小型无人机接近俄军事设施,其中 10 架无人机飞近赫梅米姆空军基地,另外 3 架飞近塔尔图斯港补给站,这是无人机集群作战首次用于实战。

(三)战争样式向网络中心战发展

网络中心战,是指利用信息网络系统,把部署在陆、海、空、天广阔区域内的各种探测系统、指挥系统和武器系统集成为一体化的作战体系,使各级作战人员能够利用网络共享战场态势、交流作战信息、指挥与实施作战行动。网络中心战的核心是将力量从过去的以平台为中心转移到以网络为中心。平台中心战强调的是作战力量的集结,即通过大量的集结作战平台形成相对于敌方更强大的战斗力,通过作战行动夺取最终胜利。网络中心战强调利用计算机信息网络对处于各地的部队或士兵实施一体化指挥控制,其实质是利用网络让所有作战力量实现信息共享,实时掌握战场态势,缩短决策时间,提高打击速度与精度。在网络中心战中,各级指挥官甚至普通士兵都可利用网络交换大量图文信息,并及时、迅速地交换意见,制订作战计划,解决各种问题,从而对敌人实施快速、精确及连续的打击。

(四)军队向小型化、一体化和智能化方向发展

首先,未来信息化战争中,先进的信息化系统和远距离的投送能力为军队的小型化奠定了基础。由于军队的作战能力不断提升,小规模、高度一体化和智能化的军队,在作战时爆发出巨大能力,能够快速达成战争目的,因此,未来军队的发展总体规模将会大幅度缩小。其次,未来信息化战争是高度的一体化联合作战,也就是将两个或两个以上军种的作战力量综合为一体,在联合作战指挥机构的指挥控制下,使用一体化系统所实施的整体作战。要适应这种作战方式,军队的编成必须按照一体化的思路进行构建,建立“联合”的一体化部队,使部队作战力量进行“系统的集成”,从而能够充分发挥整体威力,实施一体化联合作战。最后,未来信息化战争,指挥控制手段高度的自动化和智能化,其标志是 C^4KISR 系统的成熟高效。同时,大量智能化武器系统和作战平台装备部队合并应用到战场中,这些趋势从客观上也使军队向智能化方向发展。

学习测试:

一、单项选择

1. 战争是国家或政治集团之间为了一定的政治、经济等目的,使用武装力量进行的大规模激烈交战的军事斗争,是解决国家、政治集团、阶级、民族、宗教之间(　　)的最高形式。

A. 矛盾冲突　　B. 军事冲突

C. 武装斗争　　D. 政治斗争

2. 新军事革命,亦称新军事变革,是相对于已经发生的两次军事革命而言的,其实质就是由机械化战争向信息化战争转型的(　　)军事革命。

A. 第一次　　B. 第二次

C. 第三次　　D. 第四次

3. (　　)中,交战双方第一次大规模集中使用了制导武器,共投入了 17 种类型的战术导弹、制导鱼雷和炸弹进行对抗。

A. 朝鲜战争　　B. 第四次中东战争

C. 马岛战争　　D. 海湾战争

4. 在信息化战争中,(　　)资源处于首要的位置,成为最重要的战略资源。

A. 物资　　B. 能源

C. 信息　　D. 人力

5. (　　)是运用多种手段以夺取一定时空范围内战场信息控制权为目的的作战。

A. 战争潜力削弱战　　B. 指挥中枢瘫痪战

C. 制信息权争夺战　　D. 心理系统瓦解战

6. 最早提出“信息战”概念的人是(　　)。

A. 钱学森　　B. 沈伟光

C. 钱三强　　D. 邓稼先

7. 在国庆 70 周年阅兵中,我军展示了世界上第一款高超声速常规中程导弹(　　),已列

装部队。

A. DF-17　　B. DF-41

C. DF-26　　D. DF-100

8. (　　)的结果使中华人民共和国获得巨大威望,中华民族的自信心大大增强。

A. 朝鲜战争　　B. 对越自卫反击战

C. 对印自卫反击战　　D. 珍宝岛战斗

9. 军事的发展主要受两个因素影响,一个是(　　),一个是军事理论,这两个因素是军事不断向前发展的两条腿。

A. 经济水平　　B. 武器装备

C. 编制体制　　D. 军事技术

10. 信息化战争的发展趋势,战争形态向(　　)方向发展。

A. 无人化　　B. 智能化

C. 一体化　　D. 自主化

二、多项选择

1. 战争的特点有(　　)。

A. 暴烈性　　B. 从属性

C. 偶然性　　D. 无规律性

2. 人类的战争形态主要有(　　)。

A. 冷兵器战争　　B. 热兵器战争

C. 机械化战争　　D. 信息化战争

3. 新军事革命的主要内容有(　　)。

A. 新军事技术　　B. 新武器装备

C. 新军事理论　　D. 新编制体制

4. 信息化战争要取得胜利,需要具备(　　)。

A. 制陆权　　B. 制海权

C. 制空权　　D. 制天权

E. 制信息权

5. 在信息化战争中,人类的战争能力将持续提升,具体表现为(　　)。

A. 战场感知力持续提升　　B. 战场反应速度持续加快

C. 精确打击能力持续增强　　D. 作战空间和时间持续延伸

三、名词解释

1. 战争

2. 新军事革命

3. 机械化战争

4. 信息化战争

四、思考题

1. 战争内涵有哪些方面?

2. 怎样理解信息化战争的发展趋势?

3. 信息化战争的基本特征表现在哪些方面?

第五章
信息化装备

学习目标

◆**知识目标**

1. 认识信息化装备、作战平台、指挥控制系统、新概念武器概念；
2. 记住世界主要国家一些信息化作战平台的名称和特点。

◆**能力目标**

1. 能判断信息化装备、指挥控制系统的类别；
2. 能描述世界主要国家信息化作战平台的性能特点；
3. 能叙述世界主要国家指挥控制系统和新概念武器的性能特点。

◆**情感目标**

学生对信息化装备有一个理性认识，能够认识国内外信息化装备的发展现况，增强民族自信心、自豪感，关心、关注国防的武器装备建设。

导读

现代战争已经进入信息化时代，信息化武器装备的较量越来越凸显，对战争胜负的影响也越来越明显，但人仍是战争胜负的决定性因素。随着人与信息化武器装备的结合越来越紧密，趋向高度一体化，战争中重视武器因素也就是重视人的因素。谁拥有更多、更加先进的信息化武器装备，谁就能在战争中拥有更大的主动权，从而更加有可能夺取战争的胜利。

第一节　信息化装备概述

20世纪60年代以来,以微电子技术、计算机技术为核心的信息技术迅猛发展,人类社会由工业社会向信息社会转型。此时,因战争需要,信息技术在军事领域的快速广泛应用,大量的信息化武器装备被发明、制造和使用,引起军事领域许多方面发生革命性变化,从而导致战争形态向信息化发展。

一、信息化装备的内涵

根据《中国人民解放军军语》的解释:信息化装备是采用现代信息技术,具有单一或多种信息功能的装备。如精确制导武器、综合电子信息系统及加装数据链和相关信息系统的飞机、舰船等。信息化装备又称以信息技术为主导,以机械化为基础,具有信息获取、传输、处理、控制、制导与对抗等功能的武器装备。可从以下三方面去理解。

一是信息化装备是一种信息化武器平台。信息化武器平台就是以信息技术为支撑,具备信息探测、传输、处理、对抗等功能,能够对敌方目标和系统具有直接杀伤、摧毁、破坏作用的武器系统。如加装了信息系统的坦克、飞机、火炮、舰船等,这些武器系统在加装了信息系统终端后,具有了明显的信息化特征,作战效能成倍提升。

二是信息化装备是一类信息化弹药。信息化弹药就是精确制导武器,它们能够获取并利用攻击目标的位置、图像信息修正自己的弹道,以准确命中目标,主要包括巡航导弹、末端制导导弹、反辐射导弹、制导炸弹、制导炮弹、制导地雷等。信息化弹药大大提高了作战效能,加快了作战进程。

三是信息化装备是一种指挥信息系统。指挥信息系统就是综合运用以计算机为核心的技术装备,实现对作战信息的获取、传输、处理的自动化,保障各级指挥机构对所属部队和武器实施科学高效指挥控制与管理,具有指挥控制、情报侦察、预警探测、通信、信息对抗、安全保密以及有关信息保障功能的各类信息系统的总称,具有数字化、智能化、网络化和一体化的特征。

信息化装备是军队遂行作战任务的物质基础,是军队信息化建设的重要标志。大量使用信息化武器系统的军队,能够为作战力量注入新的要素,带来作战样式的改变,促使作战理论和体制编制的变革,从而使军队战斗力产生质的飞跃。

二、信息化装备的分类

随着信息技术的发展,战争空间的不断拓展,信息化装备的种类越来越繁多,其分类有很多种。如根据信息化装备的功能通常可分为信息化作战平台、信息化杀伤武器和综合电子信息系统三类;如根据信息化装备所处的空间,可分为陆上、海上、空中、太空信息化装备;如根据信息化装备在作战中发挥的具体作用,可分为指挥信息系统、控制类信息化装备、探测类信息化装备和杀伤类信息化装备。

(一)指挥信息系统

指挥信息系统是运用以计算机为核心的技术装备,实现对作战信息的获取、传输、处理的自动化,保障各级指挥机构对所属部队和武器实施科学高效的指挥控制与管理,具有指挥控制、情报侦察、预警探测、通信、信息对抗、安全保密以及有关信息保障功能的各类军事信息系统的总称。美军指挥信息系统习惯上称为 C^4KISR 系统,即指挥、控制、通信、计算机、杀伤、情报、监视与侦察系统,又称指挥自动化系统,是所有信息化装备和整个军队的"神经中枢"。指挥信息系统能使信息、信息化武器装备、作战部队、支援保障部门形成合力,释放出强大的战斗力,是军队战斗力的"倍增器",依靠这一系统在战场上可以实现对目标"发现即摧毁"。

(二)控制类信息化装备

控制类信息化装备是沟通探测系统、武器平台、各种作战系统、支援保障系统的信息桥梁,它能实时、准确、可靠、安全地交换各种作战信息。在信息化战争中,对目标的跟踪、识别,作战信息的处理,辅助决策,作战命令的下达,武器的发射,各种作战平台的控制,都需要通过控制类信息化装备来完成,从而确保部队的作战行动始终处于指挥员的控制之下。具体来说,控制类信息化装备主要包括通信装备、计算机决策系统、信息显示设备、武器控制系统等。如计算机决策系统主要任务是对雷达、卫星、预警机、无人侦察机所获取的情报,部队侦察情报,上级和友邻通报情报进行综合处理,生成战场态势图,进行情况判断,做出决策建议,从而为指挥员定下决心提供依据。如无人机作战系统,它集侦察、跟踪、识别、打击于一体,是一个典型的控制类信息化装备。再如单兵数字化作战系统,它也是一种控制类信息化装备。

(三)探测类信息化装备

探测类信息化装备实际上就是用于情报侦察的技术装置。根据其担负的任务以及使用范围,可分为战略侦察装备、战役侦察装备、战术侦察装备;根据其所处的空间位置,又可分为地面地下探测装备、水面水下探测装备、空中探测装备、太空探测装备等;根据其作用原理,又可分为光学、雷达、红外、热成像、声波、电磁波等探测装备。

军用雷达是战场上常见的探测类信息化装备,其通过发射电磁波,利用物体对电磁波反射的特性,来发现目标并测定目标位置及运动速度,具有探测距离远、反应速度快、定位精度高、受天时和天候影响小等特点,所以在军事上被广泛用于侦察、警戒、引导武器控制、航行保障、气象观测、敌我识别等方面。

军用声呐是海军舰艇主要侦察装备,是利用水声传播原理对水中目标进行探测的信息化装备,主要用于对水中目标进行搜索、定位、识别和跟踪,也可用于水声对抗、水下战术通信、导航和水下武器制导等。

军用遥感卫星,是用于军事目的的装有遥感平台的人造卫星,其利用物体能辐射、反射或发射电磁波的特性,通过可见光、红外线、多光谱、微波等遥感器,从高空探测目标物体的电磁波信息,经光学、电子技术处理成为图像或数据,以揭示目标的性质和状态,从中获取信息,用来进行军事侦察、导弹预警、武器制导等,是信息化战争中不可或缺的太空信息化装备。

(四)杀伤类信息化装备

杀伤类信息化装备是指对敌方目标及其功能具有直接杀伤、摧毁、破坏和干扰作用的信息化武器。依据武器的载体可分为武器平台类信息化装备、弹药类信息化装备。依据杀伤作用又可分为硬杀伤信息化武器和软杀伤信息化武器。

硬杀伤信息化武器是指对敌方目标具有直接杀伤、摧毁、破坏作用的信息化武器。在硬杀伤类信息化武器中,最主要的是各类制导武器,它是以信息技术为核心发展起来的高新技术武器,是按一定规律控制武器飞行方向、姿态、高度和速度,引导战斗部准确攻击目标的各类武器的统称,主要包括导弹、制导炸弹、制导炮弹、制导鱼雷等。

软杀伤信息化武器是对敌方目标功能具有破坏、干扰、压制和弱化作用的信息化武器。在信息化战争中,信息化武器装备及系统是作战力量的核心,也是整个作战力量的"大脑""眼睛""耳朵""神经系统",而软杀伤信息化武器打击的目标就是敌方的信息化武器装备及系统,目的是使之不能正常工作,丧失功能,成为"聋子""瞎子""傻子",陷入瘫痪,导致部队失去战斗力,所以软杀伤有时比硬杀伤更有针对性,杀伤效果更好。软杀伤信息化武器包括电磁脉冲武器、电磁干扰武器(通信干扰武器、雷达干扰武器)、光电干扰武器、水声干扰武器、网络攻击武器等。

三、信息化装备对现代作战的影响

以信息技术为核心的信息化装备的迅猛发展和广泛应用,对现代战争的作战空间、作战理论、作战样式和作战指挥等产生了深刻影响,推动了战争形态由机械化战争向信息化战争转变,彻底改变了战争面貌。

(一)拓展了新的作战空间

机械化战争时代,战场空间主要是在地面、海洋和空中三维空间,随着信息化装备的广泛使用,作战空间向太空、电磁、网络及心理等空间扩展,形成全新的、立体多维的战场空间。

在信息化战争中,太空领域的对抗和争夺将进一步加剧。随着军用航天技术的发展和太空武器的大量部署,人类战争的疆域将扩展到外层空间,太空不仅可为陆战、海战、空战提供信息支援保障,还将演变成为重要的战场,并成为未来战争新的战略制高点。争夺制天权将成为重要的作战行动。

在信息化战争中,战场透明度将进一步增强,太空有各种侦察卫星在跟踪,空中有各种侦察飞机在监视,海上有各种电子船在活动,陆地上布满了各式各样的电子传感器。因此,电磁空间不可避免地要展开侦察与反侦察的斗争,制电磁权便成为未来战场上重要的制高点。

在信息化战争中,计算机网络是实施信息战的基础平台,离开了网络指挥信息系统就无法运行,作战单元就无法实现互联、互通、互操作。因此,计算机网络空间将成为未来信息化战争的一个特殊的战场。网络空间的对抗,在信息化战争中显得尤为突出。

在信息化战争中,各种信息化"心理战"装备广泛使用,作战双方在心理空间的对抗将更加激烈。为取得胜利,作战双方通常采取渗透分化、伪装欺骗、心理威慑、感情伤害、暗示诱导等方法,对敌方施加心理刺激和影响,目的是使敌方麻痹大意,增加其精神压力,形成心理负担,涣散其斗志及凝聚力。

(二)催生了新的作战理论

信息化武器装备的广泛运用,在作战中发挥越来越重要的作用,有力地推动了作战理论的创新发展。

一是战争制胜理论发生变化。在机械化战争时代,战争的主导要素是物质力量,各种机械化装备在战争中大量使用,作战理论领域分别出现过"坦克制胜论""空军制胜论""制海论""核威慑论"等理论。信息化装备在战争中的广泛使用,将使战场更加透明,战场感知能力大幅度提高,远程指挥控制接近实时,战争形态向信息化转变,信息成为战争的主导要素,因而"信息制胜论"应运而生。

二是作战样式理论不断发展。随着信息化装备的广泛使用,信息化装备在网络化的基础上联结越来越紧密,使各种作战力量走向融合,形成一个整体,战争呈现出各种力量的体系对抗特点,从而催生了"一体化联合作战"理论和"网络中心战"理论。

三是新型作战理论创新发展。随着各种信息化装备在战争中广泛使用,产生了各种新型作战力量,因而就会产生新的作战理论。如大量"无人化"武器装备的使用,催生了"无人作战"理论的发展。单兵数字化作战系统运用促进了特种作战力量的发展,因而产生了"特种作战"理论。大量智能化武器装备的使用直接催生了"智能化作战"理论的诞生。

(三)产生了新的作战样式

信息化装备在战争中的应用改变了传统战争的面貌,引起作战样式的变革,推动了战争形态的发展。

随着信息化装备在陆、海、空、天、电、网络、心理空间的使用,传统的陆、海、空三维作战空间已经向七维作战空间拓展,产生了太空战、电磁战、网络战、心理战等新的作战样式,使未来战场呈现出更加复杂多变的特点。

各类精确制导武器的广泛使用,使传统的火力覆盖被精确打击取代,"精确打击"将成为未来的主要作战样式。例如利用巡航导弹对敌重要目标进行远程精确打击,从而快速达成作战目的。

随着技术的进步,信息化装备的不断发展和使用,将会不断产生新的作战样式。如现代战争大量的无人信息化装备的使用,已经产生了"无人化作战"样式。又如军用智能机器人的发展成熟,将会导致"机器人作战"产生。再如军用激光技术的成熟,将会有"激光战"等。

(四)提高了作战指挥效能

信息化装备极大地提高了作战指挥效能。由于信息化装备在战争中被广泛使用,军队的通信能力、侦察能力、预警能力、机动能力、快速反应能力、火力打击能力大幅提高,使战争的作战空间大幅扩展,作战节奏不断加快,作战对抗强度增大,战场的态势瞬息万变,捕捉战机极为困难,战斗空前激烈。作战指挥的范围大、内容广、头绪多、信息杂、决策难,对指挥的科学性、时效性、稳定性、协同性提出了更高要求,使作战指挥空前复杂,传统的作战指挥体系很难满足以上需要,因而必须借助指挥信息系统协助指挥,提高指挥效能。因此,在信息化战争中建立高效、可靠的综合信息指挥系统,是保证作战指挥顺利进行的关键,也是夺取战争胜利的基本条件。

四、信息化装备的发展趋势

当今世界,新军事革命兴起,为了在未来信息化战争中赢得优势,各国都在积极发展本国的信息化装备,加快军队的信息化建设。随着信息技术的发展,信息化装备的发展主要呈现以下趋势:

(一)一体化

随着信息技术的不断发展,信息化装备不断向一体化方向发展,主要包括两个方面的内容。一是指功能上的一体化,即以前由多种装备配合才能实现的作战职能,现在可由一种信息化装备来完成。信息化装备朝着信息能力、火力、机动力和防护力一体融合的方向发展,从而使其作战效能成倍增加。二是指结构上的一体化。即信息化装备朝着战场态势感知、有效运用力量、可靠网络链接三种功能于一体的方向发展。同时信息化装备由各军兵种分散、独立发展走向互通、兼容一体化发展阶段,更加重视体系配套和武器系统的结合。

(二)智能化

随着人工智能等技术在军事领域的广泛应用,信息化装备朝智能化方向发展趋势明显。智能化是指武器装备和系统具有类似人脑的部分功能。智能化装备能利用自身的传感器自主地对目标进行搜索、识别和筛选,自主地分析目标威胁程度,自主地选择最佳时机、最佳方式实施攻击,呈现出典型的智能化特征。目前,新型 AI 芯片、计算机神经网络、深度学习等软硬件技术的发展,为武器装备的智能化提供了重要的基础。如信息化弹药正向灵巧型、智能型弹药发展,智能型信息化弹药可以将情报、监视、侦察功能与火力打击融为一体,既能发现和快速跟踪目标,也能攻击和摧毁目标。指挥信息系统在智能化技术的支撑下,也由各军兵种"烟囱式"结构向整体的"网络化"结构发展,加强了系统的横向信息互通,提高了系统的可靠性、抗毁性和生存能力。

(三)无人化

在智能技术等新型技术的支持下,信息化装备呈现出无人化的典型趋势。当前,在平台技术、传感器技术、指挥与控制技术、通信技术的推动下,世界主要国家都在大力开发信息化的军用无人系统,如无人机、无人车、无人水面舰艇、无人潜航器、无人值守探测系统等。近几场局部战争表明,军用无人系统在战争中发挥了重要作用。随着无人技术的发展,军用无人系统正朝着智能化、通用化、微型化的方向发展,作战效能不断提升。在信息化战争条件下,军用无人系统可遂行的作战任务越来越多,发挥的作用越来越大,对战争胜负影响也越来越明显。

(四)精确化

随着信息技术的发展,信息化装备朝精确化方向发展趋势明显。精确制导武器是信息化装备向精确化发展的典型代表,主要包括导弹、制导炸弹、制导炮弹、制导鱼雷、制导地雷等。精确制导武器依靠指挥信息系统可以实现对目标的精确搜索、精确定位、精确打击等能力,从而大幅提升武器作战效能。近几场局部战争中,精确制导武器在战争中发挥了主要作用,如1991 年海湾战争中精确制导武器使用数量比例占 8%,伊拉克战争中精确制导武器使用数量比例达到68%，精确制导武器的使用比例不断攀升。

(五)隐形化

随着隐形技术的发展，信息化装备发展将趋于隐形化。在信息化战争中，陆、海、空、天等信息化装备，将面临各种探测手段、制导武器和电磁干扰的严重威胁，为了有效保存自己、打击敌人，发展隐形信息化装备将是必然趋势。目前，隐形技术在作战飞机上的应用效果明显，如美军的F-22、F-35隐形战斗机作战效能显著。隐形导弹、隐形舰艇、隐形战斗车辆等隐形武器正在快速发展。

第二节 信息化作战平台

信息化作战平台是指装有大量电子信息设备，以信息和信息技术为核心的坦克、火炮、飞机、舰艇等武器载体，是指挥信息系统所依托的平台，是信息化战争的物质基础。依据作战空间，信息化作战平台可分为陆上信息化作战平台、海上信息化作战平台、空中信息化作战平台、太空信息化作战平台。

一、陆上信息化作战平台

陆上信息化作战平台主要是指大量采用信息技术的各类坦克、步兵战车、自行火炮、无人地面车辆等陆上作战平台。陆上信息化作战平台是陆上信息化作战的基本装备，具有强信息感知力、高机动性、强打击力、高防护性等特点。

(一)坦克

坦克是由武器系统、防护系统、信息系统和越野机动平台组成，具有强大的直射火力、高度的越野机动性、良好的装甲防护力，主要用于遂行地面突击和两栖突击任务的装甲战斗车辆。

1. 美国M1A2坦克

M1A2坦克是美国通用动力公司为美国陆军及美国海军陆战队生产的主战坦克。该坦克乘员4人，全重66吨，动力装置为1 500马力的燃气涡轮发动机；主炮为M-256型120毫米44倍径滑膛炮，备弹40发，装有先进的稳像式火控系统，并安装了车长独立热像仪，具备猎-歼作战能力；炮塔装有防弹能力极强的贫铀装甲，配有核、生、化防护系统和灭火抑爆系统；该坦克配备了先进的战场管理系统，能自动地提供双方部队位置、后勤信息、目标数据和命令等，信息化条件下作战能力强。

M1A2 坦克

2. 俄罗斯 T-14 坦克

T-14 坦克是俄罗斯研制的新一代主战坦克,代号“阿玛塔”。该坦克乘员 3 人,全重 55 吨,动力装置为 1 500 马力柴油发动机,火炮为全新 125 毫米滑膛炮,备弹 45 发,配有遥控无人炮塔;安装了新型装甲,加强了炮塔前置区的装甲防护,配有雷达和主动防护系统;配备了作战指挥数字化系统,信息化条件下作战能力较强,可在极端气候区作战。

T-14 坦克

3. 中国 99A 坦克

99A 坦克是我军综合性能最先进的主战坦克,也是我军首款“信息化坦克”。该坦克乘员 3 人,全重 52 吨,动力装置为 1 500 马力柴油发动机;火炮为 125 毫米滑膛炮,备弹 41 发,安装有先进的稳像式火控系统,具备猎-歼作战能力;车体周围加装有先进的复合装甲,配有主动激光自卫武器系统及激光告警装置,能在压制敌方坦克观瞄仪器的同时提供来袭武器的预警信息,提醒车内乘员采取反制措施;该坦克加装了战术信息指挥系统,实现了火力、机动力、防护力和信息力的有效融合,体现了我军陆战装备的新水平。

99A 坦克

4. 以色列梅卡瓦 4 型坦克

梅卡瓦坦克是以色列研制的主战坦克，是世界上经历实战次数最多的坦克。最新的梅卡瓦 4 型坦克，乘员 4 人，全重 65 吨，动力装置为 1 500 马力柴油发动机；火炮为 120 毫米滑膛炮，具备发射多种炮弹和制导弹种的能力，备弹 48 发，安装有先进数字式火控系统，具备猎－歼作战能力。该坦克设计理念是“防护第一”，整体采用模块式复合装甲，在结构布局上特立独行，发动机位于车体前部，战斗室位于车体中后部，车体后部设计有专门的逃生门；该坦克安装有先进的数字化通信系统和战场态势管理系统，具有很强的信息化条件下作战能力。

梅卡瓦 4 型坦克

(二) 自行火炮

自行火炮是一种安装在各种车辆底盘上，不需外力牵引而能自行运动的火炮，主要由武器系统、底盘部分和装甲车体组成。自行火炮主要用于不间断地提供火力支援，使炮兵和装甲兵、摩托化步兵的战斗协同更加紧密。

1. 美国 M109 型 155 毫米自行榴弹炮

M109 型自行榴弹炮是美国通用汽车公司研制的 155 毫米自行榴弹炮，是世界上装备数量和国家最多、服役时间最长的自行榴弹炮。M109A6 型自行榴弹炮口径 155 毫米，战斗全重 32 吨，乘员 4 人。使用榴弹时最大射程为 24 千米，使用火箭增程弹时最大射程为 30 千米，载弹量 39 发，配用榴弹、火箭增程弹，还可发射核炮弹、化学弹、激光制导炮弹、子母弹等，并且配有先进的弹药补给车。该火炮从接收任务到火炮瞄准目标发射的时间为 1 分钟，火炮发射后，能立即转移到一个新阵地，并执行另一项发射任务，具备“打了就跑”的能力。

M109 型 155 毫米自行榴弹炮

2. 中国 PLZ-05 型 155 毫米自行榴弹炮

PLZ-05 型自行榴弹炮是我军现役最先进、威力最大的自行火炮，是目前世界上综合性能最好的自行火炮。口径 155 毫米，身管长为 54 倍口径，战斗全重 45 吨，乘员 4~5 人。使用底凹榴弹最大射程 40 千米，使用底排榴弹最大射程 50 千米，载弹量 25 发，配用底凹榴弹、底排榴弹、双用途子母弹、末敏弹、激光制导炮弹、照明弹、发烟弹、黄磷燃烧弹等。该火炮在任何地域、任何情况下的火力反应时间均不超过 1 分钟。火炮发射后，能立即转移到一个新阵地，并执行另一项发射任务，具备“打了就跑”的能力。

PLZ-05 型 155 毫米自行榴弹炮

二、海上信息化作战平台

海上信息化作战平台，主要是指大量采用信息技术的各类水面舰艇和潜艇等海上作战平台。新一代海上信息化作战平台是海上信息化作战的基本装备，具有良好的机动性、适航性、抗毁性、隐身性、多能性等特点。

(一)航空母舰

航空母舰简称“航母”，有“海上霸主”之称，是一种以舰载机为主要作战武器的大型水面舰艇，它通常拥有巨大的飞行甲板和舰岛，可以供舰载机起飞和降落。目前，航空母舰是世界上最庞大、最复杂、威力最强的武器之一。依靠航空母舰，一个国家可以在远离其国土的地区，不依靠陆地机场对敌国施加军事压力和进行作战，是一个国家综合国力的象征。

1. 美国“福特”号航空母舰

美国“福特”号航空母舰是目前世界上最大最先进的核动力航空母舰，“福特”号于2005年8月11日开工建造，2013年11月9日正式下水，2017年7月22日服役。

“福特”号满载排水量达到11.2万吨，配备75架舰载机，拥有333米×78米的飞行甲板。“福特”号航母与“尼米兹”级航母的船体造型保持一致，但装备了多套先进的技术系统，其中包括舰载机电磁起飞系统、先进阻拦装置、多波段雷达、重新设计的小型舰岛以及一套新型推进装置。“福特”号大幅改进了舰载机队的相关运作，舰内的设备全面网络化与计算机化，整体自动化程度较“尼米兹”级大幅提升，有效地降低了人力需求，舰上总人数4 500人左右，比“尼米兹”级少1 200人左右。“福特”号配备2座A1B核反应堆，提供高达20万千瓦电力，通过蒸汽涡轮直接驱动四轴螺旋桨推进，推进功率将达到280 000马力，最大航速超过30节，核反应堆的堆芯使用寿命长达50年，可以保证“福特”号在服役期间保持正常的动力功率，从而增加了寿命周期内的执勤时间。

“福特”号航空母舰

2. 法国"戴高乐"号航空母舰

法国"戴高乐"号航空母舰是法国海军唯一在役的核动力航空母舰,亦为法国海军旗舰,也是世界上唯一非美国海军隶下的核动力航空母舰,其命名源自法国著名军事将领与政治家夏尔·戴高乐。1989 年 4 月 4 日开工建造,1994 年 5 月 7 日下水,2001 年 5 月 18 日服役。

"戴高乐"号满载排水量 4.2 万吨,配备 40 架舰载机,拥有 261×64 米的飞行甲板,装有 2 部美制 C-13 蒸汽弹射器。舰上总人数约 1 750 人,配备 2 台 K15 压水式核反应堆,总输出约 76 200 马力,最大航速 27 节。核反应堆每装填一次核燃料能运行约 7.5 年。

"戴高乐"号航空母舰

3. 俄罗斯"库兹涅佐夫"号航空母舰

俄罗斯"库兹涅佐夫"号航空母舰是一艘常规动力航空母舰,是俄罗斯第三代 1143.5 型航空母舰的首舰,是世界上第一艘同时拥有斜角甲板和滑跃起飞甲板的航母,也是俄罗斯海军唯一在役航母,是俄罗斯海军主力舰艇。1982 年 4 月 1 日开工建造,1985 年 12 月 4 日下水,1991 年 1 月 21 日服役。

"库兹涅佐夫"号航空母舰

"库兹涅佐夫"号满载排水量约 6.7 万吨,配备 42 架舰载机,拥有 305 米×70 米的飞行甲板,舰上总人数约 2 000 人,安装 8 台 KVG-4 型增压锅炉,可提供 200 000 马力的动力,最大航速 30 节，海上续航时间约为 45 天。

4. 中国“辽宁”号航空母舰

中国“辽宁”号航空母舰是隶属于中国人民解放军海军的一艘可以搭载固定翼飞机的航空母舰，也是中国第一艘航空母舰。

“辽宁”号航空母舰前身是苏联海军的“库兹涅佐夫”级航空母舰的次舰“瓦良格”号。“瓦良格”号于 1999 年被中国购买，于 2002 年 3 月 4 日抵达大连港，于 2005 年 4 月 26 日开始由中国海军继续建造并改进。2012 年 9 月 25 日，该舰正式更名为“辽宁”号，交付中国人民解放军海军。

“辽宁”号满载排水量约 6.7 万吨，配备 40 架舰载机，拥有 300 米×70 米的飞行甲板，舰上总人数约 1 960 人，安装 8 台蒸汽轮机，可提供 200 000 马力的动力，最大航速 32 节，海上续航时间约为 45 天。

“辽宁”号航空母舰

(二) 两栖攻击舰

两栖攻击舰也被称为两栖突击舰，是一种用于在敌方沿海地区进行两栖作战时，在战线后方提供空中与水面支援的军舰。该舰内部设计异于航母，能够搭载坦克、直升机、登陆部队等陆战力量，可提供舰载机的起飞和降落，在海军中的地位仅次于航空母舰。

1. 美国“美利坚”号两栖攻击舰

“美利坚”号是美国海军美利坚级两栖攻击舰首舰。2014 年 10 月 11 日正式服役。排水量为 45 000 吨，与其他国家的中型航母排水量相当。舰长 257 米，舰宽 32 米，采用燃电混合推进动力系统，航速 22 节，舰员 1 059 人。执行攻击任务时，可搭载 20 架 F-35B 联合攻击机和 1 800 名海军陆战队员。

"美利坚"号两栖攻击舰

2. 中国 075 型两栖攻击舰

075 两栖攻击舰是中国自主研制的首型两栖作战舰船,其首舰海南舰于 2021 年 4 月 23 日加入海军服役,舷号 31。该舰排水量为 40 000 吨,采用直通甲板设计,舰长 250 米,宽 30 米,具有 4 个直升机起降点,2 台升降机,可以搭载 20 架直升机,在机库下还设置有巨大的坞舱,可作为两栖车辆和气垫登陆艇的母船,具有较强的两栖作战和执行多样化任务能力。

海南舰

(三) 驱逐舰

驱逐舰是一种多用途的军舰,是海军重要的舰种之一,是海军舰队中突击力较强的中型军舰。驱逐舰装备有防空、反潜、对海等多种武器,既能在海军舰艇编队担任进攻性的突击任务,承担作战编队的防空、反潜护卫任务,又能在登陆、抗登陆作战中担负支援任务,还可担任巡逻、警戒、侦察、海上封锁和海上救援任务,以及提供无人舰载机的起飞和降落。

1. 美国阿利 · 伯克级驱逐舰

阿利 · 伯克级驱逐舰一般简称为伯克级驱逐舰,是美国海军的主力战舰。该舰是世界上最先配备四面相控阵雷达的驱逐舰,结合垂直发射系统,主要担负舰队防空作战任务,伯克级掀起了世界防空驱逐舰发展的新篇章,之后世界各国发展的新锐防空驱逐舰无一例外都借鉴了伯克级的设计思想。该舰满载排水量约为 9 000 吨,动力 100 000 马力,航速 31 节,舰员 380

人,安装有 12 个八联装垂直发射系统(前 32,后 64),2 具 3 联装 324 毫米鱼雷发射装置,配备 2 架反潜直升机。

阿利·伯克级驱逐舰

2. 美国“朱姆沃尔特”级驱逐舰

“朱姆沃尔特”号驱逐舰是美国海军朱姆沃尔特级驱逐舰的首舰,是美国海军新一代多用途宙斯盾驱逐舰,以海军上将埃尔莫·朱姆沃尔特的名字命名,于 2016 年 10 月 15 日正式服役。该舰从舰体设计、电机动力、指管通情、网络通信、侦测导航到武器系统等,都由全新的尖端科技研发,展现了美国海军的科技实力及设计思想的前瞻性。该舰是美国海军的主力战舰,满载排水量约为 14 564 吨,动力约为 104 557 马力,航速 30 节,舰员 140 人,安装有 20 个四联装垂直发射系统,2 门 155 毫米先进舰炮系统,配备 2 架反潜直升机。

“朱姆沃尔特”号驱逐舰

3. 中国 055 型驱逐舰

055 型驱逐舰是中国海军最先进的大型舰队防空驱逐舰,更是一款一服役就在平台和设计理念上达到世界先进甚至局部领先水平的舰船。该型舰首舰“南昌”号于 2017 年 6 月 28 日在上海江南造船厂下水,于 2019 年 4 月 23 日服役。该舰主要天线采用拱形设计,具有较高的信息化水平及隐形性能,装备新型有源相控阵雷达,可组织远、中、近三层先期预警防御网,并有较强的防空、反导、反潜、反舰、攻陆和电子战能力。该舰满载排水量约为 12 500 吨,舰长 180 米,宽 23 米,动力为 4 台燃气涡轮机,最大航速 30 节,舰员 384 人,安装 112 单元通用垂直发射系统,1 门 130 毫米先进舰炮系统,配备 2 架反潜直升机。该舰拥有较高的续航力、自持力及适航性,可在远海大洋遂行作战任务。

055 型驱逐舰

(四)潜艇

潜艇是能够在水下运行的舰艇,主要由艇体、操纵系统、动力装置、武器系统、导航系统、探测系统、通信设备、水声对抗设备、救生设备和居住生活设施等构成。其任务包括战略威慑和打击、攻击敌人军舰或潜艇、近岸保护、突破封锁、侦察和掩护特种部队行动等。

战略核潜艇又被称为弹道导弹核潜艇,是一种以发射弹道导弹为主要作战任务的大型潜艇,其发射的弹道导弹通常是分导式多弹头核弹,且射程超过 8 000 千米。战略核潜艇是三位一体核打击的重要一环,是重要的核威慑力量。世界上仅有美、俄、英、法、中五国拥有战略导弹核潜艇。

1. 美国俄亥俄级战略核潜艇

俄亥俄级是美国海军 1976 年开始建造的一级核动力潜艇,共有 18 艘俄亥俄级潜艇在美国海军中服役。

该核潜艇长 170.7 米,宽 12.8 米,水下排水量为 18 750 吨,工作潜深 240 米,水上最大速度 12 节,水下最大速度 25 节,艇员 140 人。动力主要由 1 座压水反应堆提供,主要武器配备是 4 具 533 毫米鱼雷发射管、24 个导弹发射筒(24 枚“三叉戟”弹道导弹)。

俄亥俄级战略核潜艇

2. 俄罗斯 955 型战略核潜艇

俄罗斯 955 型战略核潜艇，又称北风之神级战略核潜艇，是俄罗斯第四代战略核潜艇。其首艇“尤里 · 多尔戈鲁基”号于 2013 年 1 月 10 日正式服役。

该核潜艇长 170 米，宽 13.5 米，水下排水量为 24 000 吨，最大潜深 450 米，水上最大速度 26 节，水下最大速度 29 节，艇员 107 人。主动力装置为 1 座压水反应堆和 1 座汽轮机，主要武器配备是 6 具 533 毫米鱼雷发射管(可发射 16 枚鱼雷)、16 个导弹发射筒(16 枚 RSM-56 弹道导弹，射程 8 000 千米以上)。

955 型战略核潜艇

3. 中国 094 型战略核潜艇

094 型战略核潜艇是中国海军的核动力弹道导弹核潜艇，是中国自行设计建造的第二代弹道导弹核潜艇，相比于上一代 092 型战略潜艇，无论在隐蔽性、传感器还是推进系统可靠性方面都有较大提高。首艇于1999年开始建造,2002—2003年下水,2009年服役。2021年4月23日,长征18号艇在海南三亚某军港加入海军服役。094型战略核潜艇据公开资料显示,主要武器配备是6个533毫米鱼雷发射管(携带12枚鱼雷)、12个导弹发射筒(配备12枚巨浪-2弹道导弹,射程约11 000千米)。

094型战略核潜艇

三、空中信息化作战平台

空中信息化作战平台是指大量采用信息技术的各类作战飞机和直升机等。新一代空中信息化作战平台是空中信息化作战的基本装备,具有超机动性、超声速巡航、隐形、超信息控制等特点。

(一)战斗机

战斗机又称歼击机,主要任务是与敌方歼击机进行空战,夺取制空权,其次是拦截敌方轰炸机、强击机和巡航导弹,还可携带一定数量的对地攻击武器,执行对地攻击任务。

1. 美国F-22战斗机

F-22战斗机是美国一型单座双发高隐身性第五代战斗机,代号“猛禽”,是世界上第一种进入服役的第五代战斗机,由美国洛克希德·马丁公司和波音公司联合研制。该战斗机具有优异的超机动性、超声速巡航、隐身性和态势感知能力,是当今世界综合性能最佳的战斗机,于21世纪初陆续进入美国空军服役,以取代F-15战斗机,主要任务是取得和保持战区制空权。其单价为1.5亿美元左右。

F-22战斗机最大飞行速度2.25马赫,实用升限19 812米,航程2 963千米,作战半径759千米。主要武器有4个外挂点、2个内置弹舱,可挂载6枚AIM-120和2枚AIM-9空对空导弹,辅助武器为1门20毫米“火神”机炮(备弹480发)。其隐身性能优异,雷达反射面积只有0.01平方米,如同一只飞鸟。

F-22 战斗机

2. 美国 F-35 战斗机

F-35 战斗机是美国一型单座单发第五代战斗机，代号“闪电”，是世界上最大的单发单座舰载战斗机，也是世界上唯一已服役的舰载第五代战斗机，由美国洛克希德·马丁公司研制。该战斗机具备较高的隐身性、先进的电子系统以及一定的超声速巡航能力，主要用于前线支援、目标轰炸、防空截击等多种任务，并因此发展出 3 种衍生版本，采用传统跑道起降的 F-35A 型、短距离起降/垂直起降的 F-35B 型、航母舰载的 F-35C 型。该战斗机未来将会成为美国及其同盟国最主要的第五代战斗机之一。其单价为 1 亿美元左右。

F-35 战斗机最大飞行速度 1.6 马赫，实用升限 18 288 米，航程 2 220 千米，作战半径 1 160 千米。主要武器有 AIM-120 先进中程空对空导弹、AIM-9X“超级响尾蛇”近距空对空导弹、AIM-132 先进近距离空对空导弹、欧洲“流星”空对空导弹、“JASSM”联合空对地导弹（小直径炸弹），辅助武器为 1 门 25 毫米机炮。其雷达反射面积只有 0.065 平方米。

F-35 战斗机

3. 俄罗斯苏-57 战斗机

苏-57 战斗机是俄罗斯空军单座双发隐形多功能重型战斗机，是俄罗斯第五代战斗机。

苏-57战斗机由俄罗斯T-50战斗机发展而来，2010年1月29日首飞，2017年8月11日正式更名为苏-57。该战斗机能实现飞行性能和隐身性能的良好结合，具备空中格斗和对地攻击能力，具有隐身性能好、起降距离短、超机动性能、超声速巡航等特点。俄罗斯计划用该型战斗机与美国F-22战斗机抗衡。其单价为0.5亿美元左右。

苏-57战斗机最大飞行速度2.0马赫，实用升限20 000米，航程3 500~4 300千米，作战半径1 200千米，战斗载荷可达6吨，有4个内置弹舱，装载远距和中距空对空导弹，辅助武器为1门30毫米航空机炮。其雷达反射面积为0.5平方米。

苏-57战斗机

4. 中国歼-20战斗机

歼-20战斗机是中国空军单座双发隐形多功能重型战斗机，代号“威龙”，是我国自主研制的第五代战斗机，由中航工业成都飞机工业集团公司研制，具有高隐身性、高态势感知、高机动性等能力。2011年1月11日首飞，2018年2月9日列装中国空军。歼-20是中国航空工业的代表作，标志着中国战斗机进入了第五代行列，它是中国国防能力高速发展的一个象征。

歼-20战斗机

（二）预警机

预警机即空中指挥预警飞机，是指拥有整套远程警戒雷达系统，用于搜索、监视空中或海上目标，指挥并引导己方飞机执行作战任务的飞机。

1. 美国 E-3 预警机

波音 E-3“望楼”预警机是美国波音公司根据美国空军“空中警戒和控制系统”计划研制的全天候远程空中预警和控制的飞机，具有下视能力及在各种地形上空监视飞机的能力。E-3 预警机背部的雷达罩直径 9.1 米，厚度 1.8 米，用 2 个支柱支撑在离机身 3.3 米高处，内部安装有雷达天线系统，能够提供对大气层、地面、水面的雷达监视能力，其雷达探测距离约 400 千米。雷达系统上的敌我识别分系统具有下视能力，并能抗地面杂波干扰。E-3 预警机单价高达 2.7 亿美元。

E-3 预警机

2. 俄罗斯 A-50 预警机

俄罗斯 A-50 预警机是以伊尔-76 战略运输机为原型，进行一系列改装而成，是图-126 型预警机的后继型号。

A-50 在原伊尔-76 战略运输机的基础上加装了有下视能力的空中预警雷达，并加长了前机身，在机翼后的机身背部装有直径 9 米的雷达天线罩，比美国的 E-3A 靠前，其雷达探测距离约为 380 千米，尤其是低空识别能力比美国的 E-3 预警机强。

A-50 预警机

3. 中国空警-2000 预警机

空警-2000 预警机是中国自主研制的大型全天候、多传感器空中预警与指挥控制飞机。空警-2000 是以俄罗斯伊尔-76 运输机为载机平台,加装中国自主研发的相控阵雷达、电子系统、碟形天线,超级计算机、控制台及软件改装而成,现已装备中国空军部队。主要用于担负空中巡逻警戒、监视、识别、跟踪空中和海上目标,指挥引导战机和地面防空武器进行作战,也能配合陆海军协同作战。

空警-2000 预警机装备的有源相控阵三坐标雷达,采用固定碟形天线,以电子扫描的方式进行目标探测,可对目标实施不间断跟踪。较传统的机械旋转扫描雷达,跟踪速度快、准确率高,能同时引导几十架战斗机攻击。其雷达探测距离可达 470 千米,是世界上看得最远、功能最多、系统集成最复杂的机载信息化武器装备之一。美国知名智库詹姆斯敦基金会发表评论:"中国采用相控阵技术的空警-2000 比美国的 E-3C 预警机整整领先一代。"

空警-2000 预警机

(三)轰炸机

轰炸机是一座空中堡垒,除了投掷常规炸弹外,它还能投掷核弹、核巡航导弹或发射空对地导弹。轰炸机可以分为战术轰炸机、战役轰炸机和战略轰炸机三种类型。轰炸机具有突击力强、航程远、载弹量大、机动性高、隐身性等特点,是航空兵实施空中突击的主要飞机。

1. 美国 B-2 战略轰炸机

B-2 战略轰炸机是由诺斯洛普公司和波音公司联合麻省理工学院,为美国空军研制的执行战略核/常规打击任务的低可侦测性飞翼式轰炸机,绰号“幽灵”。B-2 轰炸机是当今世界上唯一隐身战略轰炸机,最主要的特点就是低可侦测性,即隐身能力。

B-2 战略轰炸机最大速度 0.95 马赫,载弹量 23 吨,实用升限 15 200 米,最大航程 11 100 千米,空中加油一次航程可达 18 000 千米,美国空军称其具有“全球到达”和“全球摧毁”能力。1997 年首批 6 架 B-2 轰炸机正式服役,B-2 战略轰炸机一共只生产了 21 架。每架 B-2 战略轰炸机造价约为 24 亿美元。

B-2 战略轰炸机

2. 俄罗斯图-160 战略轰炸机

图-160 战略轰炸机是俄罗斯超声速变后掠翼远程战略轰炸机,也是世界上最大的战略轰炸机。由苏联图波列夫设计局研制,其优雅的外形和白色涂装使其被赋予“白天鹅”的称号。图-160 轰炸机作战方式以高空亚声速巡航、低空亚声速或高空超声速突袭为主,在高空时可发射远程巡航导弹在敌人防空网外进行攻击,可以用常规弹头和核弹头的炸弹、导弹攻击重要目标。

图-160 战略轰炸机

图-160 战略轰炸机最大速度为 2.05 马赫，载弹量 45 吨，实用升限 21 000 米，最大航程 16 000 千米，于 1987 年 5 月开始服役，一共只生产了 25 架，现仅有 16 架在俄罗斯空军服役。2020 年 2 月 2 日俄罗斯图波列夫公司宣布，升级款图-160M 轰炸机顺利完成首次试飞。

3. 中国轰-6K 轰炸机

轰-6K 是中远程轰炸机，是中国空军重要的空基远程打击力量，具有远距离奔袭、大区域巡逻、防区外打击能力。轰-6K 是在轰-6 基础上大改而成，主要对动力、航电及机载武器进行改进，改变了轰-6 航程近、载弹少、电子设备落后的问题，使其成为中国空军的巡航导弹载机，满足了对敌目标远距离打击需求，大大提高了中国空军的战略打击能力。据公开资料，轰-6K 的最大飞行速度 0.83 马赫，最大载弹量约 15 吨，实用升限 13 100 米，最大航程 8 000 千米。

轰-6K 轰炸机

(四)军用运输机

军用运输机，是用于运送军事人员、武器装备和其他军用物资的飞机。具有较大的载重量和续航能力，能实施空运、空降、空投，保障地面部队从空中实施快速机动。它有较完善的通信、领航设备，能在昼夜复杂的气象条件下飞行。有些军用运输机还装有自卫武器。

1. 美国 C-17 运输机

C-17 运输机是由美国波音公司为美国空军生产的大型战略战术运输机，代号“环球霸王”。该运输机是当今世界上唯一可以同时适应战略、战术任务的运输机，可以快速将部队运输到主要军事基地或者前方基地，必要时该飞机也可胜任战术运输和空投任务，这种灵活性能提高了美军全球机动能力。C-17 运输机机长 53.04 米，机高 16.79 米，翼展 51.81 米，巡航速度为 833~867 千米/小时，最大航程 11 600 千米，实用升限 13 700 米，最大载重量 77 吨。

C-17 运输机

2. 俄罗斯伊尔-76 运输机

伊尔-76 运输机是俄罗斯四发大型军民两用战略运输机。伊尔-76 运输机是世界上最为成功的一款重型运输机,目前已有超过 38 个国家使用。俄罗斯是最大的军用版使用国,乌克兰和白俄罗斯是最大的民用版使用国。伊尔-76 运输机最突出的特点就是能在严冬条件下完成任务,曾在西伯利亚的恶劣条件下进行多次试验飞行,效果良好。该机机长 46.6 米,机高 14.76 米,翼展 50.5 米,巡航速度为 750~800 千米/时,最大航程 5 650 千米,实用升限 12 100 米,最大载重量 60 吨。

伊尔-76 运输机

3. 中国运-20 运输机

运-20 是中国研究和制造的新一代军用大型运输机,代号“鲲鹏”,于 2013 年 1 月 26 日首飞成功。该机作为大型多用途运输机,可在复杂气象条件下,执行各种物资和人员的长距离航空运输任务。与空军现役的伊尔-76 比较,运-20 的发动机和电子设备有了很大改进,载重量也有了提高,短跑道起降性能优异。据公开资料,运-20 机长 47 米,机高 15 米,翼展 50 米,航程大于 7 800 千米,实用升限 13 000 米,最大载重量 66 吨。

运-20 运输机

(五) 直升机

1. 美国 AH-64 武装直升机

美国 AH-64 武装直升机,绰号“阿帕奇”,是美国陆军主力武装直升机。该武装直升机由美国波音公司研制,现已被全世界 13 个国家和地区使用,包括日本和以色列。AH-64 以其卓越的性能、优异的实战表现,自诞生之日起,便一直是世界武装直升机综合排行榜第一名。

AH-64 武装直升机

AH-64 武装直升机最大飞行速度为 365 千米/时,实用升限 6 400 米,转场航程 1 900 千米,作战半径 480 千米,有 4 个外挂点,每个外挂点可挂载一具火箭发射器或四联装反坦克导弹发射架,最多能挂载 16 枚 AGM-114"地狱火"反坦克导弹。辅助武器 1 门 30 毫米 M-230 链炮,备弹 1 200 发。

2. 俄罗斯卡-52 武装直升机

俄罗斯卡-52 武装直升机,绰号"短吻鳄",是苏联卡莫夫设计局(现俄罗斯直升机公司)设计的共轴反转双旋翼式并列双座武装直升机。

卡-52 武装直升机最显著的特点是采用了并列双座布局的驾驶舱,而传统的武装直升机都为串列双座布局。该机最大速度为 350 千米/时,悬停高度 3 600 米,转场航程 1 200 千米,短翼翼尖可挂载电子干扰舱,翼下 4 个挂架可挂 4 个火箭发射巢(最多 80 枚火箭弹)或 12 枚激光制导空地导弹。机身右侧可装 1 门 30 毫米机炮,备弹量 280 发,也可换装 23 毫米机炮、空空导弹、火箭发射巢等其他武器。

卡-52 武装直升机

3. 中国直-10 武装直升机

直-10 是中国人民解放军第一种专业武装直升机,代号"霹雳火",也是亚洲第一种自研专业武装直升机。它的诞生结束了中国人民解放军陆军航空兵长期依赖法国"海豚"直升机的改型兼当武装直升机的历史,大大提高了中国人民解放军陆军航空兵的航空突击与反装甲能力。

直-10 两侧武器短翼可挂载反坦克导弹以及空对空导弹,并配备 1 座旋转机炮塔。采用串列双座设计,在设计上符合专业武装直升机的主要特征。2012 年 11 月 12 日,直-10 在第九届中国国际航空航天博览会中首次曝光。2016 年 8 月 6 日,列装中国人民解放军陆军航空兵。

直-10武装直升机

(六)军用无人机

1. 美国“全球鹰”无人机

“全球鹰”无人机是美国的诺斯罗普·格鲁曼公司为美空军研制的高空长航时无人侦察机,是目前世界上飞行时间最长、距离最远、高度最高的无人机系统。长度13.51米,翼展35.4米,高度4.6米,空重3 850千克,载重10 400千克,搭载1×AE3007H涡轮风扇发动机,最高时速650千米,最大航程25 000千米。

“全球鹰”无人机

“全球鹰”可携带广电、红外传感器系统及合成孔径雷达等多种侦察探测设备。具有机载设备先进、侦察能力突出的特点,能与美军现有的“联合可部署智能支援系统”和“全球指挥控制系统”实现互联，从而使侦察探测得到的情报信息和图像能实时地传送给战区指挥机关。其目标是在未来信息化战争中，在低强度冲突以及中等威胁环境下，能够实施大范围的连续战场监视与侦察，获取有价值的战略/战术实时情报，为美空军在战争中拥有绝对的信息优势提供支援和保障。

2. 美国捕食者无人机

捕食者无人机是美国通用原子航空系统公司为满足美军空战需求而开发的“中海拔、长时程”的察打一体无人机。它可以扮演侦察角色，也可以发射两枚 AGM-114 地狱火飞弹。该机长 8.27 米，翼展 14.87 米，最大活动半径 3 700 千米，最大飞行时速 240 千米，在目标上空滞空时间 24 小时，最大续航时间 60 小时。该机装有光电/红外侦察设备、GPS 导航设备和具有全天候侦察能力的合成孔径雷达，在 4 000 米高处分辨率为 0.3 米，对目标定位精度为 0.25 米。可采用软式着陆或降落伞紧急回收。

察打一体化无人机系统集侦察、攻击于一体，具有侦察、监视、目标捕获和实时打击能力，极大地缩短了从发现到摧毁目标的时间。察打一体无人机系统利用机载精确制导武器，可以执行“定点清除”“斩首行动”等作战任务，实现对时间敏感目标出其不意的“猎杀”效果，并且具有长航时、隐蔽性强的优势，可以对敌地面目标进行持续压制。

捕食者 C 无人机

3. 中国翼龙无人机

翼龙无人机是中国成都飞机设计研究所研制的中低空军民两用、长航时多用途无人机。装备有一台 100 马力活塞发动机，具备全自主平轮式起降和飞行能力。可携带各种侦察、激光照射/测距、电子对抗设备及小型空地打击武器。可执行监视、侦察及对敌攻击等任务，也可用于慰问、反恐、边界巡逻等任务。

翼龙无人机

4. 中国彩虹无人机

彩虹-4B 无人机为中空长航时察打一体无人机，该无人机翼展 18 米，最大起飞重量 1 350 千克，巡航速度 150～180 千米/小时，最大飞行速度 210～235 千米/小时，不外挂武器滞空时间 30～40 小时，外挂武器滞空时间 14 小时，实用升限为 7 500 米。通过视距数据链，拥有 250 千米的控制半径，如果加装卫星数据链，控制半径可达 2 000 千米。装有光电/红外传感器、合成孔径雷达、激光测距仪、目标指示器，机翼下装有 4 个武器挂点，最大载弹量 345 千克，一般可挂小型激光制导炸弹、卫星制导导弹。“彩虹”-4B 机身截面积很小，复合材料使用比例达 80%左右，这使该机具备了一定的隐身能力，不容易被雷达发现，生存能力较强。

彩虹无人机

四、太空信息化作战平台

太空信息化作战平台是指能实施各类太空信息支援、指挥，以及能对敌方空中、海上、陆地和卫星目标实施攻击的各类太空平台。太空信息化作战平台主要包括三大类：一是军用卫星系统，如侦察卫星、预警卫星、导航卫星、通信卫星等；二是可用于攻击对方卫星、航天器的特殊卫星和航天器系统；三是各种军用载人航天器，如航天飞机、空间站等。太空信息化作战平台一般包括热控制、姿态与轨道控制、推进控制、数据传输、数据管理等分系统，返回式航天器还配有返回系统，载人航天器还设有环境控制、生命保障、应急救生系统等。

（一）军用卫星

军用卫星是专门用于各种军事目的的人造地球卫星，是发射时间最早、发射数量最多的人造地球卫星之一。军用卫星从20世纪50年代末出现到90年代直接参加局部战争，已经发展成为现代作战指挥系统和战略武器系统的重要组成部分，被喻为信息化战争的军事力量倍增器。军事卫星按用途可分为侦察卫星、通信卫星、导航卫星、气象卫星、测地卫星、预警卫星、截击卫星、反卫星卫星和核爆炸探测卫星等。军用卫星的发展趋势是将各类卫星组成一体化天基信息网，提高信息获取能力、传输能力和融合能力，增强生存能力、抗干扰能力和工作寿命。

军用卫星

（二）空天飞机

目前空天飞机的典型代表是美国研制的X-37B。该机由火箭发射进入太空，是第一架既能在地球卫星轨道上飞行又能进入大气层的航空器，任务结束后还能自动返回地面，被认为是未来太空战斗机的雏形。其最高速度能达到音速的25倍以上，常规军用雷达技术无法捕捉。2014年10月17日X-37B（OTV-3）连续飞行超过674天，在加利福尼亚州范登堡空军基地着陆，这是该飞行器执行的第三次试飞测试任务，也是迄今耗时最长的一次“秘密任务”。

X-37B 空天飞机

(三)空间站

空间站又称太空站、航天站,是一种在近地轨道长时间运行、可供多名航天员巡访、长期工作和生活的载人航天器。空间站居高临下,俯视全球,既可以进行空间攻击,也可以进行空间指挥。它可以携带武器摧毁敌方的卫星、空间飞行器等,或向地面发射导弹,摧毁敌方的地面战略目标等。同时,它还可以取代被摧毁的地面作战指挥中心,在太空进行指挥作战。因此,空间站的军事用途巨大。目前在轨运行的空间站有国际空间站和中国的"天宫"空间站。

国际空间站是由美国国家航空航天局、俄罗斯联邦航天局、日本宇宙航空研究开发机构、加拿大太空局和欧洲空间局等共同建造的空间站项目。它在 1998 年开始建造,各功能模块在其后被陆续送入轨道装配,2011 年 2 月国际空间站组装工作全部结束。

天宫空间站

中国空间站是中华人民共和国建成的国家级太空实验室。中国空间站包括天和核心舱、梦天实验舱、问天实验舱、载人飞船(即已经命名的"神舟"号飞船)和货运飞船(天舟飞船)五个模块组成。各飞行器既是独立的飞行器,具备独立的飞行能力,又可以与核心舱组合成多种形态的空间组合体，在核心舱统一调度下协同工作，完成空间站承担的各项任务。2022 年 12 月 31 日，中国国家主席习近平在新年贺词中宣布，"中国空间站全面建成"。中国空间站轨道高度为 400~450 千米，倾角 42~43 度，设计寿命为 10 年，长期驻留 3 人，最大可扩展为 180 吨级六舱组合体，以进行较大规模的空间应用。

第三节 综合电子信息系统

综合电子信息系统是指在信息化战争条件下，能满足诸军兵种联合作战的由多种信息系统构成的一体化大型军事信息系统。

早期各种电子信息系统，如指挥控制系统、信息传输系统、情报侦察系统、预警探测系统、电子战系统等都是各军兵种独立设计和独立建设的，这些被称为“烟囱式”系统，其效能低下，不能互联、互通、互操作，难以满足诸军兵种联合作战需要。为了适应信息化战争需要，在新军事革命的推动下，综合电子信息系统应运而生，其主要特点：一是在国家统一标准、统一规划下运用系统集成技术，建设包括各指挥层级、各军兵种的综合电子信息系统；二是建设各指挥层级、各军兵种共享的国防信息基础设施，包括通信、计算机、软件、网络等，减少重复建设；三是实现各种信息系统之间互联、互通、互操作，做到信息共享，满足各层级作战指挥的需要，支持多军兵种一体化联合作战；四是实现信息化作战平台与信息系统的融合，提高武器装备的作战效能。

目前，综合电子信息系统正处于动态发展中，其组成涉及指挥控制、情报侦察、预警探测、通信导航、电子对抗、综合保障等多个信息功能领域，涵盖战略级（国家级）、战役级、战术级三个作战指挥层次的各军兵种的电子信息系统，是国防和军队信息化建设的重要内容，其对获取战场信息优势、提高部队的作战能力、打赢信息化战争起着决定性作用。

一、指挥控制系统

（一）指挥控制系统内涵

按《中国人民解放军军语》的解释：指挥控制系统是指保障指挥员和指挥机关对作战人员和武器系统实施指挥和控制的信息系统，是指挥信息系统的核心。指挥控制系统按层次，分为战略级指挥控制系统、战役级指挥控制系统和战术级指挥控制系统；按军兵种，分为陆军指挥控制系统、海军指挥控制系统、空军指挥控制系统和第二炮兵指挥控制系统（火箭军指挥控制系统）；按状态，分为固定指挥控制系统、机动指挥控制系统和嵌入式指挥控制系统。指挥控制系统主要由以下六个分系统组成：

一是信息收集分系统。由配置在地面、海上、空中、外层空间的各种侦察设备，如侦察卫星、侦察飞机、雷达、声呐、遥感器等组成。它能及时收集敌我双方的兵力部署、作战行动、战场地形、气象等情况，为指挥员定下决心提供实时、准确的情报。

二是信息传输分系统。主要由传递信息的各种信道、交换设备和通信终端等组成。这几部分构成具有多种功能的通信网，能够迅速、准确、保密、不间断地传输各种信息，使信息传输自动化。可以说通信自动化是作战指挥自动化的基础,没有发达的通信网,就不可能实现作战指挥自动化。

三是信息处理分系统。由电子计算机及其输入输出设备和计算机软件组成。信息处理的过程,就是将输入计算机的信息,通过按预定目标编制的各类软件进行综合、分类、存储、检索、计算等,并能协助指挥人员拟制作战方案,对各种方案进行模拟、情报检索、图形处理、图像处理等。

四是信息显示分系统。主要由各类显示设备,如大屏幕显示器、投影仪、显示板等组成。其主要功能就是把信息处理分系统输出的各种信息,包括作战情报、敌我态势、作战方案、命令和命令执行情况等,以文字、符号、表格、图形、图像等多种形式,形象、直观、清晰地显示在各个屏幕上,供指挥和参谋人员研究使用。

五是决策监控分系统。主要用于辅助指挥人员做出决策、下达命令、实施指挥。在作战过程中,指挥员可随时针对不同的情况,通过决策监控分系统输入指令。此外,决策监控分系统还可用来改变指挥信息系统的工作状态并监视其运行情况。

六是执行分系统。既可以是部队执行命令的指挥信息系统,也可以是自动执行指令的装置,如导弹的制导装置、火炮的火控装置等。

例如 C^4KISR 系统就是典型的指挥控制系统,C^4 是指挥(command)、控制(control)、通信(communications)、计算机(computer),K 是杀伤(kill)、I 是情报(intelligence),S 是监视(surveillance),R 是侦察(reconnaissance),其功能是搜索发现目标、跟踪监视目标、识别目标、决策、持续识别、打击目标、战斗损伤评估,这些功能形成一条强有力的"杀伤链",是为诸军兵种提供作战决策和行动指令的专用系统。C^4KISR 系统有战略、战役、战术等层次,也有各军兵种的 C^4KISR 系统。近几次局部战争表明,C^4KISR 系统是现代军队的神经中枢和兵力的"倍增器",是夺取制信息权的最有力手段。只有建立高效的指挥控制系统,对部队和武器实施高效的指挥控制,才能最大限度地发挥作战部队和武器装备的整体作战效能。

(二)指挥控制系统发展现状

美军已建成继"全球军事指挥控制系统(WWMCCS)""全球指挥控制系统(GCCS)"之后的第三代指挥控制系统——联合指挥控制系统(JC2),可用于战略、战役以及战术等所有的指挥层次,将满足指挥官的各种作战指挥需求。JC2 由数据传输基础设施、计算机操作系统、Web 服务、应用程序和数据等部分构成,JC2 的应用程序以 web 技术为基础,以提高互操作能力为目标,对现有指挥控制应用程序进行重新设计。JC2 具有高效决策、感知共享、灵活同步、分布式指挥控制、高效的组织结构,全面集成、可共享高质量信息、强大的组网能力,以及连续、一体化的网络中心性能等显著特性。从 2015 年开始,美军所有的军事行动都已通过 JC2 系统实施指挥。

俄军已完成战略自动化指挥系统与战役、战术指挥信息系统的联网,以确保在遂行战役、战术任务过程中,不间断地对部队实施指挥。2014 年 12 月,俄罗斯国防指挥中心正式运行。2016 年 9 月 8 日俄罗斯宣布试用新的统一战术指挥系统对军队实施指挥控制,并解释称"该系统组成由战术部队的组织编制结构确定,将自动化设备、通信节点连接设备和独立软硬件设备相结合而形成"。该系统可保障对军队进行及时而持续的指挥,实现指挥过程自动化,确定打击目标、显示敌军信息并防止对信息系统进行未经授权的访问。

日本已建成防卫厅中央指挥系统和陆、海、空三军的指挥信息系统，形成从日本本土向外辐射 1 000 海里的大范围主体通信网，更新现有的指挥信息系统设施，建立战略、战区、战场一体化，陆、海、空三军指挥控制通用化设施，并建设日、美、韩三军通信一体化的计算机网络。

随着我军信息化建设的不断发展，现已初步建成具有我军特色的指挥控制系统。该系统是根据当前信息化条件下的联合作战发展趋势，结合未来台海战区的实际情况，专门设计出来的作战训练系统，能够指挥控制一场中等规模的联合作战行动，性能较为先进。虽然我军指挥控制系统建设取得了一些进展，但作战指挥信息处理能力还不够强，战场信息和行动态势的实时传输与互通共享效率还不够高，辅助决策功能还不够成熟稳定，这些都影响和制约着系统指挥与控制的实时性。

（三）指挥控制系统发展趋势

信息化战争的重要特征就是体系的对抗，制信息权将成为对抗的核心内容，而指挥控制系统又是夺取制信息权的重要手段。为适应信息化战争的需要，将最新的信息技术应用于指挥控制系统建设，是未来指挥控制系统发展的必然趋势。目前，指挥控制系统主要是以网络中心战为主线，向一体化、网络化、智能化、高效化的方向发展。

1. 一体化

信息化条件下作战，战场信息的数据量在不断地增加，对指挥控制系统的各项性能指标提出了更高要求，如果仅仅应用各军兵种的指挥控制系统，或者战术层次的指挥控制系统，将难以适应未来信息化战争的需要。在指挥控制系统研制过程中，必须对各层级、各军兵种的指挥控制系统进行整合，使各系统之间能够互联、互通、互操作，实现战场信息资源的优化和共享，从而使整个系统呈现出一体化的特征。因此，为适应信息化战争的需要，建设一体化的联合指挥控制系统势在必行。

2. 网络化

随着计算机技术和数据库技术的发展，网络技术得到了飞速发展，指挥控制系统向网络化方向发展的趋势明显，实现了由以武器平台为中心向以网络为中心的转变。网络技术为增强指挥控制系统各项性能提供了广阔的空间，应用网络技术后，指挥控制系统就可以对所有的作战力量进行网络化管理，使其形成一个整体，从而提高了军队的作战能力。通过网络指挥控制系统可以更好地对军事活动进行监控，收集到更加准确的战场情报和信息，并快速处理这些情报和信息，得出判断结论，从而为指挥员决策提供参考和依据。同时，战场上各作战单元可以通过指挥控制系统的网络，获取权限内的战场信息，根据不同的信息做出实时反应，使各级作战单元的军事活动能够更好地进行协作，从而形成强大的整体作战能力。

3. 智能化

信息化战争条件下，错综复杂的电子对抗和信息对抗环境，迫使军事电子信息装备朝着智能化方向发展。随着新型高性能计算机、专家系统、人工智能、智能结构技术、智能材料等技术的出现和广泛应用，指挥控制系统智能化将成为现实。指挥控制系统智能化主要表现在：战场感知快速、透明，增强了对战场态势的感知能力；指挥决策智能化，提高了指挥控制的准确性和灵活性，提高了作战效能；作战协同网络化，实现作战活动自我同步，提高兵力协同和武器装备协同作战能力。

二、预警系统

(一)预警系统的内涵

预警系统是指利用陆、海、空、天等各种探测器探测外层空间目标、大气层目标、水面和水下目标、陆上目标等信息,利用高效的信息融合和分析技术,自动做出威胁判断,发出报警信号,为指挥员决策,作战单位反应提供准备时间的军事信息系统。

预警系统是指挥自动化系统的重要组成部分,无论是在战争时期还是和平时期,都保持着全天候昼夜值班状态,在尽可能远的警戒距离内,实现对目标的精确定位、参数测定和目标性质识别,为军事指挥系统提供更多的预警时间,以防敌人的突然袭击。

预警系统按任务范围可以分为战略预警系统、战役预警系统和战术预警系统;按照部署空间又可以分为陆基预警系统、海基预警系统、空基预警系统、天基预警系统和网络预警系统;按照系统平台可分为卫星平台预警系统、雷达平台预警系统、预警机平台预警系统等;按照预警对象又可分为防空预警系统、导弹预警系统、卫星预警系统。

预警系统是当今世界军事大国竞相争夺的主要军事制高点,美军在这一领域占有绝对优势,已经构建了范围全面、种类齐全、体系完备的预警系统。如美国的战略预警系统可以在 1 分钟内判明敌方发射的弹道导弹性质,3 分钟内报告发射点和弹着点坐标以及飞行轨迹,对战役战术导弹可以提供 5~6 分钟的预警时间,对战略导弹可以提供 20~30 分钟的预警时间,对战略轰炸机可以提供 30~60 分钟的预警时间。预警系统的预警能力直接影响着战争的走向。

(二)防空预警系统

防空预警系统是搜索、发现、测量和识别构成威胁的各种空中飞行器,做出空情分析和判断,向指挥部门报告空情,向民防部门发出空袭警报,并向防空作战部队下达作战命令的大型军事信息系统。防空预警系统按其任务的性质可分为飞机预警系统、弹道导弹预警系统和卫星预警系统。它们有各自的探测系统、通信系统及作战指挥控制中心,这些预警系统的指挥控制中心可以进行系统整合,组成大的防空指挥控制中心,方便实施统一指挥。

飞机预警系统是为了防御大气层内来袭的飞机和巡航导弹。在这种系统中,探测目标的主要手段是雷达,而雷达的探测范围受到地球曲率的限制。为了尽早地发现目标,雷达应尽可能地靠前部署。为了不漏掉对来袭目标的观测,须在敌方目标可能进入的方向建立一条或数条雷达预警线。每条预警线由多部雷达组成,其中包括两坐标远程搜索雷达、测高雷达、三坐标引导雷达和低空补盲雷达。此外,在空中巡逻的预警飞机可以发现更远的低空目标,超视距雷达可观测到地平线以下更远的目标。各种雷达能自动获取目标数据,计算机对雷达目标数据进行处理和分析,立即做出威胁判断并发出作战报警。

弹道导弹预警系统是为了防御陆上和潜艇发射的弹道导弹。弹道导弹进攻的特点是射程远、速度快、数量多,有些分导式多弹头弹道导弹可带 3~10 枚分弹头,可攻击不同的目标,有些还有许多假弹头和无线电干扰机等。弹道导弹预警系统主要以超远程搜索雷达、跟踪雷达、多功能相控阵雷达和同步预警卫星为探测手段,具有探测距离远、识别目标多、抗干扰强、识别真假弹头等特点。弹道导弹预警系统不仅能为防空部队提供预警信息,而且还能指挥拦截系统进行反击。

卫星预警系统是为了防御外层空间直接或间接威胁的航天器系统。战时敌方轨道式武器和反卫星武器将构成直接军事威胁,军事通信卫星、侦察卫星、预警卫星和军事导航卫星也将构成间接军事威胁。卫星预警系统一方面利用弹道导弹预警系统中的超远程多功能相控阵雷达对空间目标进行探测,另一方面还须在陆地和舰船上建立专用的雷达、光学和辐射观测站,实现对外层空间目标的探测和跟踪、对原有的飞行器进行编目、对新发现空间飞行器进行详细观测和识别,以便采取对策。

(三)预警系统的发展趋势

信息化战争中预警系统将采取多种手段(雷达、红外、光电、声呐)、多种平台、多个信息源来扩大空间的覆盖范围和信息的收集率,通过信息融合技术降低不确定性,提高所获取信息的准确度和保真度。为了适应未来战争大纵深、立体化、变化快、高机动等的需要,预警系统将朝以下方向发展。

1. 综合集成

根据信息化战争的需要,具有综合功能,能全面掌握信息情报、实现综合处置,能够成像的预警系统将是未来的主要发展方向。在作战过程中与预警系统相关的还有通信、导航、电子对抗与指挥控制等信息系统。各系统的综合集成,是提高整个预警系统效率、可靠性、快速反应能力、生存能力的关键。如防空预警系统,把多功能的雷达预警系统与太空预警系统进行集成整合,就可以实现全空域的监视,这样能集搜索、侦察、跟踪、武器控制等功能于一体,对来袭的各种空中目标进行预警,从而为指挥员决策和作战单位战斗提供必要的反应时间。

2. 反隐身能力

隐身技术是当今世界军事技术的制高点。军用隐身飞行器的研制和使用,对雷达构成了严重的威胁,使得传统的单基地、窄频带信号、常规体制的雷达对隐身目标的探测距离缩短为原来的1/5,使得大部分的防空预警系统失效。因此,各国都在竞相发展反隐身雷达技术,以提高预警系统的反隐身能力。目前,反隐身雷达技术有了一定的突破,主要是采取扩展雷达的工作频段、发展新技术体制雷达等途径,提高雷达的反隐身能力,从而提高预警系统的反隐身能力。

3. 无源探测能力

信息化战争条件下,预警系统将成为敌方攻击的重要目标。由于预警系统的探测手段主要依靠雷达、卫星等,传统雷达都是有源雷达,要通过自身发射电磁波,对目标进行探测、定位和跟踪,而有源雷达产生的信号,往往容易暴露雷达的位置,从而成为敌人攻击的目标。无源探测有很多优点,可以被动地对目标进行探测,隐蔽性强。目前,无源雷达、光学、红外等无源探测技术在预警系统中已得到了广泛应用,预警系统发展趋势是把有源探测网与无源探测网结合互补,用以提高预警系统的探测功能和适应复杂环境的能力。

三、导航定位系统

(一)导航定位系统内涵

导航定位系统是导航系统与定位系统融为一体的系统,是指通过测定运载体的位置、速度、方向和时间等参数进行导航的系统。从技术上可以分为无线电导航技术、卫星导航技术、惯性导航技术、天文导航技术、组合导航技术、水下导航技术和相对导航技术等。

军事航行过程中，军用飞机与舰艇在沿航路或航道行驶时，需要实时的导航定位信息，以保障军用交通安全。在航路或航道以外行驶时，同样需要实时导航定位信息，以保障运载体按事先计划的航线及时准确地到达目的地。尤其在敌占区执行任务时，还要选择避开敌方火力范围和伏击区，沿敌方不易发现的隐蔽航线前进，所以导航定位信息非常重要。

导航定位系统是一种典型的军事信息系统，为各个作战单位提供的导航定位信息也是一种情报信息，是指挥员决策和各作战单位行动的依据。系统所提供的位置、航向、姿态等信息同时也是预警系统和情报侦察系统提供信息的基础，在作战过程中，为了快速感知战场实时态势，形成目标运动轨迹，导航定位系统提供的各目标准确位置和时间信息尤为重要，此外系统提供的精确基准时间在网络通信中非常重要。

作战行动中导航定位系统发挥着重要作用，例如部队机动、飞机空袭、坦克冲击、战舰巡航、导弹发射、精确打击、搜索救援、后勤保障等都需要系统提供的准确位置与时间信息，从而为精确的作战行动提供支撑。

(二)全球卫星导航系统

全球卫星导航系统也称为全球导航卫星系统，是能在地球表面或近地空间的任何地点，为用户提供全天候的三维坐标、速度、时间信息的空基无线电导航定位系统。现在全球卫星导航系统有 GPS、BDS、GLONASS 和 GALILEO 四大卫星导航系统。

1. 美国全球定位系统(GPS)

GPS 是英文 Global Positioning System(全球定位系统)的简称。GPS 是 20 世纪 70 年代由美国陆、海、空三军联合研制的空间卫星导航定位系统，向美国和盟国军队提供陆上、海上和空中的准确、连续、全天候、高精度的三维坐标、速度和时间信息，并用于情报收集、核爆监测和应急通信等一些军事目的，是美国独霸全球战略的重要组成。

美国的 GPS 系统是目前世界上使用最多的全球卫星导航定位系统，由分布在 6 个轨道面上的 24 颗卫星组成，其中 21 颗工作卫星、3 颗备用卫星。GPS 卫星的轨道高度为 20 000 千米，卫星上装有 10~13 个高精确度的原子钟。地面上有一个主控站和多个监控站，定期地对卫星进行精确的位置和时间测定，并向卫星发出星历信息。用户使用 GPS 接收机同时接收 4 颗以上卫星的信号，即可确定自身所在的经纬度、高度及精确时间。军用定位精度小于 10 米，民用定位精度小于 100 米，测速精度优于 0.1 米/秒，授时精度优于 1 微秒。

2. 俄罗斯格洛纳斯系统(GLONASS)

俄罗斯格洛纳斯系统(GLONASS 是俄语全球卫星导航系统的缩写)是由俄罗斯国防部独立研制和控制的第二代军用卫星导航系统，与美国的 GPS 相似，该系统也开设民用窗口。该系统可为全球海、陆、空以及近地空间的各种军、民用户全天候、连续地提供高精度的三维位置、三维速度和时间信息。GLONASS 在定位、测速及授时精度上优于民用信号窗口的 GPS，俄罗斯向国际民航和海事组织承诺将向全球用户提供民用导航服务。

该系统一共由 30 颗卫星组成，其中 27 颗工作卫星、3 颗备用卫星。定位精度 10~15 米，测速精度达到 0.01 米/秒，授时精度 20~30 纳秒。

3. 中国北斗卫星导航系统(BDS)

中国北斗卫星导航系统,简称 BDS,是我国自行研制的全球卫星导航系统,也是继 GPS、GLONASS 之后的第三个成熟的卫星导航系统。系统由空间端、地面端和用户端组成,可在全球范围内全天候为各类用户提供高精度、高可靠定位、导航、授时服务,并具有短报文通信能力。

北斗系统建设先后经历了北斗一号系统、北斗二号系统、北斗三号系统三个阶段,目前北斗一号 4 颗试验卫星全部退役,从北斗二号首颗星起算,我国已发射 55 颗北斗导航卫星,第 55 颗即最后一颗北斗卫星于 2020 年 6 月 23 日成功发射入轨。2020 年 7 月 31 日上午 10 时 30 分,北斗三号全球卫星导航系统建成暨开通仪式在人民大会堂举行,中共中央总书记、国家主席、中央军委主席习近平宣布北斗三号全球卫星导航系统正式开通。

北斗三号系统由 24 颗中圆地球轨道卫星、3 颗地球静止轨道卫星和 3 颗倾斜地球同步轨道卫星组成。全球定位精度 10 米,在亚太地区定位精度 5 米,测速精度达到 0.2 米/秒,授时精度 20 纳秒。

北斗卫星导航系统将主要用于国家经济建设,将广泛应用在交通运输、海洋渔业、水文监测、气象预报、地理测绘、森林防火、应急通信、电力调度、救灾减灾、应急搜救等领域,并逐步渗透到人们生产、生活的方方面面,为全球经济和社会发展注入新的活力。同时,北斗卫星导航系统必将推动我军信息化建设走上一个新台阶。

4. 欧洲伽利略系统(GALILEO)

欧洲伽利略卫星导航系统(GALILEO)是由欧盟研制和建立的全球卫星导航定位系统,也是世界上第一个基于民用的全球多模式卫星导航定位系统,实现完全非军方控制、管理,可以提供覆盖全球的高精度、高可靠性导航和定位服务。伽利略卫星导航系统还能够和美国的 GPS、俄罗斯的 GLONASS 系统实现多系统内的相互合作,全球的用户可使用多制式的接收机,获得更多的导航定位卫星的信号,这将极大地提高导航定位精度,这是“伽利略”给用户带来的直接好处。该系统一共包括 30 颗卫星,其中 27 颗为工作卫星,3 颗为备用卫星,定位精度约 1 米。

第四节 信息化杀伤武器

信息化杀伤武器是指充分运用信息技术为核心进行设计、制造的杀伤性武器,是进行信息化战争的基础,也是信息化战争体系对抗的重要特征。信息化杀伤武器主要包括新概念武器、精确制导武器、核生化武器等。

一、新概念武器

新概念武器是指在工作原理、毁伤机理和作战运用方式与传统武器有显著不同的各类高技术武器的统称。新概念武器主要类型包括:定向能武器、动能武器、环境武器、军用机器人以及基因武器等。

(一)定向能武器

定向能武器,又称束能武器,是利用定向发射与传播的高能量束来攻击目标的一种新机理武器。定向能武器既可用于干扰目标,也可用于直接破坏或摧毁目标,包括激光武器、高功率微波武器和粒子束武器等。

1. 激光武器

激光武器是用激光的能量束直接毁伤目标或使目标丧失战斗能力的定向能武器。它是利用定向发射的激光束,对目标实施软杀伤或硬摧毁,具有能量集中、传播速度快、作用距离远、命中精度高、转移火力快、抗电磁干扰能力强、可多次重复使用、效费比高等优点。但它不能全天候作战,易受天气和环境影响,且发射系统精密,战场生存能力有待考验。激光武器将广泛应用于反卫星、防空、反导等任务中,成为各种高速运动目标的克星。

目前,美国研制的机载激光武器,能够拦截并摧毁距离几千米外的敌方导弹。正在研制的新型激光武器,用一个发射平台,可同时拦截50~100个目标。中国自主研发的低空激光武器"寂静的狩猎者",其主要用途是拦截低空无人机,可在800米距离击穿5层2毫米厚的钢板,或在1 000米距离击穿5毫米厚钢板。

2. 高功率微波武器

高功率微波武器又称射频武器,是利用定向发射的高功率微波束毁伤敌方电子设备或杀伤敌方有生力量的定向能武器。微波能量具有很强的穿透力,能够穿过缝隙、玻璃或纤维,可在不破坏目标实体的情况下,使之失去作战能力。人员受到微波照射后,轻则造成神经错乱、行为失调,重则器官功能衰竭,甚至死亡。电子设备受到微波照射后,工作性能降低或完全失效。微波武器可用于攻击洲际导弹、巡航导弹、卫星、航天飞机、坦克、舰艇、雷达、通信器材、计算机等目标。微波武器比激光、粒子束武器作用距离更远,受气候影响更小,且只需大致方向,不必精确跟踪、瞄准目标,便于火力控制,从而使敌方防御更加困难和复杂。

海湾战争中,美海军就使用了微波武器,由"战斧"巡航导弹携带微波弹头,使伊拉克的指挥系统和防空雷达遭到彻底破坏。美国通用动力公司研制出用于舰载防空系统的高功率微波武器样机,主要用途是对付敌方的反舰导弹。美国雷神公司已经开发出名为"警惕之鹰"的战术微波武器系统,主要用来防范飞机起降过程中导弹的攻击。俄罗斯也研制出了一种专用于防空系统的高功率微波武器并进行外场试验。中国研制的防暴用微波武器早在2015年就亮相于国防科技工业军民融合发展成果展上。据研究显示,"中国微波武器目前将进行飞机自卫、空间控制、压制敌防空力量以及作战指挥控制通信方面的一系列试验。目前中国还成功研制了高功率微波防空压制武器,并进行了摧毁飞机等目标的试验"。

3. 粒子束武器

粒子束武器是指利用接近光速的密集粒子束流毁坏目标或使目标功能失效的定向能武器。它具有快速、高能、灵活、干净、全天候使用等特点,射击不用提前测距,千分之一秒就能改变射向,可在极短的时间内对付多批目标,是打击空间飞行器、洲际导弹和其他高速运动点状目标的理想武器。粒子束武器按武器系统所在位置不同,可分为陆基、舰载和空间粒子束武器。陆基粒子束武器主要用于拦截进入大气层的洲际导弹等目标,担负保护战略导弹基地等重要目标的任务;舰载粒子束武器主要用于保卫舰船免受反舰导弹的袭击;空间粒子束武器主要用来拦截在大气层外飞行的导弹和其他空间飞行器。

苏联早在20世纪60年代就开始研究粒子束武器技术，论证其作为反卫星和反导弹武器的可行性，并在粒子源、加速器等关键技术方面做了大量基础性工作，取得了一定的成果。1989年美国利用“白羊座”火箭进行了第一次中性粒子束装置试验，并首次建立了这类中性粒子束的空间物理数据库。

（二）动能武器

动能武器是指利用具有巨大动能的非爆炸性战斗部，直接碰撞并摧毁目标的武器，主要有动能拦截弹和电磁炮。

1. 动能拦截弹

动能拦截弹是依靠助推火箭发动机，利用高速飞行的自动寻的动能拦截器摧毁目标的动能武器，由助推火箭和动能拦截器等组成。它具有命中精度高、杀伤力强、轻质小型、机动性能好、可在大气层内外作战等特点。动能拦截弹分为反卫星和反导弹两种，前者指用于击毁敌方卫星，后者指用于拦截敌方来袭导弹。动能拦截弹将成为未来空间战的主战武器之一。一些国家的动能拦截器已经达到实战化水平，现已部署于高性能的多层反导防御体系中，并具备动能反卫星能力。美国于1983年投入试验，次年4月在160千米的高空成功拦截一枚洲际弹道导弹。近年来，美国在研制国家导弹防御系统和战区导弹防御系统的过程中，曾把动能拦截弹作为拦截对方导弹的主要手段，并多次进行拦截试验。2008年2月，美国使用舰载“标准-3”（SM-3）导弹成功击毁了一颗废旧卫星。2010年1月，我国成功试验了第二代反卫星动能拦截弹DN-2，摧毁了一颗退役卫星。

2. 电磁炮

电磁炮是利用电磁力加速弹丸的现代电磁发射系统。电磁炮作为发展中的新概念武器，其军事用途十分广泛。电磁炮可用于防空、反装甲、反舰等，不仅可以摧毁坚固目标，还可以拦截由舰载和装甲车发射的导弹；不仅可以打击临空的各种飞机，还能在远距离拦截空对舰导弹；可以有效对付坦克装甲。随着电磁技术的发展，电磁炮还可用于常规火炮的增程。美国的导弹防御系统计划把电磁炮作为天基反导系统的重要备选方案。据公开信息，我军的电磁炮已上舰试验，初步形成作战能力，属于世界领先水平。

（三）环境武器

环境武器是指通过利用或改变自然环境状态所产生的巨大能量来打击目标的武器。环境武器的杀伤力是由它诱发或制造的自然灾害（地震、火山爆发、海啸、雪崩、飓风、暴雨、干旱等）来体现的，其威力巨大，对敌我双方都具有危险，必然给人类环境带来影响。环境武器主要分三种类型：气象型、地震作用型、生态型。美军在越南战争期间，秘密在老挝、越南和柬埔寨的毗邻地区进行人工降雨，出动大批飞机，投掷催化弹4万多枚，造成局部地区洪水泛滥，桥梁堤坝损毁，道路泥泞难行，使越军的运输线遭受损失。

（四）军用机器人

军用机器人是一种用于军事领域的具有某种模仿人的功能的高级自动化装置。当前，军用机器人的主要任务有:直接执行战斗任务,以减少人员的伤亡;执行侦察和观测任务;执行工程保障任务,从事繁重的修路、架桥、排雷和布雷等工作。1966 年,美海军使用机器人“科沃”潜入 750 米深的海底,成功打捞起一枚失落的氢弹;1969 年,越南战场上美军使用机器人驾驶车辆为运输车队排险除障,还使用夜视机器人站岗,防止越军夜晚偷袭;英国陆军使用机器人“轮桶”在反恐战斗中多次排除汽车炸弹。目前,智能机器人的智能水平、反应能力和动作的灵活性和人还有一定差距,但其巨大的军事潜力、超常的作战效能、广泛的应用前景,预示其在未来战争中将是不可忽视的信息化武器装备。

(五)基因武器

基因武器是运用遗传工程技术或 DNA 重组技术制造出来的武器,可大致分为种族基因武器和生物基因武器两类。种族基因武器是根据人类不同种群的遗传基因特征,选择某一种群作为杀伤对象。生物基因武器是在一些致病细菌或病毒中,接入能对抗普通疫苗或药物的基因,产生具有显著抗药性的致病菌和病毒,或者在一些本来不会致病的微生物体内“插入”致病基因,制造出新的生物制剂。

基因武器研制成本低,杀伤力强,使用方法简单,施放手段多,杀伤力大,持续时间长,难以防治,一旦投入战场使用,将对战争产生深远的影响。基因武器可能产生致病性极强的微生物,从而给人类带来灾难性后果,所以有人将基因武器称为“世界末日武器”。

二、精确制导武器

精确制导武器是具有制导装置,引导武器战斗部准确攻击目标的各类武器的统称,如各类导弹、制导炸弹、制导炮弹、制导地雷等。

(一)导弹

导弹是指依靠自身的动力装置推进,由精确制导系统导引,控制其飞行路线并导向目标的武器。导弹具有射程远、速度快、精度高、威力大等特点。导弹按导弹发射点和目标位置可分为地地导弹、地空导弹、岸舰导弹、潜地导弹、空地导弹、空空导弹和空舰导弹等;按攻击目标可分为反坦克导弹、反舰导弹、反雷达(反辐射)导弹、反卫星导弹等;按飞行弹道可分为弹道导弹和巡航导弹;按射程可分为近程导弹(射程在 1 000 千米以内)、中程导弹(射程 1 000~3 000 千米)、远程导弹(射程 3 000~8 000 千米)及洲际导弹(射程在 8 000 千米以上);按作战任务可分为战术导弹(用于完成战术任务的导弹,主要用于打击敌方纵深的战役、战术目标,亦可用于直接支援地面部队作战)和战略导弹(用于完成战略任务的导弹,通常使用核战斗部,例如美国的“民兵-3”“和平卫士”,俄罗斯的“白杨”,中国的“东风-41”、“巨浪-2”等)。

东风-41 战略导弹

(二)制导炸弹

制导炸弹即制导航空炸弹，是投放后能够对其弹道进行控制并导向目标的航空炸弹。它是在普通航空炸弹的基础上加装了信息制导装置，作战效能提高了数十倍。在海湾战争中，以美国为首的多国部队使用的制导炸弹仅占总弹药量的 7%，而摧毁的伊军目标却占总摧毁目标的 50%以上，这是由于制导弹药的命中率高达 90%以上，而非制导弹药的命中率只有大约 25%。

早期制导炸弹的制导系统比较简单，20 世纪 60 年代以后，制导系统有了根本性改进，相继出现了电视制导、红外制导、雷达波束制导、激光制导等技术。新制导技术的发展不仅提高了炸弹的命中精度，节省了弹药消耗，而且大大降低了执行任务飞机的战损率。现阶段多采用 GPS 卫星制导技术，大幅提高命中精度和突防概率。GBU-28 是目前世界上生产数量最大的精确制导炸弹，已发展出 Ⅰ、Ⅱ、Ⅲ 三代，初始型采用激光制导方式，新的改进型则使用 GPS 卫星制导技术。

(三)制导炮弹

制导炮弹是利用地面火炮发射、弹丸带有制导装置的炮弹。在炮弹飞行过程中对其实施制导。它是一种打击点目标的精确制导武器，主要用于摧毁坚固工事、指挥所、雷达站、炮兵阵地等目标。

第一代制导炮弹是激光半主动制导炮弹，以美国的“铜斑蛇”和俄罗斯的“红土地”为代表。炮弹带有制导装置，能自行寻找目标，从而大幅度提高精度和命中率，炮弹散布误差可达 1 米以内，首发命中率可达 90%。英美等国发展了微波雷达被动寻的制导炮弹，这实际上是种反辐射制导炮弹，专门用于攻击雷达等电磁辐射目标。1982 年贝卡谷地之战，以色列就使用了由普通火箭炮发射的“狼”式反辐射火箭弹，攻击叙利亚的防空雷达阵地，取得可观战绩。

(四)制导地雷

制导地雷是一种将自毁破片技术、遥感技术和微处理机结合起来的新型地雷，通常在普通地雷、水雷上加装制导系统后即可成为制导雷。制导雷有打击坦克装甲车和直升机的制导地雷，执行反潜、反舰任务的制导水雷等。

三、核生化武器

核生化武器是核武器、生物武器和化学武器的合称。

(一)核武器

核武器是指利用能自持快速进行的原子核裂变或核聚变反应释放出的巨大能量对目标造成杀伤破坏作用的武器。核武器主要分原子弹、氢弹和中子弹。

1. 原子弹

原子弹是由重核铀或钚裂变释放出的巨大能量,通过光热辐射、冲击波、早期核辐射、放射性沾染和电磁脉冲实现杀伤破坏作用的武器。1945 年 7 月 15 日凌晨 5 时 30 分,世界上第一颗原子弹在美国爆炸成功。1945 年 8 月 6 日和 9 日,美国在日本广岛和长崎投下两颗原子弹,造成大量平民和军人伤亡。1949 年 9 月 23 日,苏联政府宣布成功地爆炸了第一颗原子弹。1964 年 10 月 16 日下午 3 时,我国第一颗原子弹在新疆罗布泊爆炸成功。

2. 氢弹

氢弹是利用氢的同位素氘、氚等轻原子的聚变反应瞬时释放出巨大能量的核武器,又称聚变弹、热核弹。氢弹中热核反应所必需的条件只能由原子弹爆炸来提供,所以氢弹是由原子弹引爆的,实际上是两次核反应,其威力比原子弹要更加强大。1952 年 11 月 1 日,美国试爆了世界上第一颗氢弹装置“迈克”,爆炸威力相当于广岛原子弹的 500 倍。从 20 世纪 50 年代初至 60 年代后期,美国、苏联、英国、中国和法国相继成功研制氢弹,并装备部队。1967 年 6 月 17 日,我国第一颗氢弹爆炸成功。

3. 中子弹

中子弹是一种以高能中子辐射为主要杀伤力的低当量小型氢弹。它的特点是中子能量高、数量多、当量小,可以达到“只杀伤人员而不摧毁装备、建筑,不造成大面积污染”的目的。目前,除了美、俄、法、中四国已掌握中子弹技术外,1999 年 8 月 16 日、18 日,印、巴分别宣布具有制造中子弹的能力。

核武器威力排序:氢弹>原子弹>中子弹。核武器辐射排序:中子弹>氢弹>原子弹。污染排序:氢弹>原子弹>中子弹。

(二)生物武器

生物武器是以生物战剂杀伤有生力量和破坏植物生长的各种武器、器材的总称。生物战剂是军事行动中用以杀死人、牲畜和破坏农作物的致命微生物、毒素和其他生物活性物质的统称,旧称细菌战剂。生物战剂是构成生物武器杀伤威力的决定因素。在第一次世界大战中,德军首先研制和使用生物武器。德军间谍携带了生物战剂,秘密地赶到英法联军的骡马集中地,在饲料中撒入生物武器马鼻疽杆菌,使几千匹骡马得病而死,影响了英法联军的军事活动。在日本发动的侵华战争中,日本大规模研制生物武器,并在中国建立研制细菌武器的七三一部队,曾对中国 10 余省投放生物战剂,对中国人民犯下了滔天罪行,造成了巨大灾难。

生物武器自用于战争以来,给人类带来了恐怖性灾难。1925 年,在国际联盟主持的日内瓦裁军大会上,有关国家签署了《禁止在战争中使用窒息性、毒性或其他气体的细菌作战方法的议定书》;1972 年 4 月 10 日签订的《禁止细菌(生物)和毒素武器的发展、生产及储存以及销毁这类武器的公约》,自 1975 年 3 月 26 日起生效。中华人民共和国于 1984 年 11 月 15 日加入该公约。中国曾是生物武器的受害国之一,中国坚决支持禁止生物武器的主张,奉行不发展、不生产、不储存生物武器的政策,并反对扩散生物武器。

当今,个别军事大国始终没有停止生物武器的研制和发展,例如美国一直在阻挡生物军控,独家反对《禁止生物武器公约》核查议定书谈判,妨碍了国际社会对各国生物活动进行核查的努力,成为生物军控的"绊脚石"。

(三)化学武器

化学武器是通过爆炸的方式(如炸弹、炮弹或导弹)释放有毒化学品(或称化学战剂)杀伤有生力量的武器。化学武器通过窒息、神经损伤、血中毒、皮肤溃烂、机体失能等作用杀伤人类。第一次世界大战首次见证了化学武器的使用,英、德、法等国一共施放了 12.4 万吨化学战剂,伤亡人数约 130 万,占战争总伤亡人数的 4.6%。第二次世界大战间,日本多次对中国军民使用化学武器,手段极其残忍。冷战期间,苏联和美国都在研制和贮存化学武器。越南战争中,美军大量使用化学武器,对越南军民造成巨大伤害。埃及是二战后第一个使用化学武器的国家,1963 年也门内战中向敌军投放硫芥炸弹。

化学武器具有杀伤力大、杀伤范围广、破坏力强、持续时间长、成本低等特点,素有"穷国的原子弹"之称。国际社会在化学武器的使用和管理上做了很多努力。《关于禁止发展、生产、储存和使用化学武器及销毁此种武器的公约》(或称《禁止化学武器公约》《化武公约》)于 1993 年 1 月 13 日在巴黎开放签署,于 1997 年 4 月 29 日起正式生效。截至 2018 年 10 月,共有 193 个缔约国,中国是首批缔约国之一。

美国于 1993 年签订了《化武公约》,承诺在 2012 年 4 月前销毁所有的化学毒剂、传播系统和生产设施,但在公约设定的截止日期前,美国的 9 个化学武器基地只有 7 个得到销毁,剩余的 2 个化学武器基地截至 2020 年 7 月仍未销毁,所以美国是世界上唯一拥有化学武器库存的国家。美国消极履行自身义务,成为建立"无化武世界"的最大障碍。

学习测试:

一、单项选择

1. 信息化装备是采用现代(　　),具有单一或多种信息功能的装备。

A. 信息技术　　B. 计算机技术

C. 电子技术　　D. 高技术

2. 根据信息化装备的功能通常可分为(　　)、信息化杀伤武器和综合电子信息系统三类。

A. 信息化作战平台　　B. 机械化作战平台

C. 信息化武器　　D. 机械化武器

3. 信息化作战平台是指装有大量(　　),以信息和信息技术为核心的坦克、火炮、飞机、舰艇等武器载体,是指挥信息系统所依托的平台,是信息化战争的物质基础。

A. 机械设备　　B. 电子信息设备

C. 网络设备　　D. 通信设备

4. 航空母舰简称"航母",有"海上霸主"之称,是一种以舰载机为作战武器的大型水面舰艇,它通常拥有巨大的(　　)和舰岛,可以供舰载机起飞和降落。

A. 船体　　B. 雷达

C. 舰体　　D. 飞行甲板

5. 我国第一款自主研制的预警机是(　　)。

A. 空警-1999　　B. 空警-2000

C. 空警-2001　　D. 空警-200

6. 战斗机又称歼击机,主要任务是与敌方歼击机进行空战,夺取(　　),其次是拦截敌方轰炸机、强击机和巡航导弹,还可携带一定数量的对地攻击的武器,执行对地的攻击任务。

A. 制空权　　B. 制天权

C. 制敌权　　D. 制陆权

7. 综合电子信息系统是指在信息化战争条件下,能满足诸军兵种联合作战的由多种(　　)构成的一体化大型军事信息系统。

A. 信息设备　　B. 信息系统

C. 武器平台　　D. 武器系统

8. 全球卫星导航系统,也称为全球导航卫星系统,是能在地球表面或近地空间的任何地点为用户提供全天候的(　　)和速度以及时间信息的空基无线电导航定位系统。

A. 空间　　B. 二维坐标

C. 三维坐标　　D. 地点

9. 导弹是指依靠自身的(　　)推进,由精确制导系统导引,控制其飞行路线并导向目标的武器。

A. 动力装置　　B. 机械装置

C. 电子装置　　D. 电源系统

10. 生物武器是以(　　)杀伤有生力量和破坏植物生长的各种武器、器材的总称。

A. 微生物　　B. 细菌

C. 病毒　　D. 生物战剂

二、多项选择

1. 信息化装备按在作战中发挥的具体作用来划分,主要可分为(　　)。

A. 指挥信息系统　　B. 控制类信息化装备

C. 探测类信息化装备　　D. 杀伤类信息化装备

2. 信息化装备发展趋势有(　　)。

A. 一体化　　B. 智能化

C. 无人化　　D. 精确化

E. 隐形化

3. 新一代空中信息化作战平台具有(　　)等特点,是空中信息化作战的基本装备。

A. 超机动性　　B. 超声速巡航

C. 隐形　　D. 超信息控制

4. 预警系统按任务范围可以分为(　　)。

A. 战略预警系统　　B. 战役预警系统

C. 战术预警系统　　D. 防空预警系统

5. 精确制导武器是直接命中率很高的武器统称，如各类(　　)等。

A. 导弹　　B. 制导炸弹

C. 制导炮弹　　D. 制导地雷

三、名词解释

1. 信息化装备
2. 信息化作战平台
3. 预警系统
4. 导航定位系统
5. 新概念武器

四、论述题

1. 论述信息化装备对现代战争的影响。
2. 信息化装备的发展趋势。

参考文献

[1]马克思恩格斯选集.北京:人民出版社,1975.

[2]辞海编辑委员会.辞海[M].上海:上海辞书出版社,1980.

[3]朱梅生.军事思想概论[M].北京:国防大学出版社,1997.

[4]岳刚礼,张国梁,王伟.外国军事思想[M].北京:军事科学出版社,2001.

[5]栾恩杰.国防科技名词大典·电子[M].北京:航空工业出版社,2002.

[6]《中国大百科全书·军事》编委会.中国大百科全书·军事[M].北京:中国大百科全书出版社,2007.

[7]张增印.美军战场情报、监督及侦察系统发展动向[M].北京:军事科学出版社,2007.

[8] 彭勇,熊百华.大学军事理论课教程[M].北京:中国传媒大学出版社,2010.

[9]全军军事术语管理委员会.中国人民解放军军语[M].北京:军事科学院,2011.

[10] 郑宗辉.信息化战争概论[M].北京:国防工业出版社,2012.

[11]王立新,李媛.高职军事理论实用教程[M].北京:北京出版社,2014.

[12]王卫星.世界军事安全与新军事革命展望[N].中国国防报,2014-12-18.

[13]刘玉清,潘星星.军事理论教程[M].北京:人民邮电出版社,2017.

[14] 汪水明,孙家峰.大学生军事理论教程[M].北京:航空工业出版社,2017.

[15]李辉.新编大学军事理论与技能[M].北京:航空工业出版社,2019.

[16]查金路.军事理论教程[M].7版.北京:人民出版社,郑州:郑州大学出版社,2019.

[17]公茂运,刘应.军事理论与技能训练教程[M].北京:国防科技大学出版社,2019.

[18]毛泽东选集[M].北京:人民出版社,1991.

[19]邓小平文选[M].北京:人民出版社,1993.

[20]江泽民文选[M].北京:人民出版社,2006.